景印解說高郵王氏父子手稿

李宗焜 編撰

北京联合出版公司
Beijing United Publishing Co.,Ltd.

王念孫畫象（翻拍自《清代學者象傳》）

王引之畫象（翻拍自《清代學者象傳》）

王念孫〈經義雜志〉書影

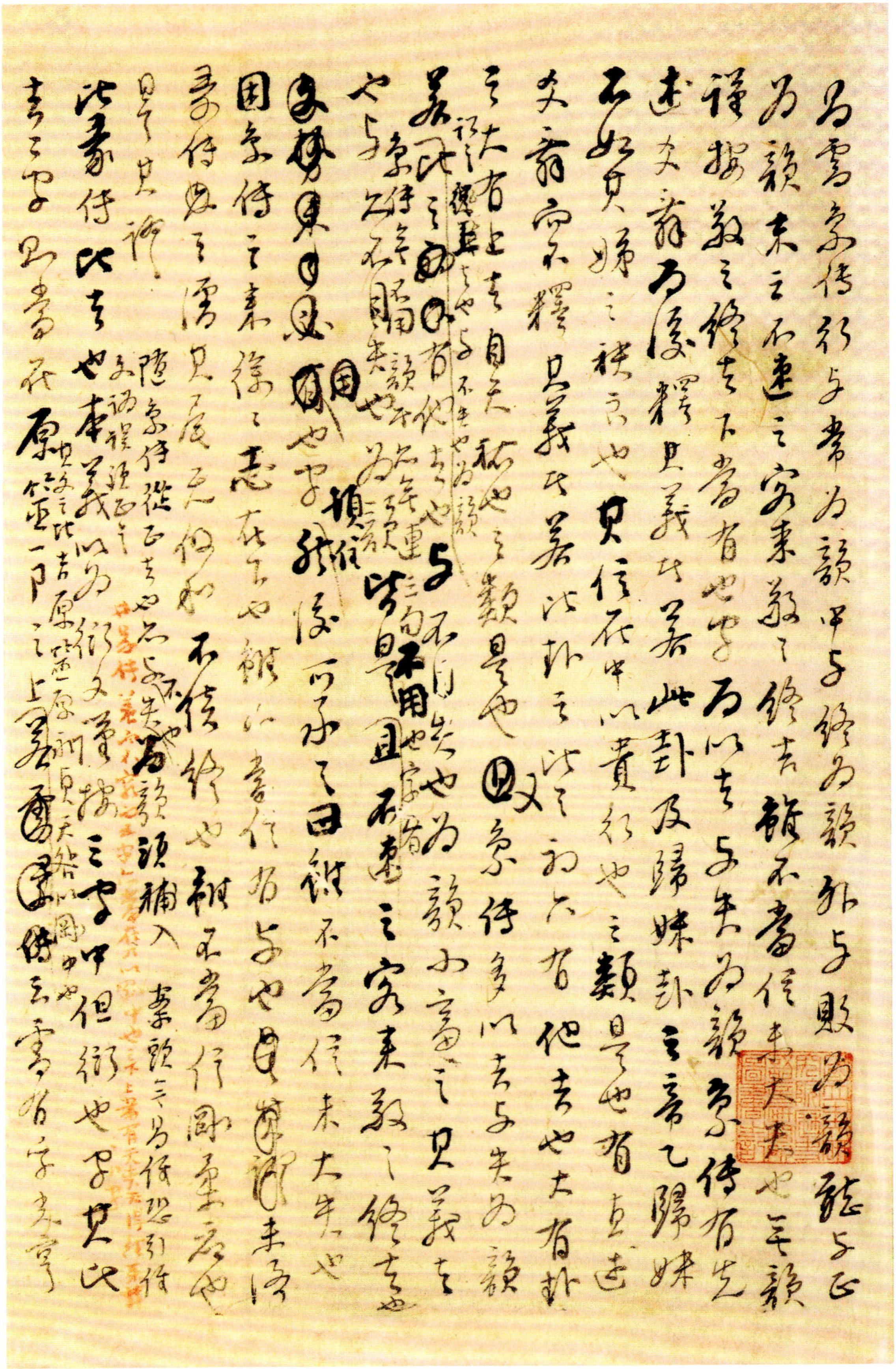

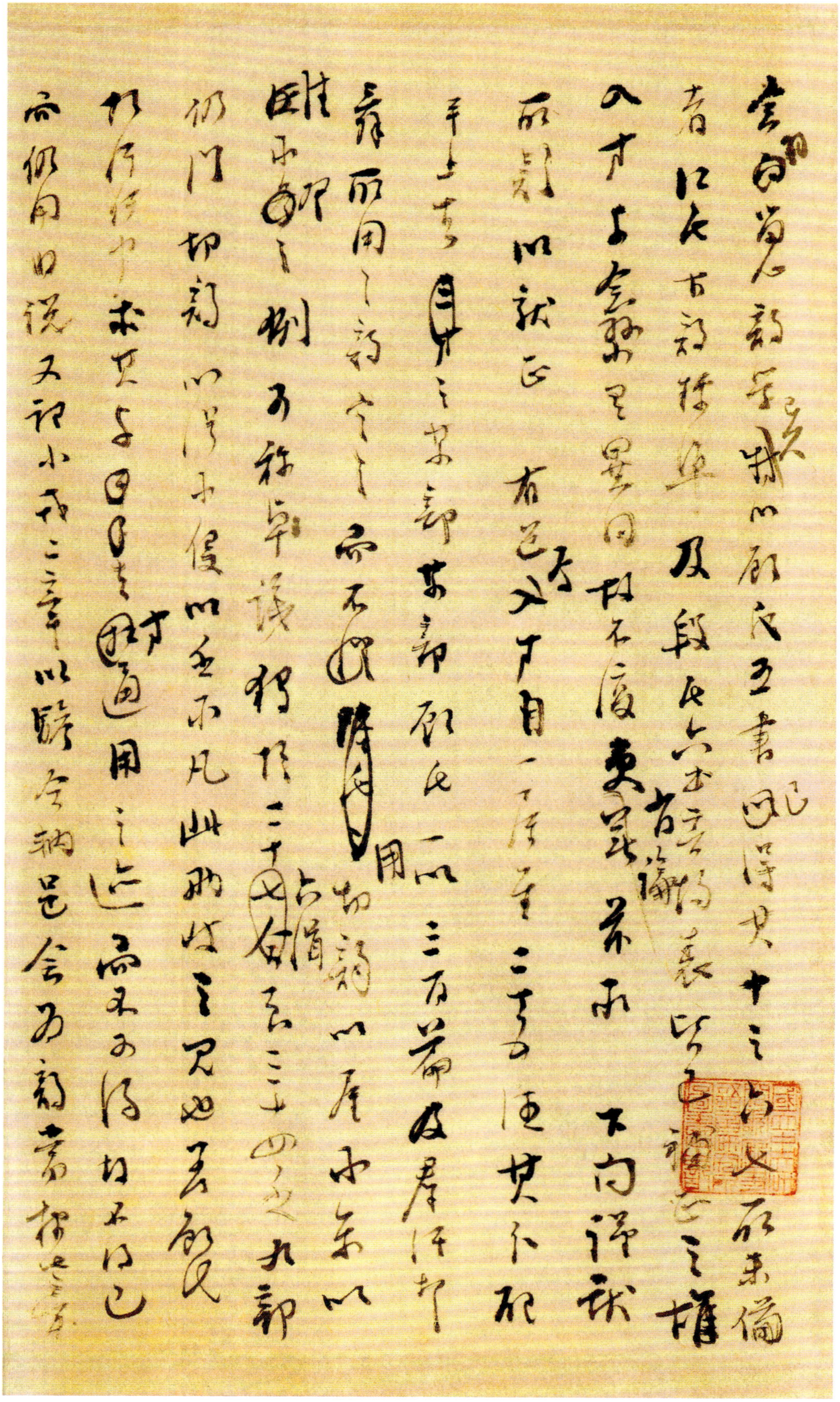

王念孫〈與李鄦齋方伯論古韻書〉書影

王念孫〈與丁大令若士書〉書影

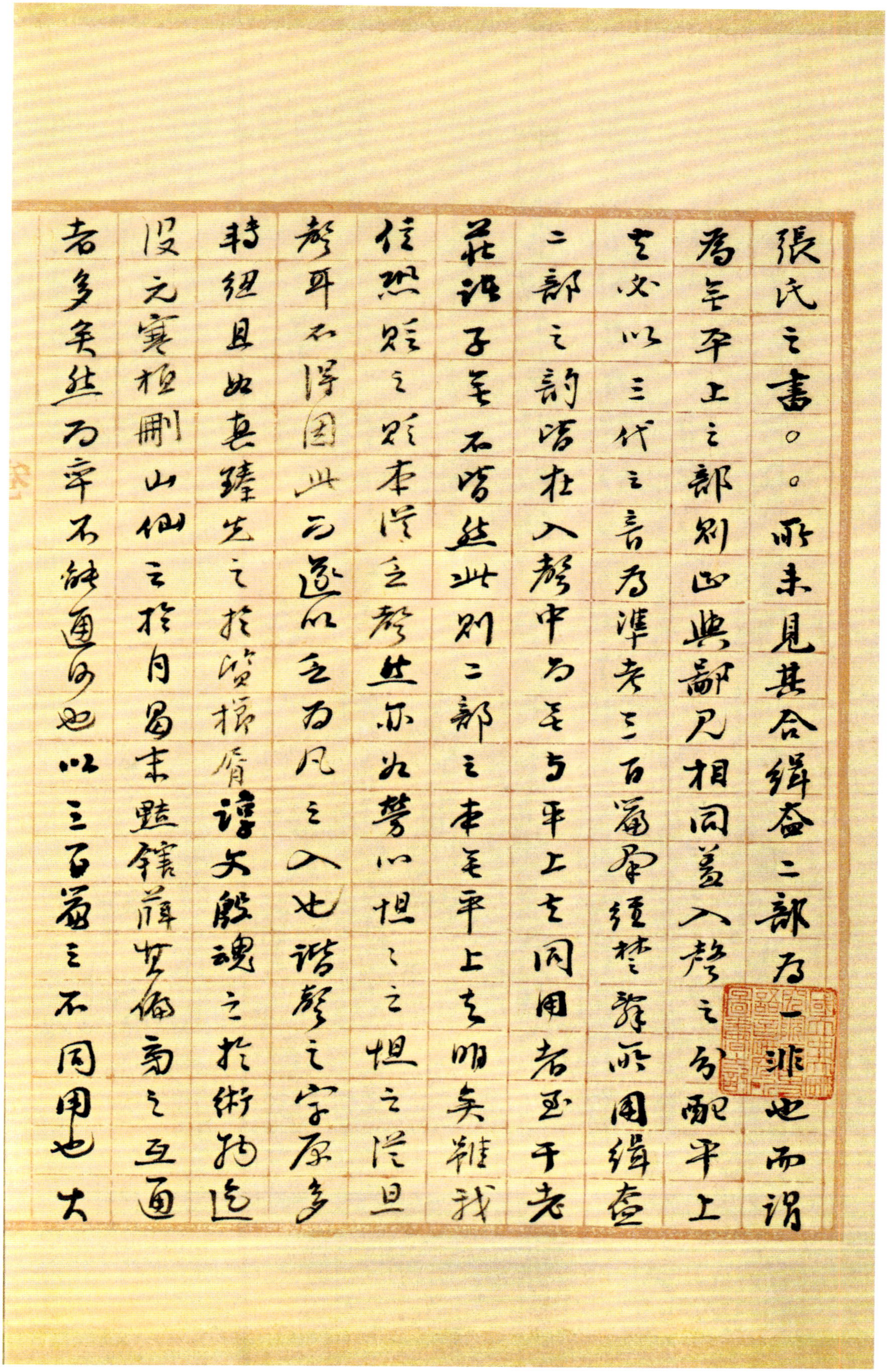

張氏之書。。所未見其合緝盍二部為一非也而謂
為至卒上之部別出與鄙見相同蓋入聲之分配平上
去必以三代之音為準考三百篇羣經楚辭所用緝盍
二部之字皆在入聲中而無與平上去同用者至于老
莊諸子等不皆然此則二部之本無平上去明矣雖我
信然疑之疑本從去聲然亦以勞心怛怛之怛之從旦
聲耳不得因此而遂以去為入之入也諸聲之字原多
轉紐且如真臻先之於質櫛屑諄文殷魂之於術物迄
沒元寒桓刪山仙之於月曷末黠鎋薛其偏旁之互通
者多矣然而卒不能通用也以三百篇之不同用也大

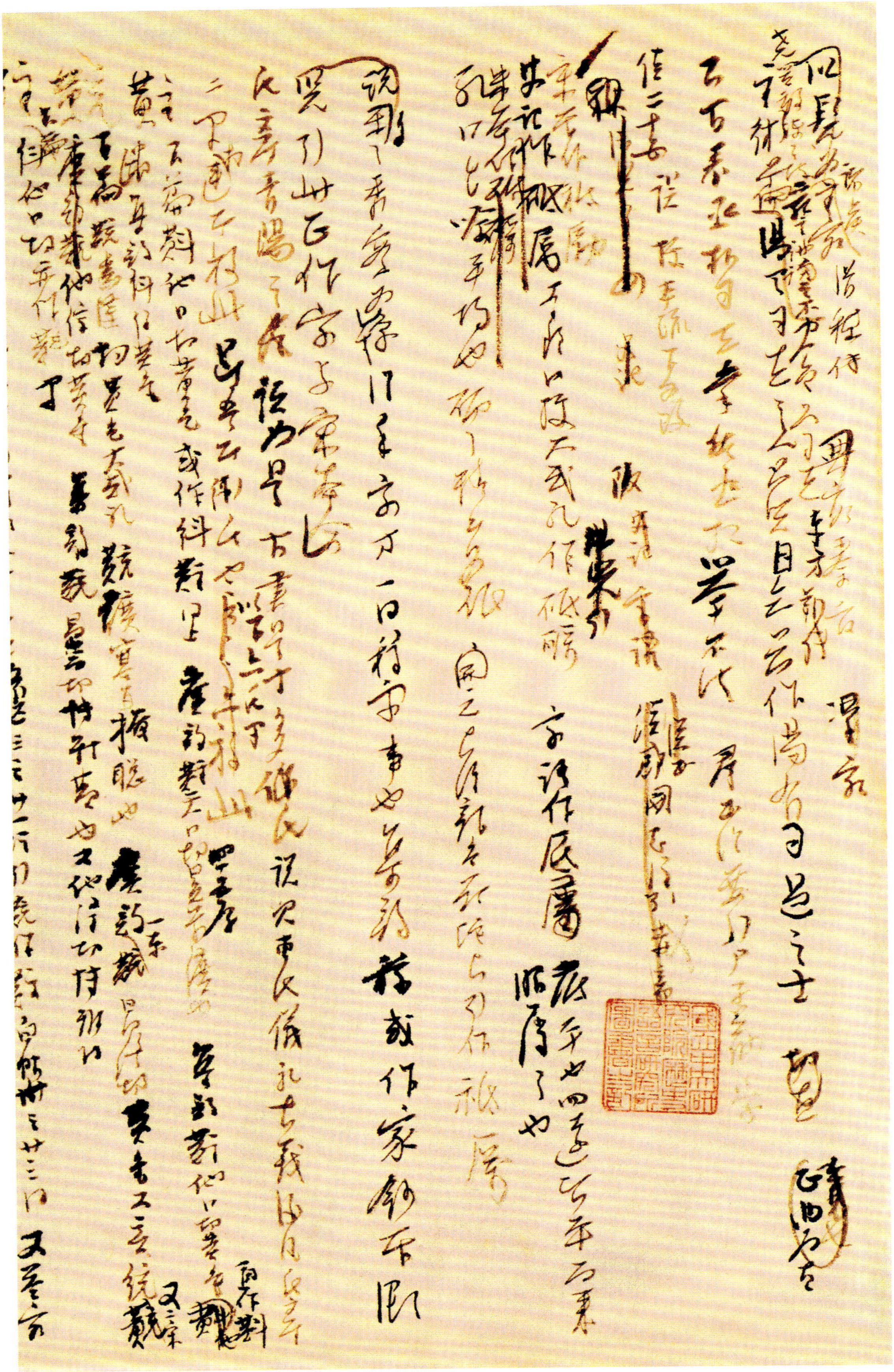

王念孫〈古音義零稿〉書影（一）

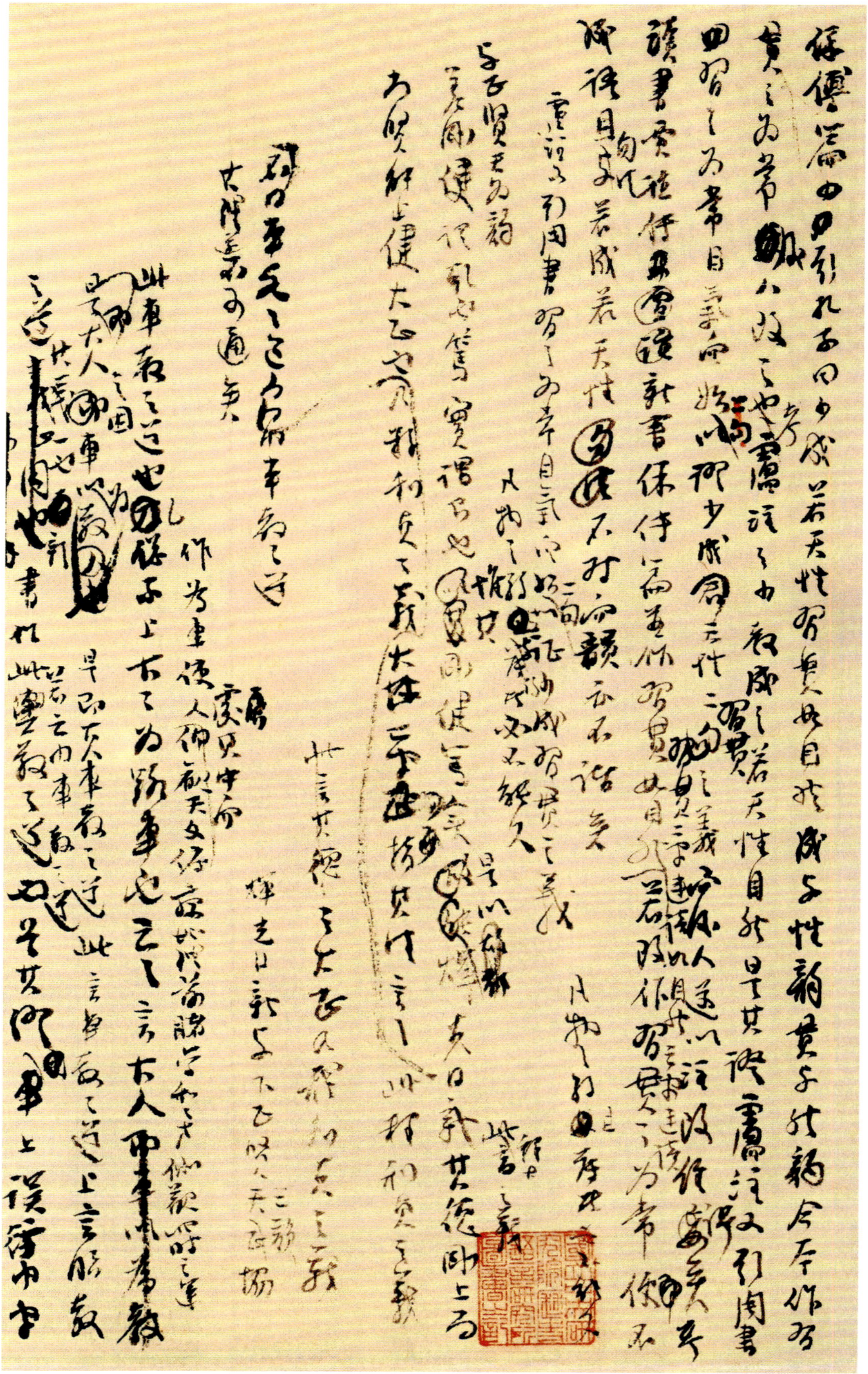

王念孫〈古音義零稿〉書影（二）

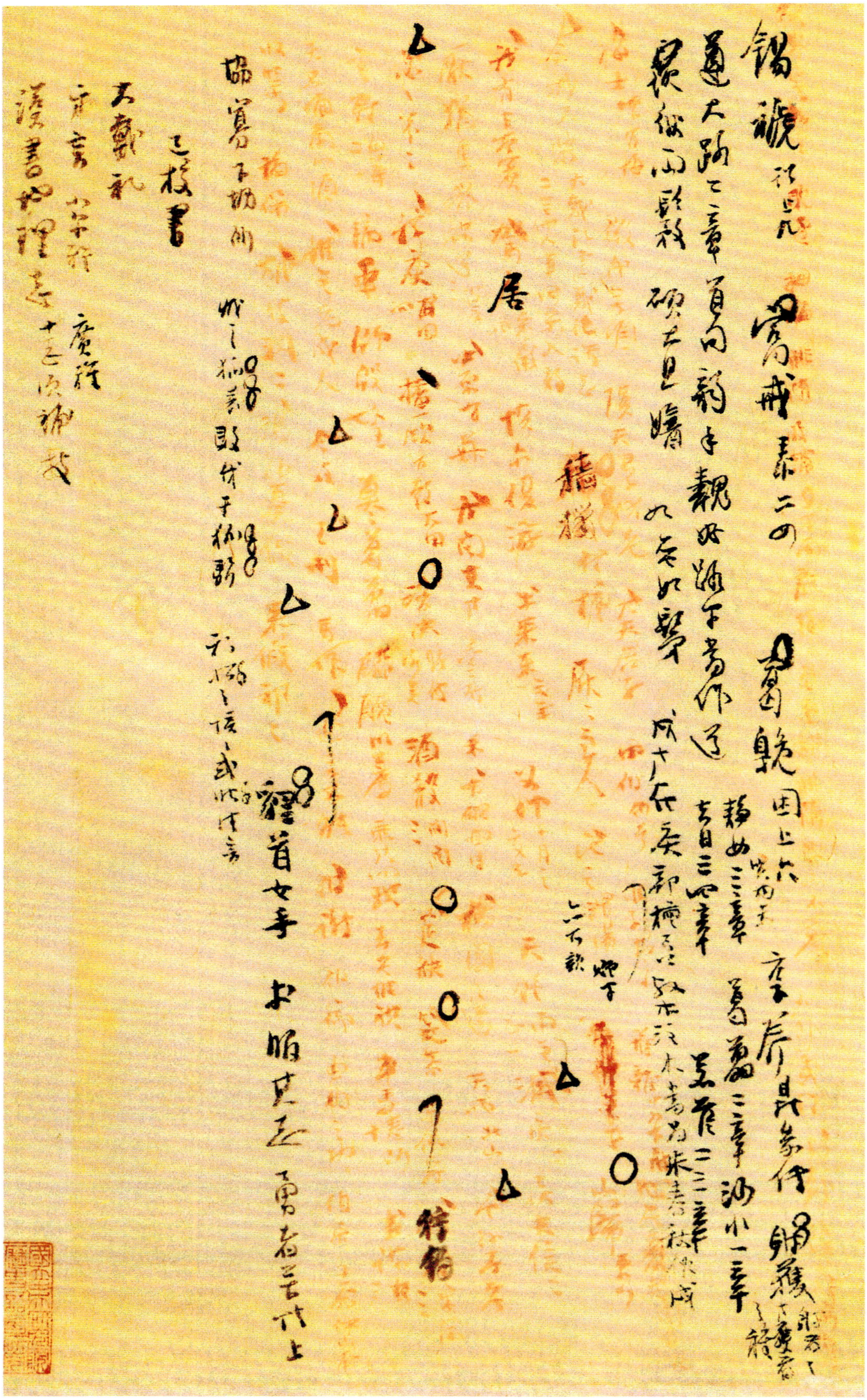

王念孫〈古音義零稿〉書影（三）

王引之〈經籍纂詁序〉書影

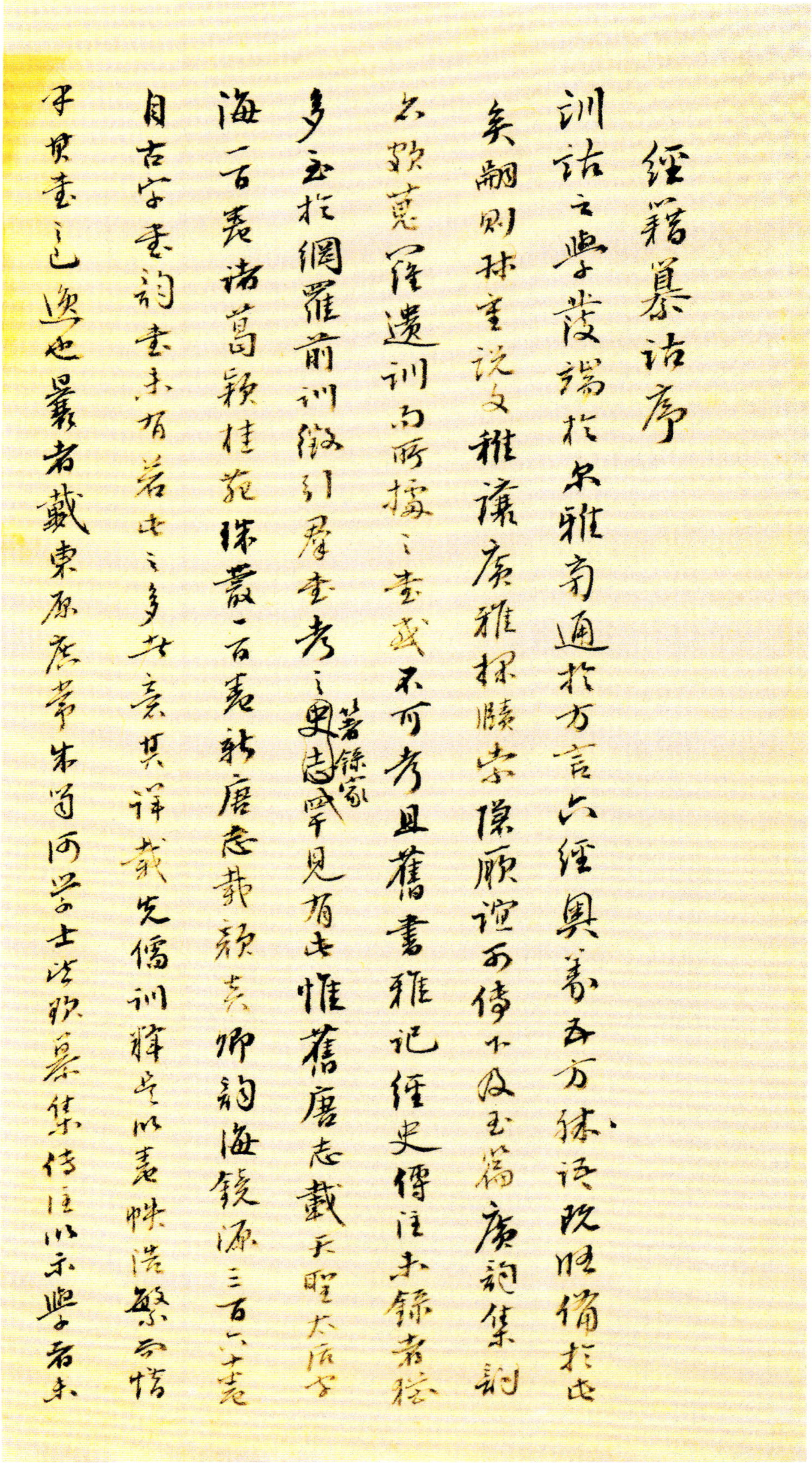

經籍纂詁序

訓詁之學發端於爾雅旁通於方言六經奧義五方殊語既略備於此矣嗣則叔重說文稚讓廣雅探賾索隱厥誼可傳不及玉篇廣韻集韻類篇蒐羅遺訓而所摭之書或不可考且舊書雅記經史傳注未錄者猶多至於網羅前訓徵引羣書考之史志（著錄家）罕見有也惟舊唐志載天曌太后字海一百卷諸葛穎桂苑珠叢一百卷新唐志載顏真卿韻海鏡源三百六十卷自古字書韻書未有若此之多者其詳載先儒訓釋是以卷帙浩繁可惜乎其書已逸也曩者戴東原庶常朱笥河學士欲纂集傳注以示學者未

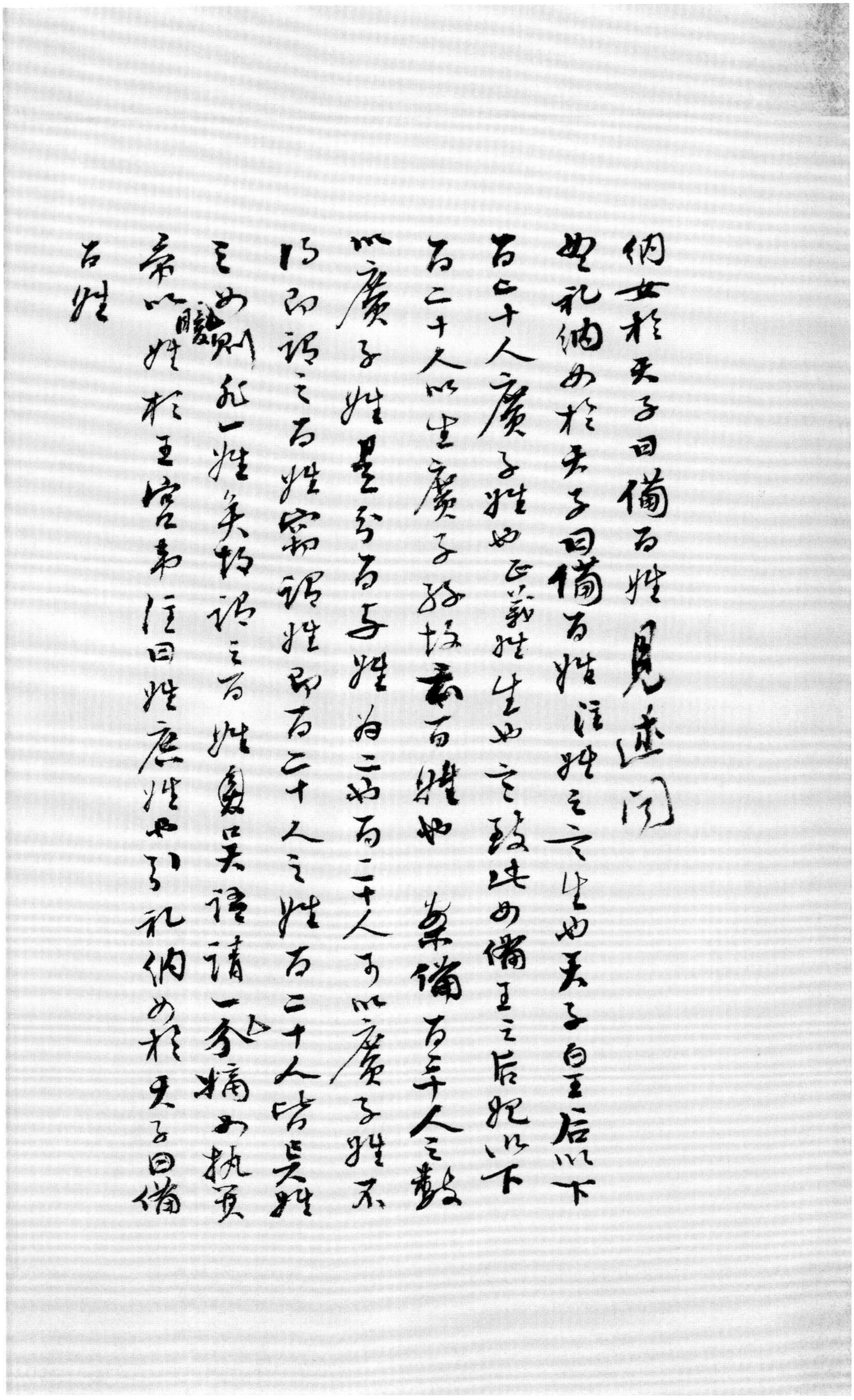

王壽同〈觀其自養齋燼餘錄〉書影

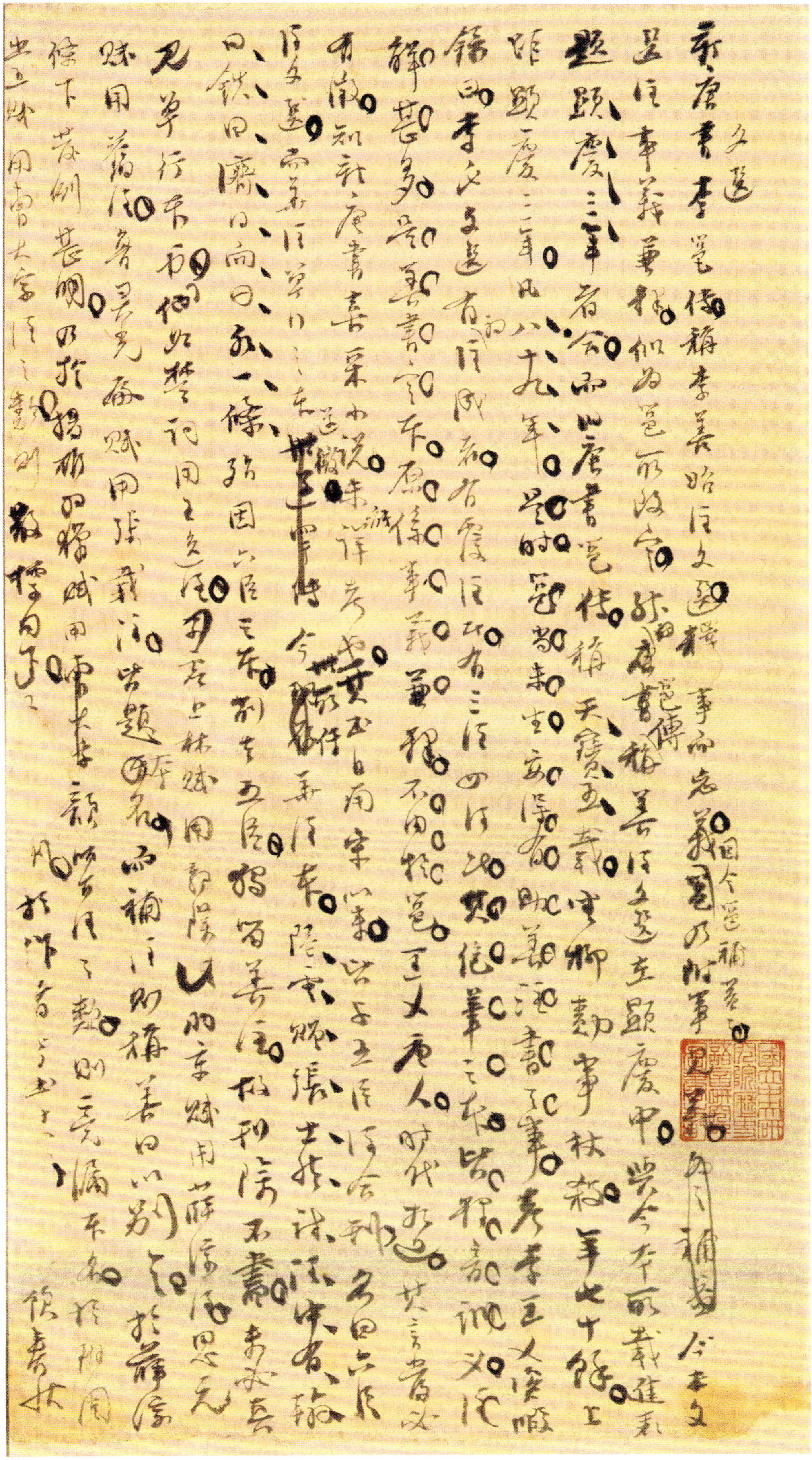

王念孫〈文選〉（一）

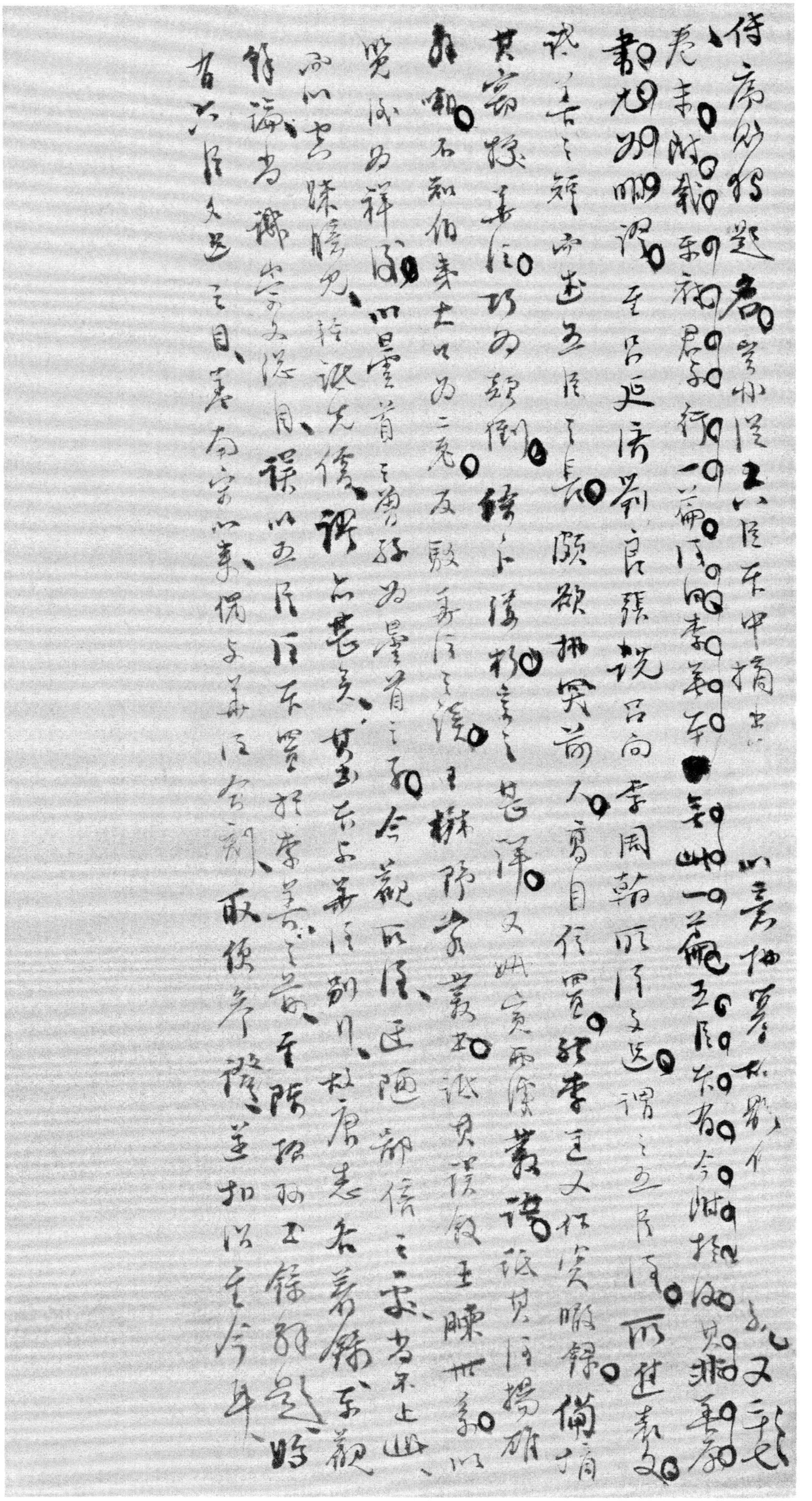

王念孫〈文選〉（二）

目次

凡例

一、本書所收《高郵王氏父子手稿》爲中央研究院歷史語言研究所傅斯年圖書館藏本。

二、本書內容分圖版、釋文，及論文一篇；書前並彩印若干篇章之書影。

三、圖版與釋文的編排，以篇爲單位，圖版在前，釋文在後，以利讀者對照閱讀。

四、論文中所介紹的手稿「頁數」，爲原稿的頁數，本書印製時，爲遷就版面，若干圖版曾做適當之裁切，因此書中的頁數與原稿頁數有時不盡相同。

五、少量眉批所在的位置，因尺幅太長，在遷就版面的情況下，將眉批裁切置於相關段落之後，並略低於原文。

六、圖版的排印，凡爲作者手稿，均全文照印；如爲他人謄抄的清稿，其特別重要而有價値者，仍全文照印；不然則斟酌選印其樣張，而釋文仍釋全文。見於他書的重要參考圖版，則視實際需要附印。

七、〈古韻說文諧聲譜〉原稿字蹟工整，又無斷句之必要，釋文從略。

八、釋文以新式標點斷句，遇有文字的出入，則做如下處理：

（一）錯字：原稿中的錯字，於錯字下用（　）標出正確的文字。

（二）脫字：原稿中的脫漏字，用〔　〕標示其當補的文字。

（三）衍文：原稿中的衍文，用【　】標示其所衍的文字。

（四）原稿中的缺字或實在無法釋讀的字，確知其只有一字的，釋文中以□表之；原稿殘破而不能確知字數的，釋文中以▨表之。

九、釋文中的古字，爲保存其原文特色，仍依古字釋之。

十、原稿中的眉批或他人附記，於釋文中用有別於原文的字體，並低兩格標示。

導論

——記史語所藏《高郵王氏父子手稿》

李宗焜 撰

記史語所藏《高郵王氏父子手稿》

李宗焜

一 入藏經過

中央研究院歷史語言研究所藏有《高郵王氏父子手稿》一函。主要內容是王念孫、王引之父子論述經義、音韻、訓詁等的文稿。

這批手稿原題《王念孫手稿》，張政烺先生在此之下有一段題記說：「此名未安，當題《高郵王氏父子手稿》，因內有王伯申手稿，且甚多也。」此後即以此為名（以下簡稱《手稿》）。

史語所傅斯年圖書館登錄片上記載，這批手稿係民國二十六年（一九三七）六月二十四日「羅莘田（常培）交來」。但羅先生於民國二十五年（一九三六）十一月廿一日給傅斯年先生的信中，[注一]提到這批手稿時，已稱「本所所藏」，可見購藏日期更應早於此時，或許買來時一直放在羅常培處，到二十六年六月間羅常培才交到所裏收藏。

二 王氏父子

學術上稱「王氏父子」，指王念孫、王引之父子，為乾嘉學術的代表性人物。

一 見史語所檔案《元》一二二之三七號。

王念孫字懷祖，號石臞，江蘇高郵人。乾隆九年生，道光十二年卒（一七四四—一八三二），享年八十九歲。[註二] 歷官永定河道，贈光祿大夫，故其後人每稱「光祿觀察公」，「觀察」是清人對道員的尊稱。王念孫主要著作有《讀書雜志》、《廣雅疏證》等。[註三]

念孫長子王引之，字伯申，號曼卿，乾隆三十一年生，道光十四年卒（一七六六—一八三四），享年六十九歲，謚文簡。主要著作有《經義述聞》、《經傳釋詞》等。

《手稿》中偶有「同按」的夾簽，則是王引之四子王壽同的批註；函中有〈觀其自養齋燼餘錄〉即王壽同所撰。王壽同字子蘭，生於嘉慶九年十二月，咸豐二年十二月殉國（一八〇五—一八五三），得年四十九歲。《手稿》中書眉偶或有「已錄，恩炳記」的題記，恩炳為壽同第三子。因此，《手稿》雖然主要是王念孫、王引之的手稿，但校讀、抄錄等，實際上包含了王家幾代人的心血。[註四]

三　王氏父子遺稿的刊佈與流傳

王念孫卒於道光十二年，二年後王引之亦棄世。王氏父子未刊行的遺稿主要由王壽同整理。〈子蘭府君行狀〉記述王壽同整理先人遺稿的情形說：

二　中華書局出版《清史稿》卷四八一〈王念孫傳〉，謂王念孫「道光五年，重宴鹿鳴，卒，年八十有九。」（一三二一一頁）斷句有誤，應改為「道光五年，重宴鹿鳴。卒年八十有九。」

三　王氏父子著述，參見劉盼遂《段王學五種》之〈高郵王氏父子著述考〉。

四　王氏父子生平，詳見《高郵王氏遺書》中〈高郵王氏六葉傳狀碑誌集〉。

府君天性好學，公餘之暇，手不釋卷，雖寒暑無間。侍曾王父時質疑辨難，精益求精，至重闈棄養，手澤所存片言隻字，必繹而通之，計數百條。曾王父有《廣雅疏證補遺》一冊，未訂之作也。府君謹集成之。《釋大》一書，府君力求其解而為說以示後學。又手輯三世遺文，梓將成而黃郡失守，版燬於兵。

咸豐二年十二月初四日太平軍攻陷武昌，王壽同時以「湖北分巡漢黃德道」守武昌，城陷殉國。所收王安國（王念孫父）、王念孫、王引之三世遺文，遂「梓將成而版燬於兵」。後於咸豐七年雖有《王光祿遺文集》、《王文簡公遺集》梓行，然未刊稿亦漸有散出。

羅振玉曾訪求王氏遺文，知未刻稿甚多。後經介紹終於「於藏文簡父子手稿之江君購得叢稿一箱」，「因將石臞先生及文簡遺文編錄共得八卷。其石臞先生遺著可整理繕寫者得三種，後編錄其家狀誌傳成書六卷，因匯印成《王氏遺書》。」這就是羅振玉編印的《高郵王氏遺書》[註五]（以下簡稱《遺書》）。但「其他未寫定之遺稿，以韻書為多，異日當陸續刊布。」[註六] 可見羅氏所得王氏遺稿，並未完全刊入《遺書》中。這批手稿，後歸北京大學收藏。北京大學曾有「印行王念孫手稿計畫」，其「全書細目」主要即以聲韻之學為主，[註七] 當即羅氏所收而未印行者。

散出的王氏父子手稿，除了北平江氏所藏之外，據劉盼遂在《王石臞文集補編》、《王伯申文集補編》[註八]（以

五　民國十四年（一九二五）上虞羅氏排印本。
六　羅氏之言並見《高郵王氏遺書》目錄後記。
七　同註一
八　民國二十五年北平來薰閣印行《段王學五種》之二，百鶴樓叢書。

下統簡稱《補編》）按語所言，他所見到的稿本，還見藏於鹽城孫氏、新會陳氏、杞縣侯氏、北平莊氏、蕭山朱氏、東莞倫氏、江陰繆氏、海城于思泊等處。此外劉氏尚言傅斯年先生亦曾藏有王念孫手稿，他說：

去歲（民國二十四年）傅氏斯年收得王懷祖〈呂氏春秋雜志稿本〉，以較《讀書雜志》，則凡引之說者，皆為念孫案也。註九

又說：

校讀〈呂氏春秋稿本〉，條數較今多數倍，藏聊城傅氏。許駿齋全收入所著《呂氏春秋集解》。註一〇

劉盼遂的《補編》，收集了各家所藏的王氏父子手稿，足補羅氏《遺書》之缺。但劉氏茲編並未見到史語所所藏的《手稿》。以管見所及，史語所藏稿有些尚未見梓行，即劉氏《補編》偶有與史語所藏稿同篇者，亦非據此稿本刊行。如：

王念孫〈經傳考證序〉：劉氏《補編》雖收有此文，但敘其所據為「遊道堂刊本《經傳考證》前」，可見是從書前序言錄出，非據《手稿》。

王引之〈試帖詩〉（史語所藏稿函中有程霖寫的「總目」，題此為〈分韻詩〉）：劉氏《補編》亦有〈試帖

九　〈高郵王氏父子著述考．經義述聞〉，《高郵王氏父子年譜》附錄，四十頁。

一〇　同上，四十三頁。

詩〉，註一一但其篇數與次序，俱與史語所藏本有顯著的不同。

舉此二端，已可見劉氏未見史語所的藏稿，且史語所藏稿中頗有未曾發表者，更為劉氏所未曾見，否則沒有理由不採入《補編》的。

四 《手稿》的原有篇題

這一批手稿原裝成八冊又三十九頁，包成一包，後來重裱成一函十七冊，每冊一至若干篇，頁數不等。《手稿》附有「總目壹葉，程霖君遺筆也」（見傅斯年圖書館登錄片，程霖為史語所早期「練習助理員」），這頁總目（以下簡稱〈程目〉）所列的《手稿》十七冊的篇題為：

一、王念孫論韻十八條　兩頁
二、王念孫致△△札一通　一頁
三、王念孫致江晉三、丁若士札各一通　計八頁
四、段氏說文簽記　每卷一張，計十五張
五、經傳斆證序　一頁
六、祠宇祭田記　一頁
七、光祿手書勾股各條

一一　見《王伯申文集補編》下，十二頁。

八、古韻目　一冊
九、論韻書　附艸稿，計三頁
十、王伯申釋矜地二字　一冊
十一、問詁齋文鈔　一冊
十二、分韻詩　一冊
十三、觀其自養齋盡（燼）餘錄　一冊
十四、雜説草稿　八頁
十五、竹箋源流考略　一冊
十六、書目　一冊

〈程目〉所列，與現在所裝成的十七冊，有一些出入。上列的〈經傳攷證序〉和〈祠宇祭田記〉現合訂為一冊，此外有兩冊〈程目〉漏記。這十七冊的篇題，有些是原來就有的，如〈問詁堂文鈔〉、〈光祿觀察公手書勾股各條〉等，其他的則是「程霖君遺筆」。程霖定了這些篇題後，至今近七十年來沒有異動，也沒有人異議，但仔細推敲《手稿》的內容，發現這些篇題除有遺漏外，還有一些錯字，更有「題不對文」的地方，〈程目〉對手稿的作者也沒能充分掌握，所以前後次序參差錯亂，這些都有待進一步重新釐定。

五　內容與討論

經過仔細地研究、推敲，我們發現《手稿》的有些篇題需要重新擬定，而《手稿》的內容，也有許多值得探討的問題，底下就依次來討論。

一、經義雜志

本篇為王念孫之讀經雜記，抄錄以寄友人李惇。註一二〈程目〉原題〈王念孫論韻十八條〉，但其中討論音韻的只有二條，全文均為討論經義的意見，故仿王氏《讀書雜志》之名，改題為〈經義雜志〉。篇末王氏自記「倉卒錄得十八條，本欲再謄清呈閱，恐再遲則緩不及事，且案頭無書，不能考證，祗據意見所到為之，故多所未安，務祈考訂原書，重加改正，文不成文，字不成字，惟知己諒之而已。」本篇塗乙殊甚，王氏「文不成文，字不成字」之說，並不是客氣話，經過整理，本篇所討論的經義共二十條，其中二條已被勾除，因此實際只有十八條。

不過，王氏所謂的「案頭無書，不能考證，祗據意見所到為之，故多所未安」云云，經過我們「考訂原書」的結果，發現需要「重加改正」的地方極少，王氏「意見所到」而能與古書如此合轍，其功夫之到家，不得不令人佩服。

本稿有若干條，王引之、李惇分別據之寫入《經義述聞》、《群經識小》，文字互有詳略，詳情請參看釋文及下文相關的討論。

一二　李惇，字成裕，又字孝臣，江蘇高郵人。此件應為王念孫溫經所得，寫錄就正於李惇者，參見陳鴻森〈阮元與王引之書九通考釋〉註五九，北京大學《中國典籍與文化論叢》八（北京：北京大學出版社，二〇〇五）。〈經義雜志〉中有十四條經義亦為《群經識小》所吸收。本書所引《群經識小》為清道光九年（一八二九）廣東學海堂刊《皇清經解》本。

二、與李鄦齋方伯論古韻書

本稿一長頁，為王氏與李鄦齋討論古韻的信。李賡芸字鄦齋，江蘇高郵人，乾隆十九年生，嘉慶二十二年卒（一七五四—一八一七）。

本稿〈程目〉題「王念孫致△△札一道」，該冊封面題名則無「札」字。羅振玉《遺書》收有此文，題為「與李鄦齋方伯論古韻書」，今依羅書之題名定之。

史語所另藏有《高郵王氏父子論音韻文稿》（清稿本，以下簡稱《文稿》）一帙，其中〈古韻二十一部〉之前言即此函之清稿本。〈古韻二十一部〉開頭有「家大人與李方伯書曰：『脩書甫竟，復接季冬手札，欣聞先生福履茂暢，諸協頌忱』」一段，《手稿》無此段文字，羅氏《遺書》所收文字與《文稿》全同，只刪略「家大人與李方伯書曰」一語。清稿本〈古韻二十一部〉全文亦見於王引之《經義述聞》。[註一三] 不論《文稿》、《經義述聞》或羅氏《遺書》所收此文，除了開頭幾句話稍有詳略外，在內容上是完全一樣的（本節下文以《遺書》代表這些書）。

但史語所所藏《手稿》的內容，卻與《遺書》有較大出入，除了修飾性的文字，無關閎旨可以不論外，其比較大的差別有：

一、《手稿》中的省略文字，在《遺書》中補上了內容。如：「又案《切韻》平聲自十二齊至十五咍」一節，《手稿》最後只有「而〈蓼莪〉」三字，底下即無下文，《遺書》中則補上一段文字：

一三　第三十一卷·通說上·五十二頁。

於是〈蓼莪〉五章之烈、發、害，與六章之律、弗、卒；《論語》八士之達、适與突、忽；《楚辭．遠遊》之至、比與厲、衛，皆混為一辭，而音不諧矣。其以月、曷等部為脂部之入聲，亦沿顧氏之誤而未改也，唯術、物等部乃脂部之入聲耳。

又如最後一段：「又案：屋部之屋」一節，其中「而〈小戎〉之」底下無文字，《遺書》則補上「於是〈小戎〉之首章之驅、續、轂、馵、玉、屋、曲；〈楚茨〉六章之奏、祿」，文意才完整。《手稿》的最後只有「〈桑柔〉之谷、穀、垢，皆以為合韻矣」一語，《遺書》則為：

> 〈桑柔〉十二章穀、垢，與《左傳》哀十七年繇辭之竇、踰，《楚辭．離騷》之屬、具、〈天問〉之屬、數，皆不以為本韻而以為合韻矣。且於〈角弓〉之「君子有徽猷，小人與屬」，〈晉．初六〉之「罔孚裕无咎」，皆非韻而以為韻矣。

內容較《手稿》為多。

二、反之，也有《手稿》中的內容，是《遺書》所沒有的，因為在已發表的王氏此函中，都沒有這些內容，因此特別珍貴。如：「又以為」一節，為《遺書》所無，[註一四] 此外「又案：念孫不揣寡昧」一節，「至若合韻部分之先後」以下一大段文字（內容見釋文），亦為《遺書》所無。

三、段落文字次第不同。《手稿》在「又案：念孫不揣寡昧」一節的最後幾句是：「謹此拜覆，并草〈韻

一四　此節文字，王氏〈答江晉三論韻學書〉有類似內容。

表〉一紙呈覽，惟閣下進而教之」，這應該是信末最後的話。但在此之後又有「又案：屋部之屋」一節，這一節《遺書》是寫在前面的文章中的。

《手稿》和《遺書》為什麼會有上面所說的差別？我們認為《手稿》是給李鄦齋信的最初草稿，其他各本則是後來寫定的稿子。《手稿》中省略的文字，是因打草稿時只須寫出提綱，後來定稿時才根據初稿把詳細內容補進去。《手稿》的最後一節應是在寫完初稿後，臨時又加在後面的，在寫定時當然要把它移到前面適當的位置。

三、答江晉三書

〈程目〉原題「致江晉三札」，但此稿最後一行題「答江晉三書」，故當以此為名較妥。此稿既於函末題「答江晉三書」，當是在原函寄出前謄抄以存底的。《手稿》函中「念孫」之位置均空格，釋文據《文稿》補為「念孫」二字。此函寫於道光三年，時王念孫八十歲。江有誥，字晉三，歙縣人。

《遺書》中收有〈答江晉三論韻學書〉，與本稿為不同的兩函。《文稿》中並收此兩函，題「答江晉三書」為「與江晉三書」；題「答江晉三論韻學書」為「答江晉三書」，為顧及稿末的題名及避免混淆，故不用《文稿》的題名。《遺書》中別有〈與江晉三書〉一文，又是另一篇了。〈答江晉三書〉與〈答江晉三論韻學書〉所討論的問題有些是相同的，甚至連文字的差異也不大，王氏與各家討論音韻的書信中，本有很多內容是重見疊出的，實不足為奇。本稿的部份內容也有與〈與丁大令若士書〉雷同的。

四、與丁大令若士書

〈程目〉題「致丁若士札」，《文稿》及《補編》均題為「與丁大令若士書」，今依舊名。丁履恒字若士，江蘇武進人。乾隆三十五年生，道光十二年卒（一七七〇—一八三二）。《文稿》及《補編》都收有這封信，此信的內容為：

昨承枉顧，有失迎迓，奉讀大箸論韻諸篇，精心研綜，纖悉靡遺，本韻、合韻，條理秩然，不勝佩服之至。弟自去年肝血虧損，左臂、左足幾於偏廢，迄今不能出户，愧不克趨詣尊齋請教。弟向所酌定古韻，凡廿二部，註一五說與大箸略同。惟質、術分為二部，且質部有去聲而無平、上聲，緝、盍二部，則并無去聲。又〈周頌〉中無韻之處，不敢強為之韻，此其與大箸不同者。謹附簽三十五條，未知是否，仍希高明教正。大箸一併繳還，專此謝教，併問日安，不一。年愚弟王念孫頓首。

所謂的「與丁大令若士書」，應該只是上面這段而已，但真正重要的是「謹附簽三十五條」的內容。《文稿》和《補編》收此文時，把信放在最前面，然後是「簽三十五條」，謹錄最要者二十八條，接著就是二十八條的

一五　在此之前，王氏言古韻，稱二十一部，晚年從孔廣森之說，分東、冬為二部。現藏北京大學圖書館的王氏晚年定稿《詩經群經楚辭合韻譜》、《周秦諸子合韻譜》（均未刊）已經分出冬部。北京大學藏王壽同《觀其自養齋燼餘錄》的目錄，其卷二「說韻」下有一行註文說：「釋先光祿公古韻廿一部之作」，在王念孫死後，他的孫子論述的，仍是「廿一部」。《大亭山館叢書》收錄丁履恒復書：「十九部中復出至質一部，緝、盍二部」，丁氏分十九部，從中分出三部，為二十二部。參見趙永磊〈王念孫「古韻二十二部」形成源流考〉（《中國學術年刊》第三十八期，臺灣師大國文系，二〇一六年三月，二十七至五十六頁）。

內容。

王氏信中所說的「大箸」，是指丁若士的《形聲類篇》。信中說「弟自去年肝血虧損，左臂、左足幾於偏廢」，按前述〈答江晉三書〉說「念孫自庚辰得手足偏枯之疾」，則此信應寫於「辛巳」，即道光元年，時王念孫七十八歲。

信中說「附簽三十五條」，是指王念孫在丁著《形聲類篇》書稿上的批注簽條。《文稿》和《補編》「謹錄最要者二十八條」則是在這「三十五條」中，擇要錄出二十八條。《手稿》只抄錄了其中的五條。劉盼遂在《補編》此函最後的按語說：

先生為丁氏評定《形聲類篇》之書，共簽三數十事，其清稿藏鹽城孫氏，與丁氏刻入分卷中者大異。

這段話說明了「丁氏刻入分卷中者」大異於鹽城孫氏所藏的清稿本。「大異」的情形究竟如何？王氏「簽條」的真面目又如何？丁氏「刻入分卷中」時，究竟如何使之「大異」？下面就來討論這些問題。

要解決這些問題，最關鍵的就是王氏在書中所夾簽條的原稿。

傅斯年圖書館藏有這樣一份書稿，原來沒有書名，只在各卷分別題上「諧聲部分篇」、「諧聲通合篇」、「諧聲餘論」，不過，在「諧聲部分篇」下有朱筆批註「從段氏說，諧聲改作形聲，後皆仿此」。後來的刻本冠了一個「形聲類篇」的書名，仍包含這三部分，「諧聲」也都改成「形聲」。書稿中夾貼了王氏的批語三十五條，在書稿的最後一頁附了一封信，就是上面所列的「與丁大令若士書」。這份夾有王氏批語和信函的書稿，後經

「諸城李方赤氏」[註一六]和「黃陂陳毅」收藏，再歸「東方文化事業總委員會」收藏，最後入藏史語所。

收錄王氏批語的，除了書稿中所夾貼的手稿三十五則外，還有「鹽城孫氏所藏王念孫與丁履恒書手稿」謹錄最要者二十八則、史語所所藏《高郵王氏父子手稿》所錄的五則。此外還有史語所所藏《文稿》所錄的二十八則、劉盼遂《補編》所錄的「二十八則」。刻入分卷中的，則有光緒十五年（一八八九）刊於虎林的「大亭山館叢書本」，和現藏北京圖書館分館的光緒二十二年長白馬佳氏佞漢齋校印的「佞漢齋叢書本」等。

本書二〇〇〇年出版時，我曾認為傅圖藏的這份夾有王氏批語和信函的書稿「是王氏批語的最原始資料，也是王氏最初的手稿」。

當時的想法主要有這麼幾點：

第一，主體是《形聲類篇》書稿，簽條是貼在書稿相應內容的位置上的。與其他將王氏批語摘鈔在一起的形式不同。

第二，書稿抄寫相對工整，簽條則與王氏其他手稿的行草體相似。與傅斯年圖書館收藏的摘鈔五則批語的稿本亦近似。[註一七]

第三，書稿最後有〈與丁大令若士書〉，而該函最後有「年愚弟王念孫頓首」一語，為各鈔本所無。即使王念孫鈔錄的二十八則手稿也沒有，推想不是真正送出的信，自無須此語。當時所見唯獨此本有此一語。因此推斷此本即是丁履恆書稿，王念孫夾貼簽條後送還丁氏的手稿本。

一六　諸城李方赤氏，李璋煜（一七八四—一八五七），字方赤，又字禮南，號月汀，山東諸城人。嘉慶二十五年（一八二〇）進士，陳介祺岳父。

一七　圖見《景印解說高郵王氏父子手稿》，九五至一〇二頁。

這樣推論自認合情合理。

後來在上海圖書館出版的圖錄中，發現有《諧聲類篇》四卷。有一段說明文字說：

> 此稿有清王念孫、劉逢祿籤校考證，存王氏書札末葉云「大著不同者，謹附簽卅五條，未知是否，仍希高明教正」，則此當為丁氏寫定就正之本（刻本名《形聲類篇》）。曾經葉景葵收藏。註一八

二〇一七年春到上圖調閱此書，仔細觀察，驚覺此本才是丁若士書稿、王念孫批註夾簽的真身。剩半葉的王念孫函札是藍底六行紙，也是當時常見的函札用紙。信函和批註的手跡，確為王念孫無疑。下一個問題是，上圖本是真正的書稿手批本，那傅圖所藏為何種本子？清代學者對於書稿謄抄幾份是常見的事，但整部書併簽條同時做兩份的可能性太小。

經細查，傅圖藏本尚有劉逢祿、許瀚簽校。據《攀古小廬文補遺》錄道光八年（一八二八）許瀚〈與滕陽張芸心書〉書末提及：「丁履恆，字若士，現任山東肥城知縣，其《形聲類篇》有部分篇、通合篇、餘論之分，共三卷，瀚嘗假鈔副本，無刊本，韵分十九部」。傅圖此本，卷內許瀚朱筆批校多處，並言以底本相校，當是許氏倩人鈔錄的副本，而其據以相校的底本，就是現藏上海圖書館的原稿本。

許瀚倩人鈔錄丁若士的書稿，並把王念孫的批語籤條也鈔了一份，依原書相應位置黏貼，基本做到與原書絕相似。鈔本的簽條有若干原空後補的情形，這絕不是原稿應該出現的。估計鈔者一開始沒認出字來，後來許

一八　上海圖書館編：《上海圖書館藏明清名家手稿》，上海古籍出版社，二〇〇六年。

瀚校對時補上。這些黏貼於鈔本上的簽條，與傅圖所藏另鈔的五條字跡極相似，估計為同一人所鈔，但與許瀚在書上所寫的校語筆跡不同，這些簽條應該不是許瀚鈔的。無論如何，這些都不是王念孫的手稿。

丁氏書用天干代表古韻的分部，王氏在夾簽中仍依丁書用天干稱其分部，如「介聲當入己部下，不當入辛部」，[註一九] 許瀚的抄本也是這樣鈔的，傅圖所藏的五條鈔本亦然。這點可以說明，許瀚所據的底本，就是現藏上圖的本子。

我們雖然釐清了傅圖藏本是許瀚鈔本，上圖本才是真身，但許瀚鈔本相當程度依原本抄寫，仍有助我們了解書稿及夾簽的原貌。

關於王念孫簽注的意見，上海圖書館所藏夾貼在書稿中的簽條是所有版本的「本尊」，也就是初稿；其餘則為「分身」，為謄抄稿。[註二〇] 王氏在將夾簽和書稿一併繳還丁若士之前，把其中最重要的二十八則和信函謄抄了一份，這就是鹽城孫氏的藏本，在今國家圖書館。謄抄時有些地方做了一些改易，但基本內容則不變。如簽記云：

念孫案：〈繫辭〉以者、野為韻，樹、數為韻，而椁字不入韻。

各刊本皆如此。而鹽城孫氏藏本則增多為：

一九　丁書己部分上下，上為脂部，下為祭部。孫氏藏抄本則改為「介聲當入祭部，不當入之部」。

二〇　王氏文稿往往除初稿外，還會有一些謄抄的稿子，有些是自己抄的，有些則是別人再抄的。

某案：〈繫辭〉「古之葬者」七句，以者、野為韻，樹、數為韻，而椁字不入韻，不得以野、椁與樹、數為協韻。

文字增多，但基本觀點並無不同。丁氏刻入分卷時根據簽條，孫氏藏本內容偶有增多，但兩者差異很小，沒有劉盼遂所說的「大異」。

刊印本根據原書上的簽條，而「二十八條」的傳鈔本都是孫氏藏本的後裔。此稿的清抄本還有幾種，傅斯年圖書館藏有《高郵王氏父子論音韻文稿》清稿本，其中就有此函及所錄二十八條，內容與今藏國家圖書館的王氏手稿無異。此外，國家圖書館另有《王念孫遺文》的民國間鈔本，[註二一] 也有兩件相同的內容。這些清稿本都是從王念孫鈔本手稿衍生出來的。

王氏傳世的文稿，有些抄本的錯字較多，抄者的水準較低，這點在下文〈段氏說文簽記〉中，將有進一步的說明。

接著看：丁書的刻本和劉盼遂《補編》的排印本。

我們所看到的丁書刻本有兩種，一種是光緒十五年（一八八九）刊於虎林的「大亭山館叢書本」，分五卷（《清史稿・藝文志》著錄「形聲類編」五卷）；一種是光緒二十二年（一八九六）長白馬佳氏佞漢齋校刻的「佞漢齋叢書本」，分二卷。五卷的「大亭山館叢書本」，後來由「國立北京大學出版組印行」，所以書前附有「上虞羅氏影印丁履恒答王念孫書原蹟」（在《昭代經師手簡》中）、「鹽城孫氏所藏王念孫與丁履恒書手稿」兩個書函的影本。羅氏《昭代經師手簡》印於民國七年（一九一八），則北大印行此書應更在其後。二卷的「佞

二一　見詹瑞福主編：《國家圖書館藏鈔稿本乾嘉名人別集叢刊》（國家圖書館出版社，二〇一〇年）第二三冊。

漢齋叢書本」，現已收入上海古籍出版社出版的《續修四庫全書》中。這兩個刻本行款不同，但收錄王氏批語除了極少數地方詳略稍有不同外，基本上是完全一致的。

劉盼遂的《補編》收此文，其後按語說：「其清稿藏鹽城孫氏，與丁氏刻入分卷中者大異。」但劉氏所收此文的條數、次序，與前述「大亭山館叢書本」所附的鹽城孫氏藏本出入頗大，孫氏藏本的二十八條，其中六條是劉氏《補編》所沒有的，而《補編》有二條不見於孫氏藏本，實際《補編》只有二十七條，[註二二]也與所謂「謹錄最要者二十八條」之說不同，其前後次序也不一樣。但就《補編》所錄的二十七條而言，其內容則與各本並無多大差異。兩刻本所收條目，也有小幅不同。

各本所收條目雖小有出入，但都不離王氏三十五簽條，內容其實並沒有什麼不同。嚴格說來，比較最忠實於王氏簽記原稿的，還是「丁氏刻入分卷中」者。丁書收錄王氏簽記，有時把內容性質相近的糾合在一起，各條之間空一格以為分別，此與各本逐條分列有異，但內容則並無差別。

夾簽中的三十五條，其中有少數幾條刻本刪去了，這是因為丁氏書稿中的錯誤經王氏指出，丁氏把原稿中的這些內容刪掉了，原文既已刪掉，則批語自然也就沒有保留的必要了。有些地方則遵照王氏的意見做了修改，仍保留王氏的簽記。丁氏相當程度的接受或尊重王氏的意見，我們完全看不到「刻入分卷中」的王氏批語，與王氏的手稿有「大異」的情況。

二二　劉氏原錄二十五條，有二條在三十五條各析分為二。

五、段氏說文簽記

本稿封面題「光祿觀察公段氏說文簽記」，蓋出王氏後人之手。本稿是王念孫讀段玉裁《說文解字注》的簽記，是就《說文解字》或段玉裁的注，提出王氏自己的看法。〈段氏說文簽記〉依《說文》篇次分為十五篇，每篇一頁，先出以字頭，再加雙行註語，即王氏自己的意見。雙行註語的第一組數字，是指段玉裁經韻樓刻本《說文解字注》的頁碼。

王氏簽記中所說的「注……」，有的是就段注而發的，如常見到的「注穿鑿」，即指段注穿鑿；但有的是直接對許慎的《說文解字》內容提出異議的，如四下．卅八頁「𢽾」下王氏云：「注『雜』字當作『離』」，便是就許氏「𢽾，雜肉也」而發，並不是針對段注提的意見，這種例子還有很多，此不具舉。

此稿的刊印情形，羅常培先生在給傅孟真先生的信中曾提到：

本所所藏一部分，如〈段氏說文簽記〉，近已為奉天人吳甌印入《稷香館叢書》。註二三

《稷香館叢書》提要說：

此書舊無傳者，近始流出，歸雙劍誃于氏，籤署「光祿觀察公段氏說文簽記」，當出其裔嗣之手，蓋傳家之作，

二三　同註一。

非眎世之書也。註二四

劉盼遂也說：

先生改訂段注《說文》，詳王氏家傳〈光祿觀察公段氏說文簽記〉一書，現歸海城于思泊處，惟中多誤字，此書胥不謹之過也。註二五

按劉氏書出版於民國廿五年（一九三六），《稷香館叢書》出版於民國廿四年（一九三五），則劉氏可能見到于氏所藏原本，也可能只是見到《稷香館叢書》的印本。從以上各家說法，似乎史語所所藏的〈段氏說文簽記〉，即于省吾藏本，已印入《稷香館叢書》，而其中頗多誤字。

但經過我們以史語所的藏本與《稷香館叢書》的于省吾藏本仔細核考，發現史語所藏本並非于氏藏本，甚且史語所藏本應為于氏藏本的底本，也就是說于氏藏本是根據史語所藏本抄的。

底下我們就此看法提出論證，為行文方便，史語所藏本簡稱「史本」，于省吾藏本簡稱「于本」。

不論是史本或于本，〈簽記〉中的確有很多錯字。以史本為例，這些錯字，有幾種情況：

一是頁碼的誤記。〈簽記〉中所討論的每一個字下的數字，是段注的頁碼，我們推測王念孫原是在段注本中夾注簽條（如史語所所藏丁履恒《䛐聲部分篇》中的王氏簽條一樣），抄者在一一摘出時加注段注本頁

二四　見《稷香館叢書》第一冊，提要第一頁。

二五　見《王石臞文集補編》〈石臞先生注說文軼語〉之後的按語。

碼，有時難免誤記，有時則在次序上有點錯亂，如把前面的頁碼錯置到後面去，這種錯置的頁碼幾乎都出現在篇末，應該是抄者在抄完一篇，核對後發現遺漏的部分，把它補抄在最後，我們在釋文中，加按語「此條當移前」以示之。有時是頁碼沒錯，但出現的「篇次」錯了，如出現在「二篇下・七頁」的「犨」，應在「二篇上・七頁」；「七下・五十七頁」的「香」字，應在「七上・五十七頁」；「十下・九頁」的「騎」字，應在「十上・九頁」，以上所舉三條頁碼的錯置是抄者沒有發現的。還有二條抄者自己發現的，如「十二下・十頁」，抄者自註「在前十頁內」，「十二下・十三頁」抄者自註「在前十三頁內」。這兩則的夾註，都是補註在行間，應是抄者事後發現而加註的。頁數相同而篇次相混，或是抄者在夾簽中註上頁碼，排比時偶而失次所致。

二是註文的錯字。如一上・廿頁「璠」下「二則孚勝」，「孚」誤為「字」；一下・卅三頁的「茁」字，誤為「並」，則應是抄者對王氏手稿的誤認，王氏手稿艸頭往往寫成「」，加上底下的「出」的潦草寫法，就被誤認為「並」；二上・六頁「犖」下「廣雅」誤為「廣注」；二下・十八頁「衙」下「注引周禮」，「周禮」誤為「用禮」；三上・七頁「謂」下「王謂叔父」，「叔」誤為「張」；三下・廿二頁「誣」下「注當有言字」，「有」誤為「古」；七上・五十八頁「馨」下「誤讀椒聊」，「聊」誤為「卿」；十下・五十頁「忝」下「他念切」，「念」誤為「會」；十一上二・三頁「湝」下、十一上二・卅九頁「染」下的或然之詞「蓋」字均誤為「差」；十二下・四十七頁「匿」下「無自暱焉」，「無自」誤為「毛目」；十三下・五十四頁（原誤為五十五頁）「勦」字下「一曰剿劫人也」，「曰」誤為「口」。以上這些錯字，與其說是抄者筆誤，不如說是抄者對王氏原稿的誤認，王氏手稿往往較為潦草，這些錯字出於抄者對原稿潦草字蹟的誤認，可能性大於純粹的筆誤，因為正誤二字的字形相近，誤認的可能性極大。

于本的〈簽記〉，行款與史本不同，二者的字蹟也不一樣。更值得注意的是，史本〈簽記〉中的錯字，于本毫無例外的跟著照錯，同時又產生了若干新的錯字，這些新錯字則是來自對史本的誤認。很多現象都顯示于本是根據史本抄的，而且于本的抄者，其水準恐怕更不如史本的抄者。下面即說明于本抄自史本的情況：

一、上述史本的錯字，不論是頁碼的誤字，或是註文的誤字，于本都跟史本錯得一模一樣，可證于本是根據史本抄的，不然不可能錯得如此湊巧。

二、于本中若干空格未填的字，都是史本中比較潦草難認的字，抄者不識，只好空格闕疑。如一上・十二頁（原誤為十三頁）「禜」下的「營」字；一下・卅頁「艼」下的「艼熒」二字；二下・二頁「辵」下的「超」字；六下・八頁的「一說非」，史本「一」字筆劃較短，抄者忽略而闕之。七下・四十三頁「羈」下的「古在歌部」，于本「古」誤為「大」，「歌」字空格。十下・卅六頁「㤁」下的「憸」字；十一上二・廿七頁「溓」下的「絕」字；十二下・四十七頁「匿」下的「無自暱焉」，史本誤為「毛目暱焉」，于本「自」字誤為「目」與史本同，而「無」字空格。十四上・廿三頁「⿱埶金」下的「箠」字。這些空格的字是我們從史本中認出來的，然有少量于本中的空字，史本太過潦草，一時也很難確切認出，如四上・十頁「瞑」下「□誤在真部」；十二下・四十三頁「䒈」下「即義之□體」；我們只能提出可能的釋文加以存疑。

三、史本中較潦草的字，于本以空格處理的情形已如上述。還有一些史本沒錯而被于本抄錯的字，如一上・十五頁的「祟」字，史本寫法有點像「崇」，但細看仍是「祟」字，于本則誤為「崇」；一下・卅四頁「蕤」下的「唐韻不誤」，于本「不誤」誤為「不韻」；二上・卅四頁「趍」下的「反」字誤為「文」；二下・十頁「遂」下的「㒸」誤為「黍」；四上・四十九頁「鶪」下的「穿鑿」誤為「宮鑿」；四上・五十二頁的「鷙」誤為「⿱埶鳥」，其下「執聲不誤」誤為「埶聲不誤」，此字段注云「各本作『從鳥執聲』，非也」，而王氏以為「執聲不誤」，若作「埶」則王氏無由而云然。四下・廿三頁「肓」下的「肥」字誤為「明」。五上·卅八頁「登」下的「投壺」誤為「枚壺」,「朩」誤為「未」。十一下·卅一頁「龍」下的「邕」誤為「筥」;十三上·十頁「綷」下的「甘泉賦」誤為「廿泉賦」。以上這些都是史本不誤,因為字蹟比較潦草為于本抄者所誤認,並不是史本抄于本而加以改正的。

此外,還有一些史本不誤的頁碼,于本則或錯或漏。如二上·卅八頁「趧」,于本誤為卅六頁;二上·四十頁「歸」字下,于本頁碼及註文全漏;四下·十二頁誤為十三頁;十一下·卅二頁「砦」下誤為「卅頁」。十二上·十頁「開」下「古音在十五部」,于本漏「十」字。這些錯漏字在史本原是正確的。

史本的抄錄者,偶有在行間補註的,這些補註的文字,于本都抄入正文中,這又可作為于本晚出的一個證據。如一下·十頁「茿」字,史本旁注「茿與蓄通」、一下·十一頁「菫」字,史本旁注「齊民要術亦音丑六反」、一下·十二頁「苦」字,史本旁注「茦、蓫、葥字亦不類蓨」、六上·五十三頁「栝」字,史本旁註「因又讀若」、十篇·四十三頁「夭」字,史本旁注「錟或作緂」、十二下·十頁「閟」字,史本旁注「在前十頁內」、十二下·十三頁「闠」字,史本旁注「在前十三頁內」。這些史本旁注的文字,于本都抄入正文中。根據前述史本字蹟潦草,為于本抄者所誤認的情況看,可以證明是于本把史本的旁注抄入正文,而不是史本抄于本,因漏抄而補抄於行間的。下面的例子,更可以說明于本抄史本的事實。

史本四上·卅八頁「鳳」字後,接寫卅五頁的「摯」字,並分別在「鳳」與「摯」字旁加上一點,表示此兩條應互乙;于本則先「摯」後「鳳」,把原互乙的順序改正過來了。

從史本跟于本的字蹟看,史本較潦草而于本甚工整,再謄過的稿子情理上是應該比較工整的。而史本潦草到難以辨認的字,則正好是于本錯字或空格出現之所在,這些都足以證明于本是抄自史本的。王氏的稿子往往經他人一抄再抄,這本是不足為奇的,而追本溯源,史語所所藏往往是最初的初稿,因而彌足珍貴。王氏手批的段注本今不知所在，則史語所所藏的〈簽記〉，雖亦為他人抄錄且偶有錯字，但作為王氏批校段注的心得而言，其價值是值得肯定的。

劉盼遂所謂的「中多誤字，此書胥不謹之過也」，誠哉斯言。不過，于本雖然字蹟工整，但錯漏字遠甚於史本，史本既為于本底稿，其價值自亦高於于本。不論史本或于本，均是他人所抄寫，而抄寫者又頗「不謹」，故「中多誤字」的情形是明顯存在的。我們利用史本訂正了于本的許多錯誤，也利用相關知識訂正了史本的錯誤。這些資料對於研究《說文》的人來說是非常有參考價值的。

《稷香館叢書》提要評價此稿說：

> 高郵王石臞先生在乾嘉間與金壇段懋堂並為海內宗師，其〈說文段注簽記〉一書，簡要精覈，得未曾有。所正段注誤引、誤讀、誤解之處，皆切中其失。又列指原書穿鑿支離、牽強矛盾、謬妄附會諸事，尤似老吏斷獄，毫不容假。註二六

如果不為篇中的錯漏字誤導，就內容而論，此評價實不失中肯。

六、經傳攷證序

本文為王念孫為朱彬所撰《經傳攷證》所作的序。朱彬字武曹，江蘇寶應人，乾隆十八年生，道光十四

二六　同註一

年卒（一七五三—一八三四），年八十二。朱彬為劉台拱表弟，王念孫序中說：「朱彬武曹，端臨之內兄弟也，其識與端臨相伯仲，昔在京師，與余講論經義，多相符合。」《清史稿·儒林傳》也說朱彬「自少至老，好學不厭，承其鄉王懋竑經法。與外兄劉台拱互相切磋，每有所得，輒以書札往來辨難，必求其是而後已。於訓詁、聲音、文字之學，用力尤深。」

劉氏《補編》亦收有此序，註云「右文載遊道堂刊本《經傳考證》前」，劉氏此文當是從此刊本中錄出，非據《手稿》。《手稿》此序工楷精美，當係謄抄本。唯題目「經傳攷證序」頂格寫，題旁有「題低二格」批語，下題「高郵王念孫懷祖」，是王念孫手蹟，當是倩人謄抄之後，王氏加以改定，再給朱彬據以刻書的定稿。

七、祠宇祭田記

手稿，一頁。乾隆二十九年（一七六四）作，時王念孫二十一歲。羅氏《遺書》收此文，題「護城橋祠田石梁墳田記」（卷四，二十五頁），《手稿》此文的篇題與內文均為王氏同時手蹟，不知羅氏題名何據？今依《手稿》原題。

《手稿》與《遺書》此文的文字基本相同，個別文字的小異無關閎旨。如《手稿》「毋或不給，毋敢不敬」，《遺書》「敢」亦作「或」似嫌詞複，且不如《手稿》之詞義深遠。

八、文選

手稿，一頁。論《文選》李善註本優於五臣註，而五臣註「詆善之短，頗欲排突前人，高自位置」。自南宋以來，取李善註與五臣註合刊，名曰「六臣註文選」，而李善註單行本遂微。今世所傳李善註本，反是從六臣註本中「削去五臣，獨留善註」的產物。王氏從今本李善註中仍雜有五臣之註，及書中體例不一等各方面，論證今本絕非原來單行本的面貌。

今按《欽定四庫全書總目》總集類有《文選註六十卷》、《六臣註文選六十卷》，《手稿》的〈文選〉一文，頗多內容散見於此二書的提要，只是提要視《手稿》為加詳而已。根據「欽定四庫全書勘閱繕校諸臣職名」，王念孫以「翰林院庶吉士」的身分擔任「篆隸分校官」，因此，我們推斷《手稿》的〈文選〉，應是為《四庫全書總目》此二書的提要所寫的初稿。〈文選〉釋文中部份殘泐的字，我們就是根據《四庫提要》補的。

《四庫全書總目》的《文選註六十卷》所用的本子為「毛晉所刻，從宋本校正」的汲古閣本，王念孫所提到《文選》李善註本的問題，也是根據汲古閣本說的，如：

> 今世所傳善注本，陸雲〈贈張士然詩〉注中，有「翰曰」、「銑曰」、「濟曰」、「向曰」各一條，殆因六臣之本，削去五臣，獨留善注，故刊除不盡，未必真見單行本也。

〈提要〉則還有陸雲〈贈兄機詩〉一例。王氏就汲古閣本的這種情形作此推斷，立論精到無比。南宋淳熙辛丑（一一八一）尤袤刊刻的《文選》李善註本，上述二詩雖無五臣註文，但這並不意味說尤刻本就是李註單行之本。胡克家曾據尤刻本重刻，並在〈文選考異序〉提到李善的註本說：

> 今世間所存，僅有袁本、有茶陵本、及此次重刻之淳熙辛丑尤延之本。夫袁本、茶陵本固合并者，而尤本仍非未經合并也。何以言之，觀其正文，則善與五臣已相羼雜。……觀其注，則題下篇中，各嘗闌入呂向、劉良，頗得指名，非特意主增加，他多誤取也。

可見胡刻所據的尤刻本，也不是真的李註單行本。

王氏在談到《文選》李註本的「體例互殊」時，曾舉「杜預」的例子說：

> 又《文選》之例，於作者皆書其字，而杜預《春秋傳·序》則獨題名，豈非從六臣本中摘出善注，以意排纂，故體例互殊歟？

王氏據汲古閣本推論，所言甚是。胡克家在《文選考異》卷八「杜預」下說：「袁本、茶陵本作『杜元凱』是也」，持論與王氏相同。胡刻所據的尤袤刻本也是作「杜預」，但袁本、茶陵本雖作「杜元凱」，卻仍是「合并者」。《四部叢刊》所收的宋本《六臣註文選》亦題「杜元凱」，則「從六臣本中摘出善註」，仍有作「杜元凱」的可能，袁本、茶陵本就是顯證。因此可由「杜預」說其「體例互殊」，卻不能由「杜元凱」證其即是原來單行之李善註本。

九、手書勾股各條

手稿，三頁。有王念孫討論算術的札記六則。其中最後一則「亥有二首六身」稿末殘泐漫漶，文意未完。〈程目〉此冊中尚雜有上述的〈文選〉和下文的〈題金文〉、〈記刑法〉，因與勾股無關，不宜混入，今依其內容分出。

十、題金文

手稿，一頁。舉「弭中寶簠」與「周姜敦」二器為例，其中的銘文歐陽修與呂大臨有不同的釋讀，王氏因有「古文難考，幾于郢書燕說」之嘆。

十一、記刑法

手稿，一頁。上當有缺文。或是王氏讀《漢書》之札記。文中引〈刑法志〉以為文帝時「斷獄四百，有刑錯之風」；而崔寔〈政論〉則以為文帝為「重刑而非輕刑」。

十二、論音韻

手稿，一頁；另清稿二頁。為關於音韻的札記，其中也有關於古韻分部的內容。原稿極潦草，同一段文章中的某些句子甚至散置別處，頗似殘編錯簡。手稿後附清稿一份，謄抄者大概只是把手稿的句子逐一抄錄，所以只見零碎句子的組合，全篇無法通讀。

今依原稿行款及文章內容仔細推敲，詳為釋讀如釋文。清稿本也有一些錯字和空格，這是因為對潦草的原稿不能正確釋讀造成的。如「於今之方言可以見古音」，清稿無「今之」二字而代以兩空格，這是因為沒有認出原稿這兩個字的緣故。又清稿「古音有自漢以後未更者」，「未更」頗不辭，「更」為「變」之誤認。又入聲「十四黠」，清稿誤「黠」為「點」；「支、脂、之之分」，清稿誤「支」為「子」，都是犯了聲韻學常識上的錯誤。

十三、古音義零稿

手稿，一冊，共九種，十一頁，〈程目〉原題〈雜說草稿〉，其內容以關於聲韻、訓詁為多，因改題今名。本冊為王念孫的筆記草稿，內容甚雜且字蹟極為潦草，往往不成片段，真如王國維所說：「塗乙草率，幾不可讀。」[註二七]其中的〈文選詩獨用五支〉、〈去聲獨用五寘〉、〈近體詩五支獨用〉三則，又見於王壽同的《觀其自養齋燼餘錄》卷五、卷六。[註二八]從字蹟看，在「古音義零稿」中的這三則，比較接近王念孫的筆蹟；而《觀其自養齋燼餘錄》中有一些不題姓名的，實際上是王壽同的先人之作（說詳下），因此我們仍將這三則暫定為王念孫手稿。

二七　見《高郵王氏遺書》〈釋大〉第八卷末王國維識語。
二八　見《稿本叢書》第五冊，五六七至五六九頁。

十四、古韻說文諧聲譜

清稿本，共六頁。為王氏所訂古韻分部的諧聲譜，只存「東」、「蒸」、「侵」三部。其中東部抄了三份，但有兩份只抄前半段，只有一份是完整的。完整的「東部」之上有「已錄，恩炳記」的夾籤，恩炳是王壽同的三子，也就是王引之的孫子。這當是王恩炳謄寫過後留下的簽記。

十五、書目

手稿，八頁。為王念孫所錄的古籍目錄，包含經、史、子、集四部中的重要典籍，除了書名外，有時還附記版本名稱。但不知這是王氏的藏書目還是必讀書目，或是另有其他用途。

十六、從令聲

〈程目〉原題〈王伯申釋矜地二字〉，合矜、地二則為一冊。但此二則雖性質相近，但並非同一篇文章，今分別為二。

此為稿本，三頁。《文稿》亦有此文，為另一人所謄抄之本。或因文中有引「家大人曰」，故〈程目〉訂為王引之作。其實此文全是王念孫的意見，並沒有王引之的意見在裏頭。說詳下。

十七、地從也聲

稿本，五頁。《手稿》題目只有一個「地」字，《文稿》亦有此文，題「地從也聲」，今依《文稿》題名，以與「羚從令聲」相對。此文也全是王念孫的意見。《遺書·王石臞先生遺文》卷四有「書錢氏答問說地字音後」，此稿本與之全同，只是把「念孫案」改為「家大人曰」，完全沒有王引之的意見。其實作者是王念孫，〈程目〉題為「王伯申釋」是不對的，只是文中既有「家大人曰」，亦不便逕題作者為「王念孫」而已。劉盼遂《高郵王氏父子年譜》附〈高郵王氏父子著述考〉，於《經義述聞》條下引王靜安說云：

在津沽曾見石渠先生手稿一篇，訂正《日知錄》之誤，原稿為「念孫案」，塗改為「家大人曰」。

以此文與《遺書》所收相較，確如王氏所說把原稿的「念孫案」改為「家大人曰」。王引之於此，雖然沒有自己的見解，但仍明白標舉「家大人曰」，與一般剽竊是不同的。

十八、問詁堂文鈔

稿本，一冊。篇題為王引之自訂，封面題名下署「伯申氏自錄」，內有：

（一）遊柏氏園記

手稿，一頁。劉盼遂《補編》亦收有此文（卷上・十四頁），文末劉氏按語說此文是「據東莞倫氏藏墨本錄出」，是否史語所藏本原藏東莞倫氏，而劉氏嘗見之？但劉氏所錄本文，與史語所藏稿有數字出入，如「目不絕清泠之狀」，《補編》「泠」作「冷」，「暢遂幽情」，《補編》「遂」作「敘」。王氏手稿往往不只一份，在謄抄時又難免有所改易，傳抄中又難免抄錯。我們沒有看到東莞倫氏藏稿的原件，只憑劉氏《補編》的排印本無法判斷史語所藏稿與東莞倫氏藏稿的抄寫時間孰為後先，也無從肯定倫氏藏稿是手稿或他人謄抄稿，但可以肯定的，這是不同的兩個文稿。

（二）經籍纂詁序

手稿，三頁。為王引之為其師阮元譔集的《經籍籑詁》所寫的序。本手稿與阮元琅嬛仙館刻本的序，文字小有出入，有些文字的小異只是行文方式的不同，如刻本「不如讀寐為沫，而用《楚辭》注『沫，已也』之訓為善也」，「為善也」《手稿》作「之善也」，序文中這種不同還有多處，以無關宏旨，不必具舉。有些地方則刻本是錯字，而手稿不錯的，如「稚讓《廣雅》探賾索隱，厥誼可傳」，刻本「賾」作「嘖」；「嘖」有時固然可通「賾」，但古書多作「賾」，「探賾索隱」見《周易・繫辭・上》，仍以稿本作「賾」為好。又如序文引桓十一年《左傳》：「且日虞四邑之至也」，「日虞」刻本誤作「四虞」。

刻本「經籍籑詁」、「皆欲籑集傳注」、「不失吾師籑是書之意」，皆作「籑」，《手稿》前二句作「纂」，唯後一句作「籑」，應依刻本一律作「籑」。

《遺書》亦收有此序，文字與阮刻本全同，應是據阮刻本迻錄的。

（三）平定教匪總論鈔

手稿，一頁。原在王念孫「古音義零稿」冊中，但此稿字蹟與石渠不類，而近於伯申，因移置於此。此但抄錄嚴如熤〈平定教匪總論〉一段，並無學術上價值，不過存先賢手蹟而已。

十九、古訓依聲

手稿，存三頁。本稿自來無題名，〈程目〉亦漏記，或以為「不易根據內容代撰書名」。稿中有王壽同一張「同按：此乃古訓依聲之說」的夾簽，因以「古訓依聲」為名。本稿所錄各條，皆摘抄聲訓之例。

二十、試帖詩

清稿本，一冊，〈程目〉原題「分韻詩」，今依《遺書》、《補編》改題「試帖詩」。《遺書》附錄「試帖六首」，其中一首見於本稿。《補編》附錄「試帖詩」一〇二首，其中「賦得風泉滿清聽」重出一次，實際只有一〇一首，見於本稿者四十四首。本稿共收一二三首，除去見於《遺書》的一首和《補編》的四十四首，尚有七十八首是未經發表的。

劉盼遂在附錄「試帖詩」之後加按語說：

明清以來諸大家編集，以時文格詩闌入者實多，今故援例入錄。伯申先生本不以舉子業名，而所作率湛深理窟，非浮光掠影者所可幾及。自科試停後，士夫於此道不問聞者久矣。

「試帖詩」是科舉的產物，未必真有「湛深理窟」的格調，今依清稿本錄入，以見科舉詩之面貌，同時補羅、劉二編之不足。稿中頗見古字，或小學家習性本來如此。

本稿原來裝訂的次序極零亂，後經整理，發現是兩個抄本的混合體，字體判然有別。其中一種每頁左側標有漢字頁碼，共四十八頁，版心處題韻目；另一種則在每頁右側標有民間用的紀數符號，共十九頁，這一部份較複雜，因裝裱時把同一頁切開為二（或原來已斷為二），分別裝裱，右半因有紀數符號可以排比，左半則零亂失次，無法復原。後來參考《補編》的〈試帖詩〉後半段，才算把頁次完全復原了。劉氏說：「附錄制藝文與試帖詩統藏鹽城孫氏」，史語所藏稿以民間紀數符號標頁碼的這一部份，內容次序與《補編》〈試帖詩〉的後半段完全相同，或有可能是孫氏舊藏的一部份，或是同一稿的兩種抄本；而以漢字標記頁數的這部份，也有少量見於《補編》的前半段，則是孫藏之外的另一個版本。

二一、觀其自養齋燼餘錄

王壽同撰，存卷三。稿本，一冊。羅常培先生云北京大學有七卷，曾有出版之計劃。[註二九] 當時規畫出版的書名叫《國立北京大學所藏王念孫手稿影存》，內容以音韻之學為主，而以王壽同的《觀其自養齋燼餘錄》為

二九　同註一。

附錄。王念孫關於音韻各書，至今未見刊行，王壽同的《觀其自養齋燼餘錄》，則印入一九九六年出版的《稿本叢書》第五冊，但誤題為「王念孫手稿」。

北大藏的《觀其自養齋燼餘錄》共七卷：卷一為釋經、釋子；卷二為碑考、字攷、說韻；卷三為論、序說、家書、詩賦；卷四為公牘。卷一至卷四為清稿本，卷五至卷七則為這些清稿本所據的部份手稿。因此，雖明為七卷，主要內容實際只有四卷。

史語所藏本只有卷三（不是北大藏本的第三卷），內容全為經義的討論。就討論範圍而言，北大所藏的七卷本較為廣泛；僅以「經義」一項來說，史語所藏的卷三，有關經義的討論七十餘則，北大藏本卷一的「釋經」不過十餘則，史語所藏本的內容顯較北大藏本豐富得多。而且二藏本所錄的條文互不重複，既可相互增補，也說明了史語所藏本的七十餘則全為未刊稿。

北大藏本的目錄中，在卷一「釋經」下有雙行小註說：「先文簡公《經義述聞》中未採者，補作《述聞拾遺》；又採近世諸家訓詁，以家學折中，參以己說，作《經義攷證》，俱載入，稿不全。」於「釋子」下註：「先光祿公《讀書雜志》未採者，補作《雜志拾遺》，亦載入。」則似乎《燼餘錄》中的內容，並不完全是王壽同的意見。史語所藏本七十餘則，其中只有三則標舉「家大人曰」，其餘各則都是在引錄相關文字後，空二格接寫「案……」，北大藏本的「案語」情況亦同。

有一個情況則相當耐人尋味。《稿本叢書》所收錄的「王念孫手稿」有兩種，其中一種為編者誤題的《觀其自養齋燼餘錄》，另一種為編者題為「清王念孫撰」的《讀書雜志補遺》。這本《讀書雜志補遺》，討論的是諸子的問題，尤其以《荀子》為多，正是王念孫《讀書雜志》的當行本色，加上《燼餘錄》目錄中「釋子」下的註文，似乎此《讀書雜志補遺》為王念孫撰無可疑。但細看其中文字，凡案語有名字者，均為「引之案」，則題為「王念孫撰」便有問題。[註三〇]問題不在於實際作者與目錄中的小註矛盾，因為王引之讀過重要子書，並且有些見解，這是非常合乎情理的。

問題的核心在於：《讀書雜志補遺》中許多標有「引之案」的條文，也出現在北大藏本《燼餘錄》中，但我們所看到的，不是「家大人曰」，而是前述的空二格「案…」。[註三一]這種現象似乎意味著，《燼餘錄》中的「〇〇案」，不一定都是王壽同的意見，很有可能是王壽同在整理先人（包括其父引之和其祖念孫）讀書筆記或抄錄書上眉批時，直接寫錄下來，而不詳為區別，旨在傳學，作者反成次要問題了。

準此，我們推測，史語所藏的《燼餘錄》卷三，雖然只有三則標舉「家大人曰」，但佔絕對多數的「〇〇案」，其中或不無可能是王引之甚至王念孫的意見。

二二、隨州巡哨復稟稿

手稿，一頁，無題名。寄件人署「職道壽同」，是王壽同所寫的「工作報告」草稿。信中多處自稱「職道」或「職」，「道」當是指王壽同的職位。本稿原在王引之〈問詁堂文鈔〉冊中，但信中所說會匪張天佐，約活動在咸豐元年前後，[註三二]時王引之已歿，此信應為王壽同作，今分出。

三〇　《讀書雜志》引王引之說法例稱「引之曰」。
三一　手稿空二格，清稿本空一格。
三二　見《清政府鎮壓太平天國檔案史料》第二冊，四六六頁。本資料承劉錚雲先生見告。

北京大學藏《觀其自養齋燼餘錄》二次收錄此文，一為卷五的手稿，一為卷四「公牘」的清稿本，[註三三]均題為「隨州巡哨復稟稿」，今依其題名。

北大所藏的卷四清稿本乃據卷五手稿本謄錄，此殆無疑義。而卷五手稿本亦非初稿，我們認為此本正是據史語所藏本謄抄的，換言之，史語所藏本為初稿。

史語所藏本中，若干於行間添加的文字，以及若干互乙的字句，在北大藏的手稿中，均已正確的抄入正文，可見北大藏本較晚。其中北大藏本的第一頁（《稿本叢書》五二四頁）最後一行下半段「沿途」之後，原來寫的是「當督飭安陸張令」，後塗改為「訪問各鎮應山」，對照史語所藏本，「沿途」在第七行最後，「當督飭安陸張令」和「訪問各鎮應山」分別在第九行和第八行最上端，北大藏本當是據史語所藏本謄錄，抄完第七行，一不注意跳到第九行，抄了幾個字發現有誤，又改回了第八行繼續抄，此更可證史語所藏本為北大藏本所根據的初稿。

附錄一：王筠〈說文句讀十籤〉

手稿，一冊，為王筠《說文句讀》的部份手稿。王筠字貫山，號菉友，山東安邱人。乾隆四十九年生，咸豐四年卒（一七八四——一八五四）。

此冊封面有「茫父」所題的「王菉友說文句讀十籤」篆書、隸書各一頁，稿末並有其按語一則。姚華字重

三三　手稿見《稿本叢書》第五冊五二四頁，清稿見同書五〇三頁。

光，號曰「芷父」、「莯猗室」，貴筑人。光緒二年生，民國十九年卒（一八七六——一九三〇）。

本稿內容全見於後來刊刻的《說文句讀》，今以其為先賢手蹟，且原附在《王氏父子手稿》之內，因作為附錄收之。

附錄二：嚴烺〈竹簍源流考略〉

〈竹簍源流考略〉是嚴烺由《海塘新志》摘錄出來有關「竹簍」的內容，並加以按語。〈考略〉前有嚴烺於道光十四年（一八三四）十月所寫的序。黃彰健先生說「其時嚴氏與烏爾恭額奉詔修浙江海塘，嚴氏主張用竹簍護堤，與烏爾恭額意見不合，故嚴氏作此書，遞呈工部尚書王引之。王引之卒於這年十一月，嚴氏此稿遂夾於王引之遺稿內。」

六 《手稿》的價值

稿本的價值眾所周知，所有講究版本的人無一不重視稿本，因為稿本是圖書版本的最初形態，它沒有傳寫翻刻的舛訛，也沒有後人的妄改臆刪，是最可靠、可信的版本。未刻稿的價值自可不言而喻，即便是刊印過的稿本，也還不失各種參考價值。稿本的類別，按寫稿時間先後，可分為：初稿、修訂稿、定稿數種；按筆蹟來

分，則有手稿本和抄稿本的不同。註三四

以上所說是稿本價值和類別的一般情況，現在我們就來看看史語所所藏《手稿》的價值。

王氏父子是乾嘉學術的代表人物，他們的手稿即使只作為歷史文物來看，其價值都不容小覷，作為學術資料來說更是價值不菲。史語所所藏《手稿》中，有些是初稿本，這些初稿本有的是未經刊刻發表的（如〈經義雜志〉中的部份內容），有的是雖有刊刻發表，但初稿本的內容與之頗有出入而足資考訂的（如王念孫〈與李鄦齋方伯論古韻書〉）。〈經義雜志〉中的部份內容後經王引之寫入《經義述聞》中，而冠以「家大人曰」，還原到王念孫的初稿是什麼面貌，都是非常有價值的探討。又如〈文選〉一文，則是《四庫全書提要》有關內容的最初形式。這些初稿本（而且是手稿）是所有相關研究的第一手資料。

即便是他人的「抄稿本」，雖非作者手蹟，也有其價值。如王念孫的〈段氏說文簽記〉，雖「已為奉天人吳甌印入《稷香館叢書》」（羅常培語），但根據我們的研究，《稷香館叢書》所印的是于省吾的藏本，並不是史語所藏的抄稿本，很多證據顯示，于省吾的藏本是根據史語所藏的抄稿本再抄的，也就是說史語所藏的抄稿本是于省吾藏本所根據的「原稿」。我們利用史語所藏本改正了很多于省吾藏本的錯誤，這也顯示出史語所藏本雖非作者手稿，卻仍有重大價值。

除了內容、字句的考訂外，有時「手稿」也有助於爭議性問題的釐清。如丁若士著《形聲類篇》，曾將書稿寄給王念孫，王念孫在書稿內夾貼了三十五條意見，連書一起還給丁若士，後來丁書的刻本也刻入王氏的簽記意見。除了書中的夾簽，王氏後來自己又將其中內容謄錄了最重要的二十八條（即鹽城孫氏藏本，現藏于國

三四　參考嚴佐之《古籍版本學概論》一〇七—一〇九頁，華東師範大學出版社，一九八九。原書按寫稿時間先後類分，尚有第四項「原稿」，但原稿依時間分，居於最後似不妥。且原稿為相對概念，初稿、修訂稿、定稿，都有可能是原稿。

家圖書館）。劉盼遂根據清稿本謂「與丁氏刻入分卷中者大異」，但從王氏夾簽原本對照丁氏刻本，我們發現眾多謄抄本中，最忠實於王氏簽條原文的，竟然是「丁氏刻入分卷中者」，我們利用原稿釐清了事實的真相。

史語所所藏《高郵王氏父子手稿》，其未經發表的，重要性自不待言，其已有發表者，文字或有異同，手稿亦足為考訂之資，不宜因徒見其題目相同遂謂其並無二致。從以上的論述，《手稿》的價值是值得肯定的。

七　王氏父子的「版權」問題

劉盼遂在〈高郵王氏父子著述考·經義述聞〉下，有這麼一段話：

王靜安師云：在津沽曾見石渠先生手稿一篇，訂正《日知錄》之誤，原稿為「念孫案」，塗改為「家大人曰」。盼遂案：據此事知《經義述聞》中之凡有「家大人曰」者，皆石渠札記原稿，非經伯申融會疏記者也。石渠有與宋小城書云：「念孫於公餘之暇，惟耽小學，《經義述聞》而外，擬作《讀書雜記》一書。」此《經義述聞》為石渠所著，伯申則略入己說而名為己作之切證也。……數年前上虞羅氏得王氏稿本七十餘冊，為書凡數十種，皆石渠手稿，伯申則寸幅無聞。靜安師語盼遂云：「伯申之才作〈太歲考〉、《經義述聞·通說》為宜，謹嚴精覈者恐非所任。」……石渠先生成《廣雅疏證》第一卷時，伯申年纔二十二，從事舉業，而書中已屢引其說……去歲傅氏斯年收得王懷祖〈呂氏春秋雜志稿本〉，以較《讀書雜志》，則凡引之說者，皆為念孫案也。

我們在前面討論王氏父子手稿的刊佈與流傳時，還引到劉盼遂的一個說法：

校讀〈呂氏春秋稿本〉，條數較今多數倍，藏聊城傅氏。許駿齋全收入所著《呂氏春秋集解》。

按許駿齋所著為《呂氏春秋集釋》，非「集解」，此不必論。但劉氏的說法，則頗值得玩味。王靜安所謂將「念孫案」，塗改為「家大人曰」，我們在前文〈地從也聲〉時已加以證實。但王引之這樣塗改，也許別有用途，或如我們讀書作卡片、筆記一般。而《經義述聞》中的「家大人曰」，有些原來也可能是王念孫的札記（說詳下），但不管是什麼原因，即使塗改為「家大人曰」，作者仍是王念孫，這跟把「念孫案」改為「引之曰」是不可同日而語的。比如我們讀《史記》作卡片或筆記，即使抄一大段「太史公曰」，也不能算是剽竊，王引之的情況正同。註三五

關於《經義述聞》，王念孫除了在〈致宋小城書〉中提到外，在〈與朱郁甫書〉中說：

《經義述聞》增補未竟，《漢書雜志》容再寄呈，秋冬間可付梓矣。

〈復朱郁甫書〉也說：

《經義述聞》新刻者譌字甚多，又板在江西會垣，手頭見無存者，此書年來又續添三四百條，擬于都中再刻之，容俟刻後再呈。註三六

三五　周鳳五先生見示：曾於屏東見王氏後人所藏王念孫手稿，內容為經義之討論，乃用上下二欄紅界格之賬簿書寫。其中「念孫案」亦塗改為「家大人曰」，但從筆蹟看，並非王引之所改，而是王念孫手改。然則從「念孫案」到「家大人曰」，有些應是王念孫所「故意」或「授意」的，可能王念孫只是起個頭或舉其綱目，而準備交由王引之增益前，自己先做的改動。

三六　以上二信見劉氏《王石臞文集補編》二十一頁。

從這三封信中，可知王念孫對《經義述聞》確曾投注相當大的心力，而且一再增補。但《經義述聞》是否真如劉氏所說「為石渠所著」，而王引之只是「略入己說而名為己作」呢？

《經義述聞》中的確有許多「家大人曰」的意見，王引之也確曾「略入己說」，有些「家大人曰」之後，甚至沒有半點王引之的意見，但並不是全書都如此。《經義述聞》既然是王引之「謹錄所聞於大人者」，註三七 則這位「大人」對這些意見一再增補自然是情理中的事。除了「大人」的意見外，《述聞》中「引之謹案」的內容仍然甚多，通篇為「引之謹案」而沒有王念孫意見的亦隨處可見，這就不僅僅是「略入己意」而已了，除非我們能證明這些「引之謹案」，原來都是「念孫案」。

史語所所藏王念孫〈經義雜志〉手稿，札記經義二十則，其中十二則的內容寫入《經義述聞》十四條中（《經義述聞》先後有嘉慶二年家刻的不分卷本、嘉慶二十二年盧宣旬刻的十五卷本、道光七年壽藤書屋的三十二卷本。不分卷本及十五卷本無《爾雅》，這裏所說的「十二則」指三十二卷本而言，釋文中所標示的頁碼也是指三十二卷本），王念孫〈古音義零稿〉也有二則寫入《經義述聞》。從王念孫的手稿，跟《經義述聞》「家大人曰」的內容作比較，雖然仍是王念孫的意見，但並不是像把「念孫案」改為「家大人曰」那麼簡單，如王念孫〈古音義零稿〉中有關於《易·大畜》的札記說：

蓋剛健謂乾也，篤實謂艮也。凡物之弱且薄者，必不能久。惟其剛健篤實，是以「煇光日新」，此釋大畜之義。其德剛上而尚賢，能止健，大正也，此言其德之大正，乃釋利貞之義。「煇光日新」與下正、賢、天三韻正協。

三七 《經義述聞》自序。

《經義述聞》「煇光日新」條則說：

〈大畜·彖傳〉：「剛健篤實，煇光日新，其德剛上而尚賢。」王弼注以「煇光日新其德」為句，釋文曰：「鄭以日新絕句，其德連下句。」家大人曰：「鄭讀是也。蓋剛健謂乾，篤實謂艮。凡物之弱且薄者，必不能久。惟其剛健篤實，是以煇光日新，此釋大畜之義。其德剛上而尚賢，能止健，大正也，此言其德之大正，乃釋利貞之義。『其德剛上而尚賢』，與『其德剛健而文明』，句讀正同，如輔嗣讀，則亂其例矣。『煇光日新』與下正、賢、天三韻正協，如輔嗣讀，則失其韻矣。虞翻注曰：『二己之五，利涉大川，互體離坎，離為日，故煇光日新也。』鄭傳費氏易，虞傳孟氏易，而句讀相同。蓋古無以『其德』二字連上讀者，故漢〈荊州刺史度尚碑〉『令聞彌崇，暉光日新』，魏劉邵《人物志·釋爭篇》『光暉煥而日新』，晉張華〈勵志詩〉曰：『進德修業，暉光日新』，《初學記》載晉傅咸〈周易詩〉曰：『暉光日新，照于四方』，皆以『煇光日新』為句。」錢氏曉徵《答問》亦以鄭說為長，而引《漢書·禮樂志》「煇光日新」、《魏志·管輅傳》「易言『剛健篤實，煇光日新』」、張華〈四箱樂歌〉「濟我王道，煇光日新」為證，與家大人說相合。各有援據。謹並記之。

從引「家大人曰」，到「與家大人說相合，各有援據，謹並記之」，已經「融合疏記」到不露痕跡的地步了。《述聞》中「家大人曰」的內容比〈古音義零稿〉多，可能為王念孫手自增補，也可能是王引之「推廣庭訓」註三八的結果。但引錢大昕的說法為證而說「與家大人說相合」，卻無論如何不能說原來也是「念孫案」！

劉盼遂所稱，傅斯年先生所收的〈呂氏春秋雜志手稿〉，即傅斯年圖書館收藏的王念孫《讀書雜志》手校

三八　語見《清史稿·王引之傳》。

本，[註三九] 有校語四百三十五條；今《讀書雜志》刻本的呂氏春秋雜志共三十八條，確實比王氏手校本少很多，且其中尚有十一條未見於手校本，刻本見於手校本者只有二十七條。可見劉氏所說「稿本條數較今多數倍」，以及許駿齋書所引是來自傅先生所得王念孫稿本，[註四〇] 都是可信的。但劉氏所說的「則凡引之說者，皆為念孫案也」，卻是厚誣古人。

今本《讀書雜志餘編》收有王念孫〈呂氏春秋三十八條〉，即劉氏所說的「讀書雜志」。《餘編》目錄下有王引之的小記說：

先子所箸《讀書雜志》十種，自嘉慶十七年以後陸續付梓，至去年仲冬甫畢，中月而先子病沒，敬檢遺稿，十種而外猶有手訂二百六十餘條，恐其久而散失無以遺後學，謹刻為《餘編》二卷，以附於全書之後。道光十二年四月朔日哀子引之泣書。

王念孫於道光十二年一月廿四日卒，而〈呂氏春秋雜志〉則是在王念孫死後由王引之刊刻的。今按〈呂氏春秋〉三十八條中，有「引之曰」的共十條，其餘為「念孫案」。《餘編》既然是在王念孫死後才刊刻，王引之如果存心把「念孫案」改為「引之曰」，則何不全書皆改，即可以「名為己作」，何必只竊取十條，而仍留二十八

三九　參見張錦少，〈讀新見王念孫《呂氏春秋》手校本雜志〉，香港中文大學中國語言及文學系主辦，「古道照顏色——先秦兩漢古籍國際學術研討會」，二〇〇九年一月。許維遹在《呂氏春秋集釋·引用諸書姓氏》中已提到王念孫「著《讀書雜志·呂氏春秋校本》」，原註「即〈呂氏春秋雜志〉初稿」。

四〇　許書所引，條目有與刻本《讀書雜志》同者，而文字偶有小異，亦可證許書所據非刻本。

條「念孫案」呢？從情理上來說甚不合理。

除了情理不通外，刻本《讀書雜志》中的「引之曰」，在許氏《集釋》中，毫無例外的仍是「引之曰」，並不是「念孫案」。可見「引之曰」並不是王引之從「念孫案」竊改所得。註四一　王靜安也只說把「念孫案」改為「家大人曰」，並沒有說把「念孫案」改為「引之曰」，這中間的差別是很大的。

羅振玉所得王氏稿本七十餘冊，「皆石渠手稿，伯申則寸幅無聞」，並不能作為王引之「不自著書」的證據，畢竟羅氏所得並非王氏父子稿本的全部，這種按「比例」劃分的做法，其實並不能說明問題。何況羅氏所得，亦非全無王引之稿本，《遺書》中即有王引之文稿兩冊，劉氏不應無所見。

至於王念孫《廣雅疏證》卷一已引王引之說，當時引之纔二十二歲，故劉盼遂「于此不能無疑焉」，註四二　恐怕也未必。《廣雅疏證》經始於乾隆五十二年，刻於嘉慶元年正月，則其完稿至遲應在乾隆六十年，時王引之三十歲。據王念孫《廣雅疏證》敘云：「最後一卷，子引之嘗習其義，亦即存其說」，則王引之完成此最後一卷的疏證，必然也在三十歲前。如果三十歲時能獨力完成第十卷的疏證，何以在二十二歲時即無能力對第一卷的內容贊一詞？此似亦可不必致疑。註四三

王靜安說「謹嚴精覈」非王引之所能任，尚稱持平之論，但若如劉盼遂所論，謂引之「不自著書」，或竊改「念孫案」為「引之曰」便「名為己作」，我們從情理和事實的分析，認為這是厚誣古人的說法。

四一　進一步論證參見李宗焜，〈王念孫批校本《呂氏春秋》後案〉，《出土文獻與傳世典籍的詮釋——紀念譚樸森先生逝世兩週年國際學術研討會論文集》，上海古籍出版社。二〇一〇年，第四九五至五〇三頁。

四二　見劉氏《高郵王氏父子年譜》乾隆五十二年。

四三　引之於二十四歲時成《春秋名字解詁》二卷，必謂其二十二歲時無能力對《廣雅》表示意見，恐亦不必然。

經義雜志

王念孫

爲需象傳終与常爲韻中与終爲韻外与敗爲韻能与正爲韻末云不速之客來敬之終吉雖不當位未大失也二字韻謂按敬之終吉下當有也字与失爲韻象傳有先述爻義者乃釋其義若此卦及歸妹卦之言帝乙歸妹不如其娣之袂良也其位在中以貴行也之類是也有直述爻辭而不釋其義者若比卦之初六有他吉也大有初之大有上吉自天祐也之類是也因象傳多以吉与失爲韻若比之自內貞吉与不自失也爲韻小畜之其義吉也与象傳各不自失也爲韻比自用且不速之客來敬之終吉也象故其凶也頤也字脫誤何可了曰終不當位未大失也困象傳之來徐徐志在下也雖不當位有与也其來徐象傳爻之需其貞厲何知不信終也剛不當位剛柔應也具其脫誤。隨象傳從正吉也不失也爲韻頭補入案頭云易傳恐引傳比象傳比吉也本義以爲衍文謹按三字中但衍也字其比吉之也字其書在原筮一節之上吉原傳云需有字未定

[illegible]

貞吉行乎其行以正中也謂國傳記有字當爲中吉剛柔乃同

中也之數易內皆然不在枚舉目二剛中也四字正二爻貞吉皆此

吉之學之小術文明甚

實爲復乎鏽以向注疑及鑑字皆不禮按東方此條犯某可備好刪

方鋒應行下鏽二龍先達羡故云向若禮器五廟之

西序其在東又兩濠文在乎下冒也周禮眠瞭擊頌按各管鄭

頌其按各在東方曰笙笙也在西方曰頌頌或作庸庸功也

書以祀乎其氣好德德字固上下而好德而行此條須查史記宋世家再補入

之韻與幽爲韻　莫與幽爲韻　乃陽乃陰乃陽與陰爲
韻　蒸與會爲韻　易歸妹上六女承筐无實士刲羊无血　筐與
羊爲韻　室與血爲韻　禮記郊特牲　左之右之坐之起之　左古音紀　左與寸
爲韻　右與紀爲韻　毒古音亦同其類也
鄉　素其三章　從其文了了　會命不違　詳按　會因釋也　下會釋中
以居于行此件罕命不違
泂酌三章　可以濯溉　毛傳云　溉清也　詳按　上章可以濯罍　罍二章名
也　周禮　溉亦書爲概　周禮　凡祭祀社壝用大罍　禜門
用瓢齎　廟用脩　凡山川四方用蜃　凡祼事用概　凡疈事用散　鄭
注云　概漆尊以朱帶者　脩脣概散皆漆尊也概尊　賈疏云　黑漆爲尊以朱帶絡
腹　故名概　概者横概之義　故知周禮社壝用罍　祼事用
概　罍概　[illegible]　可以濯罍　可以濯溉　大雅之
用於大宗伯注　概　祭器　因釋文云　溉　本或作概
釁禮　許氏從文西字　注云　讀若三年導服之導　因書作集

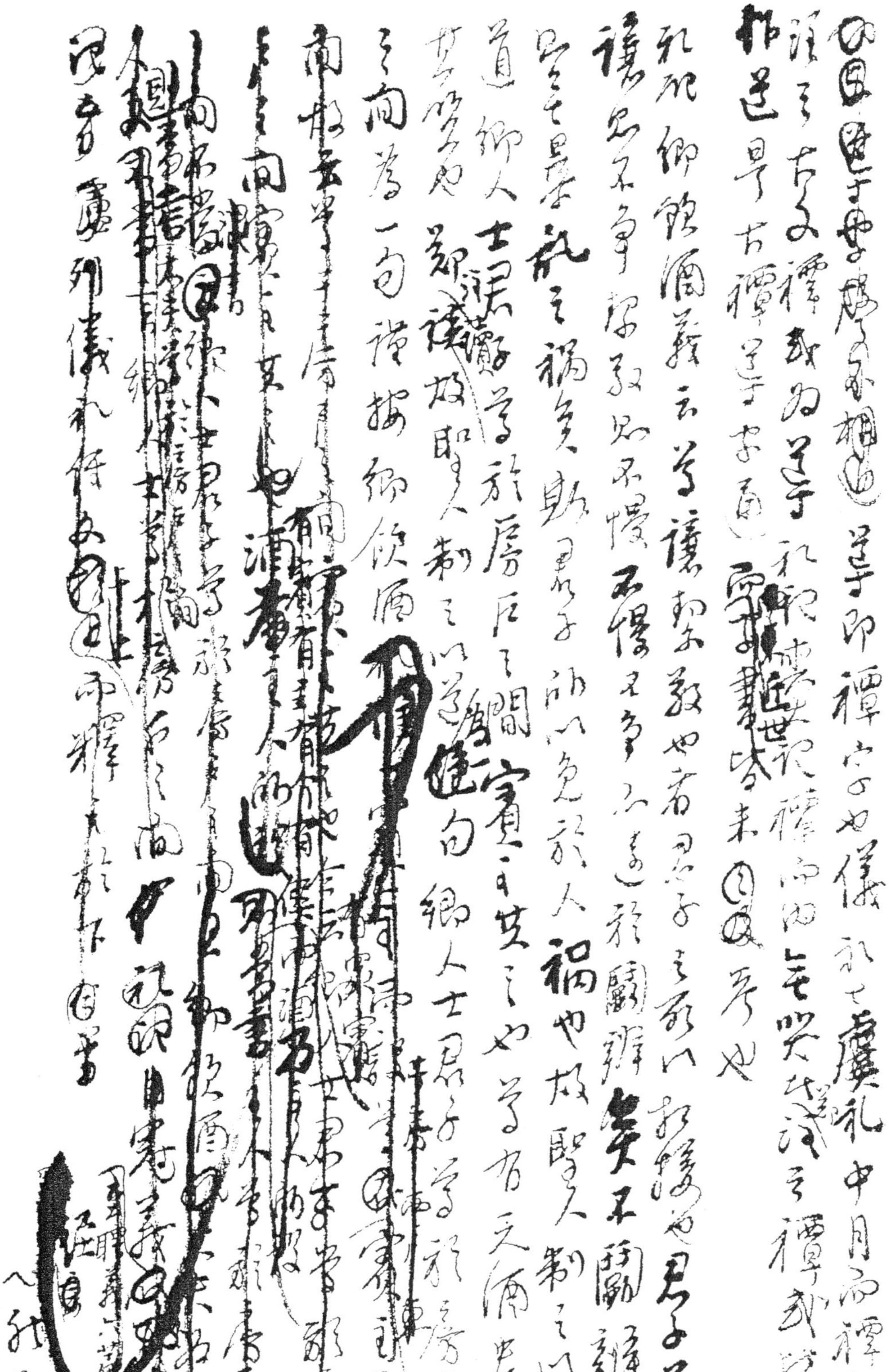

酒者主人前後則當言主人尊於
房戶之間不當言鄉人士君子尊於房戶之間且鄉飲酒大夫為主人
則尤當言大夫尊於房戶之間不當言鄉人士尊於房戶之間自冠
義至聘義六篇皆列儀禮經文於上而釋之於下鄉人士君子十五字與尊於房戶之間
儀禮經也賓主共之記者釋經也故則尊於房戶之間
而有鄉人士君子尊于房中明矣所謂
故諸上承起下
拜鄉人制之以道鄉人士君子十二字
德之謂聖人制此禮以道鄉人士君子
爭則遠於鬭辨矣不鬭辨則無暴亂之禍矣斯君子所以免
於人禍也故聖人制之以道鄉人士君子則其說明而下文有所承
於房戶之間賓主共之也尊有玄酒貴其質也則為一義與上下文
殊

論語惡居下流而訕上者 漢石經作惡居下而訕上者 無流字 詳按流字

衍文 當從論語石經作惡居下而訕上 漢書朱雲傳云 小臣居下訕上

訕上 用此文也

居下以訕其上也 自後人誤讀君子惡居下流 而誤衍耳

來侍曹劇 以下 侍御史 曰

禮記月令 鴻雁來 鄭注云 今月令鴻皆為候 正義曰 今月令者 有

呂氏春秋是也 謹按 田獵罝罘羅罔畢翳 鄭注云 今

月令無罝罘 而呂氏春秋有罝罘 毋悖于時 鄭注云 今月令無于

時 而呂氏春秋有于時 毋或作為淫巧以蕩上心 鄭注云 今月

令作為為詐偽 而呂氏春秋亦作作為 是則所謂今月令者

非呂氏春秋也 季春之淫雨蚤降 鄭注云 今月令曰衆雨 說文霝部引

明堂月令曰 霝雨 命漁師伐蛟 鄭注云 今月令

漁師為榜人 說文舫字注引明堂月令曰 舫人 舫人 櫓 相也

固封疆 鄭注云 今月令疆或為竟 璽 蓋罳 仲冬 則月令曰

固封璽 與今月令合 即明堂月令也 蓋罳有明堂

月令章句

爾雅釋詁幠厖有也郭注引詩曰遂幠大東所據之今詩本作遂荒大東此云遂幠幠與荒所見本異或當是齊魯韓詩詳按荒幠大字通禮記投壺毋幠毋敖大戴禮作毋荒毋敖荒即幠字故字異言幠而不言荒猶之初哉首基肇祖元胎俶落權輿始也哉即載字故言哉而不言載

儀禮婦執笲棗栗鄭注云笲竹器而衣者其形蓋如今之筥𥫱蘆矣賈疏云如今之筥𥫱蘆此漢法以況義但漢法去今已遠亦不知也謹按說文凵字曾[illegible]注云凵盧飯器以柳為之象形凵盧即筥𥫱盧（又云凵或作𠙴）也從又又之盧飯器也筥精即筥飯器也[illegible]言之則曰筥𥫱盧耳

爾雅釋言苛妎也郭注云煩苛者多嫉妎謹按煩苛正多嫉妎則是嫉妎因於煩苛非苛因煩[illegible]乃倒其文而以煩苛為嫉妎矣

疾痛苛癢鄭注云苛疥也始知蚧疥古字通今俗人狀

謂疥瘡為苛[illegible]

釋詁苛[illegible]也[illegible]有未詳其義謹按説文[illegible]

[illegible]大夫七十[illegible]

[illegible]

[illegible]

[illegible]鄭注[illegible]

[illegible]説文[illegible]

[illegible]

史記司馬相如傳[illegible]漢書作[illegible]

禮記檀弓瓦不成味鄭注云味當作沬沬靧也釋文沬音
悔按正義曰呼內反音誨非也正義曰呼內反與音未說文云沬洒面也从
水未聲之未或作頮又作靧
沬水名音未字从本末之末
故鄭注云沬面靧也內則云面垢燂潘請靧
書作沬沬味相近故鄭注云味當作沬
釋文云漢書沬水出蜀西徼外東南入江音末字从本末之末與此向
別者古傳曹劌史記作曹沬沬亦作書音誨讀為
非也

周禮大司樂凡有道者有德者使教焉鄭注云若舜命夔
典教育子是也今書作教胄子注存虞書曰教育子然則鄭
注所見本皆作教育子也

曲禮客至於寢門則主人請入為席鄭注云為猶敷也然後出迎客下文曰然後出迎客客固辭
鄭注云讓先入正義云主人請入為席者客至於內門而主人
請先獨入敷席也然後出迎客又鋪席竟後更出迎客
也客固辭再辭不先入也詳按聘禮君使卿歸饔餼

於賓客之於內外及廟朝之賓揖俱入又賓見主國大夫
及廟門大夫揖入[illegible]揖[illegible]說入為席於[illegible]也
之客之事賓禮知主人請入為席於[illegible]之客[illegible]
揖一揖[illegible]寢門見主人請先揖入[illegible]席於[illegible]
[illegible]
主人[illegible]也[illegible]主人[illegible]正席今客[illegible]而又請先
[illegible]
[illegible]

[illegible]

[illegible]

為其[illegible]也云君[illegible]誅為政教以安民[illegible]

大行人[illegible]所謂[illegible]也其義為謀[illegible]

同志謁來從既謀詎謨謨也

今本錄得十八條本欲再謄清稿呈

閱恐有遲則緩不及事且案頭書不

能考證然據意見所到為之故多所未

安務祈參行原書重加

改正又不成文字不勝惶悚

知己諒之為荷

念孫叩

經義雜志

王念孫

《易·需·象傳》「行」與「常」為韻，「中」與「終」為韻，「外」與「敗」為韻，「聽」與「正」為韻，末云「不速之客來，敬之終吉，雖不當位，未大失也」無韻。謹按：「敬之終吉」下當有「也」字，而以「吉」與「失」為韻。〈象傳〉有先述爻辭而後釋其義者，若此卦及〈歸妹〉卦之「帝乙歸妹，不如其娣之袂良也。其位在中，以貴行也」之類是也。有直述爻辭而不釋其義者，若〈比〉卦之「比之初六，有他吉也」、〈大有〉卦之「大有上吉，自天祐也」之類是也。又〈象傳〉多以「吉」與「失」為韻，若〈訟〉之「從上吉也」與「不失也」為韻，〈比〉之「有他吉也」與「不自失也」為韻，〈小畜〉之「其義吉也」與「亦不自失也」為韻皆是。〈象傳〉無不用韻者，亦無連三句不用「也」字者，且「不速之客來，敬之終吉也」，「也」字頓住，然後可承之曰「雖不當位，未大失也」。〈困·象傳〉之「來徐徐，志在下也，雖不當位，有與也」，〈未濟·象傳〉之「濡其尾，無攸利不續終也。雖不當位，剛柔應也」是其證。〈隨·象傳〉「從正吉也」，亦與「不失也」為韻，須補入。案頭無《易經》，恐引經文訛誤，須正之。（編按：參見《經義述聞》「不速之客來，敬之終吉」，第二卷十五頁；《群經識小》「脫字」，《皇清經解》第七一九卷五頁。）

〈比·象傳〉「比，吉也」，《本義》以為衍文。謹按：三字中但衍「也」字，其「比吉」二字則當在「原筮」一節之上，其文云「比，吉。原筮原（元）永貞無咎，以剛中也」。若云「需，有孚，光亨，貞吉，位乎天位，以正中也」、「訟，有孚窒，惕中吉，剛來而得中也」之類，《易》內皆然，不可枚舉。且「以剛中也」四字正言其吉，則「比吉」二字之非衍文明甚。〈井·象傳〉「養而不窮也」五字亦當在「乃以剛中也」之下，上當有「無喪無得，往來井井」八字。（編按：參見《經義述聞》「比，吉也」，第二卷四頁；《群經識小》「衍文」，《皇清經解》第七一九卷四頁。）

《書·益稷》「笙鏞以閒」。注疏及監本皆不在案頭，須考。謹按：東方鍾磬謂之笙，西方鍾磬謂之鏞。二者迭奏，故云「閒」，若《禮器》云：「廟堂之下，縣鼓在西，應鼓在東。」又云：「樂交應乎下」是也。《周禮·眡瞭》「擊頌磬笙磬」，鄭注云：「磬在東方曰笙，笙，生也；在西方曰頌，頌或作庸，庸，功也。」此條犯某公諱，故刪。（編按：此條已勾除。參見《群經識小》「笙頌」，《皇清經解》第七二〇卷二頁。）

《書·洪範》「于其無好德」，「德」字蓋因上節「予攸好德」而衍。此條須查《史記·宋世家》注補入，《史記》適不在案頭，故無從辨證。（編按：參見《經義述聞》「于其無好德」，第三卷四十五頁；《群經識小》「羨文」，《皇清經解》第七二〇卷十二頁。）

顧氏炎武言《詩》有半句為韻者，「有瀰濟盈，有鷕雉鳴」，「瀰」與「鷕」為韻，「盈」與「鳴」為韻。常以其類推之，「蕭蕭馬鳴，悠悠旆旌」，「蕭」與「悠」為韻，「鳴」與「旌」為韻，「蕭」古讀若「修」，《詩》曰：「彼采蕭兮，一日不見，如三秋兮」，又曰：「洌彼下泉，浸彼苞蕭。愾我寤歎，念彼京周」是也。「噲噲其正，噦噦其冥」，「噲」與「噦」為韻，「正」與「冥」為韻。「菶菶萋萋，雝雝喈喈」，「菶」與「雝」為韻，「萋」與「喈」為韻。「乃埸乃疆，乃積乃倉」，「埸」與「積」為韻，「疆」與「倉」為韻。《易·歸妹·上六》「女承筐無實，士刲羊無血」，「筐」與「羊」為韻，「實」與「血」為韻。《禮記·郊特牲》「左之右之，坐之起之」，「右」古音「以」，「左」與「坐」為韻，「右」與「起」為韻，亦其類也。（編按：參見《經義述聞》「古詩隨處有韻」，第七卷二十九頁；《群經識小》「半句為韻」，《皇清經解》第七二一卷九頁。）

《鄭·羔裘》首章「彼其之子，舍命不渝」。謹按「舍」即「釋」字也，古舍釋字通，《管子》引此作「澤命不渝」。（編按：此條已勾除。）

〈泂酌〉三章「可以濯溉」，毛傳云：「溉，清也。」謹按：上章「可以濯罍」，罍，尊名也，溉亦當為尊名。《周禮・鬯人》：「凡祭祀社壝用大罍，禜門用瓢齎，廟用脩，凡山川四方用蜃，凡祼事用概，凡疈事用散。」鄭注云：「脩、蜃、概、散，皆漆尊也。概，尊以朱帶者。」賈疏云：「黑漆為尊，以朱帶落腹，故名概。概者橫概之義。」然則「社壝用罍，祼事用概」，罍、概皆尊名也，故云「可以濯罍」、「可以濯溉」。溉、概古字通，《周禮・大宗伯》注「溉，祭器。」釋文云：「溉本或作概。」（編按：參見《經義述聞》「可以濯溉」，第七卷二頁；《群經識小》「濯溉」，《皇清經解》第七二一卷七頁。）

許氏《說文》「㐁」字注云：「讀若三年導服之導。」導即禫字也。《儀禮・士虞禮》：「中月而禫」，鄭注云：「古文禫或為導。」《禮記・喪大記》：「禫而內無哭者」，鄭注云：「禫或皆作道。」是古禫、導字通，而近世字書皆未考也。（編按：參見《群經識小》「禫或為導」，《皇清經解》第七二二卷七頁。）

《禮記・鄉飲酒義》云：「尊讓絜敬也者，君子之所以相接也。君子尊讓則不爭，絜敬則不慢，不慢不爭則遠於鬥辨矣。不鬥辨則無暴亂之禍矣，斯君子所以免於人禍也，故聖人制之以道。鄉人士君子尊於房戶之間，賓主共之也。尊有元酒，貴其質也。」鄭注讀「故聖人制之以道」為一句，「鄉人士君子尊於房戶之間」為一句。謹按：鄉飲酒有賓、有主、有介、有僎、有眾賓，而酒者主人所設，則當言「主人尊於房戶之間」，不當言「鄉人士君子尊於房戶之間」，且鄉飲酒大夫為主人，則又當言「大夫尊於房戶之間」，不當言「鄉人士尊於房戶之間」。自〈冠義〉至〈聘義〉六篇，皆列《儀禮》經文於上，而釋之於下，「尊於房戶之間」，《儀禮》經文也，「賓主共之」，記者釋經也。然則「鄉人士君子」五字與「尊於房戶之間」文不相屬，之上不得有「鄉人士君子」五字明矣。竊謂「故聖人制之以道鄉人士君子」十二字當作一句讀，「故」字結上非起下，「道」猶「道之以德」之「道」，謂聖人制此禮以道鄉人士君子耳。再連上文讀「君子尊讓……，不慢不爭則遠於鬥辨矣，不鬥辨則無暴亂之禍矣，斯君子所以免於人禍也，故聖人制之以道鄉人士君子」，則其義自明。下文「尊於房戶之間，賓主共之也，尊有元酒，貴其質也」云云，別釋經文，不與上屬，別為一義，與上無涉。（編按：參見《經義述聞》「故聖人制之以道鄉人士君子」，第十六卷三十八頁；《群經識小》「鄭氏誤讀」，《皇清經解》第七二二卷十七頁。）

《論語》「惡居下流而訕上者」，漢石經無「流」字。謹按：「流」字衍文，當從石經作「惡居下而訕上者」。「居下」以位言也，「居下流」則非以位言矣。蓋因「是以君子惡居下流」而誤衍耳。《漢書·朱雲傳》云：「小臣居下訕上」，用《論語》文也。

《禮記·月令》「鴻雁來」，鄭注云：「今月令鴻皆為候。」正義曰：「今月令者，《呂氏春秋》是也。」謹按：「田獵罝罘羅網畢翳」，鄭注云：「今月令無『罘』」，而《呂氏春秋》有「罘」字。「毋悖于時」，鄭注云：「今月令無『于時』」，而《呂氏春秋》有「于時」字。「毋或作為淫巧以蕩上心」，鄭注云：「今月令『作為』為『詐偽』」，而《呂氏春秋》仍作「作為」。然則所謂「今月令」者，非《呂氏春秋》也。考之「淫雨蚤降」，鄭注云：「今月令曰『眾雨』」，《說文》「霥」字注引明堂月令曰「霥雨」。「命漁師伐蛟」，鄭注云：「今月令『漁師』為『榜人』」，《說文》「舫」字注引明堂月令曰「舫人」，舫、榜聲相近。「固封疆」鄭注云：「今月令『疆』或為『壐』」，蔡邕《獨斷》引月令曰「固封壐」，然則「今月令」即「明堂月令」也。蔡邕有〈明堂月令〉章句。（編按：參見《經義述聞》「固封疆」，第十四卷六十二頁；《群經識小》「明堂月令」，《皇清經解》第七二二卷十二頁。）

《爾雅·釋詁》：「憮、庬，有也。」郭注引《詩》曰：「遂憮大東」，邢疏云：「今《詩》本作『遂荒【大東】』，此言『遂幠』者，所見本異〔也〕，或當在齊、魯、韓詩。」謹按：荒、幠古字通。《禮記·投壺》「毋幠毋敖」，《大戴禮》作「毋荒毋敖」，幠即荒字，故言幠而不言荒，猶之「初、哉、首、基、肇、祖、元、胎、俶、落、權輿，始也。」哉即載字，故言哉而不言載。（編按：參見《經義述聞》「厖，有也」，第二十六卷四頁。）

《儀禮》「婦執笲棗栗」，鄭注云：「笲竹器有（而）衣者，其形蓋如今之筥筳籚矣。」賈疏：「云如今之筥筳籚者，此舉漢法以況義，但漢法去今已遠，無可知也。」謹按：《說文》「凵」字注云「凵盧，飯器，以柳為之，象形。」又云：「凵，或作筳。」凵盧即筳籚也。《說文》又云：「盧，飯器也。」「筥，䈰也。」「䈰，飯器也。」然則䈰即筥，筥即筳籚，急言之則曰筥，徐言之則曰筳籚耳。（編按：參見《群經識小》「筥筳籚」，《皇清經解》第七二二卷六頁。）

《爾雅·釋言》：「苛，妎也。」郭注云：「煩苛者多嫉妎。」謹按：煩苛者多嫉妎，則是嫉妎因於煩苛，非煩苛為嫉妎矣。考《禮記·內則》「疾痛苛癢」，鄭注云：「苛，疥也。」始知妎、疥古字通。今俗人猶謂疥瘡為苛。

〈釋詁〉：「省，善也。」註云：「省，未詳其義。」謹按：《詩》「帝省其山」，箋云：「省，善也。」正義曰：「〈釋詁〉文。」《禮記·大傳》：「大夫士有大事，省於其君」，注云：「省，善也。」釋文：「案爾雅省訓善」，是其證。

《書·洪範》：「身其康彊，子孫其逢吉。」注疏及監本皆不在案頭，祈考入。此條本出足下，不過增成之耳。「子孫其逢」當絕句，釋文引馬融云：「逢，大也。」猶言其後必大耳。《禮記·儒行》：「衣逢掖之衣」，鄭注云：「逢猶大也」，是其證。蓋逢之言豐也，豐亦大也。《禮記·玉藻》：「縫齊倍要」，鄭注云：「縫或為逢，或為豐」，是古逢、豐聲同也。凡音逢音豐者，皆可互通。《說文》：「麷，煮麥也。從麥豐聲，讀若馮。」《周禮·籩人》：「麷蕡」，鄭注云：「今河間以北煮種麥賣之名曰逢。」《史記·司馬相如傳》：「湀涌原泉」，《漢書》作「逢」。此條足下再增成之可也。（編按：參見《經義述聞》「子孫其逢」，第三卷四十七頁；《群經識小》「子孫其逢」，《皇清經解》第七二〇卷十三頁。）

《禮記·檀弓》：「瓦不成味」，鄭注云：「味當作沬。沬，靧也。」釋文：「沬，亡曷反。」謹按：「亡曷反」之音非也。「亡曷反」則音末。《說文》云：「沬，洒面也。」音誨，字從午未之未，或作頮，又作靧，故鄭注云：「沬，靧也。」（編按：依王念孫意，此當為沬字）〈內則〉云：「面垢燂潘請靧」，《書·顧命》云：「王乃洮頮水」，《漢書》作「王乃洮沬水」，沬、頮、靧同也。味、沬聲相近，故鄭注云「味當作沬」，今音「亡曷反」失之矣。又按：《說文》云：「沫水出蜀西徼外，東南入江。」音末，字從本末之末，與此迥別。《左傳》「曹劌」，《史記》作「曹沬」，沬字亦當音誨，《索隱》讀為末，非也。（編按：參見《經義述聞》「瓦不成味」，第十四卷二十四頁；《群經識小》「味當作沬」，《皇清經解》第七二二卷十頁。）

《周禮·大司樂》：「凡有道者、有德者使教焉」，鄭注云：「若舜命夔典樂教育子是也。」今《尚書》作「教胄子」，《說文》「育」字注亦引〈虞書〉曰「教育子」，然則鄭、許所見本皆作「育」也。（編按：參見《經義述聞》「教胄子」、「無遺育」，第三卷十九、三十七頁；《群經識小》「教胄子」，《皇清經解》第七二〇卷一頁。）

〈曲禮〉：「客至於寢門，則主人請入為席」，鄭注云：「為猶敷也。」下文「然後出迎客，客固辭」，鄭注云：「讓先入。」正義云：「主人請入為席者，客至於內門而主人請先獨入敷席也。然後出迎客者，入鋪席竟，後更出迎客也。客固辭者，再辭不先入也。」謹按：〈聘禮〉：君使卿歸饔餼於賓，賓迎於門外，及廟門，賓揖，俱入。又：賓見主國大夫，及廟門，大夫揖入。皆無既入為席然後出迎客之事。竊謂「則主人請入為席，然後出迎客」當作一句讀，謂客至於寢門則主人請先獨入敷席，然後出迎客也。此時主人實未入，故下云「客固辭，主人肅客而入」。謂客固辭主人之先入為席，於是主人乃肅客而入也。蓋主人嚮已正席，今客至門而又請先入為席，所以示慎也。客固辭者，辭主人之先入為席也，非辭己之先入也。禮入門亦無固辭之文。（編按：參見《群經識小》「請入為席」，《皇清經解》第七二二卷八頁。）

《爾雅·釋詁》：「基，謀也。」注云：「見《詩》疏。云基者，君子作事謀始也。」按：如此言則是君子作事當謀基始，非訓基為謀矣。考《禮記·孔子閒居》引《詩》「夙夜其命宥密」，鄭注云：「《詩》讀其為基。基，謀也。言君夙夜謀為政教以安民。」此即郭所謂「見《詩》」者，而邢疏未之考也。基或為諆，《後漢書·張衡傳》：「回志朅來從元諆」，注：「諆，謀也。」（編按：參見《經義述聞》「惎閒王室」，第十九卷四十九頁；「惟基謀也」，第二十六卷六頁。）

倉卒錄得十八條，本欲再謄清稿呈閱，恐再遲則緩不及事，且案頭無書，不能考證，祇據意見所到為之，故多所未安，務祈考訂原書，重加改正。文不成文，字不成字，惟知己諒之而已。　念孫叩。

與李鄦齋方伯論古韻書

王念孫

念孫少為韻學，以顧氏五書，因得其十之[illegible]，而未備
者，江氏古韻標準，及段氏六書音均表，[illegible]補正之，權
入方上官安[illegible]，[illegible]不[illegible]東[illegible]未[illegible]下問詳說
所[illegible]以就正　有[illegible]又[illegible]自一[illegible]至二十[illegible]，[illegible]其[illegible]
年[illegible]三月之[illegible]部[illegible]部顧氏一[illegible]三百篇反覆[illegible]
[illegible]而用之韻[illegible]而不[illegible]用　切韻以[illegible]不[illegible]以
[illegible]不[illegible]之例，可[illegible]議，[illegible]二十[illegible]二十[illegible]九部
[illegible]切韻，以[illegible]不復以[illegible]不凡此[illegible]之見也
[illegible]求其[illegible][illegible]通用之[illegible]而不可得，[illegible]不得已
而[illegible]用[illegible]從又[illegible]小[illegible]二十[illegible]以[illegible]會[illegible]

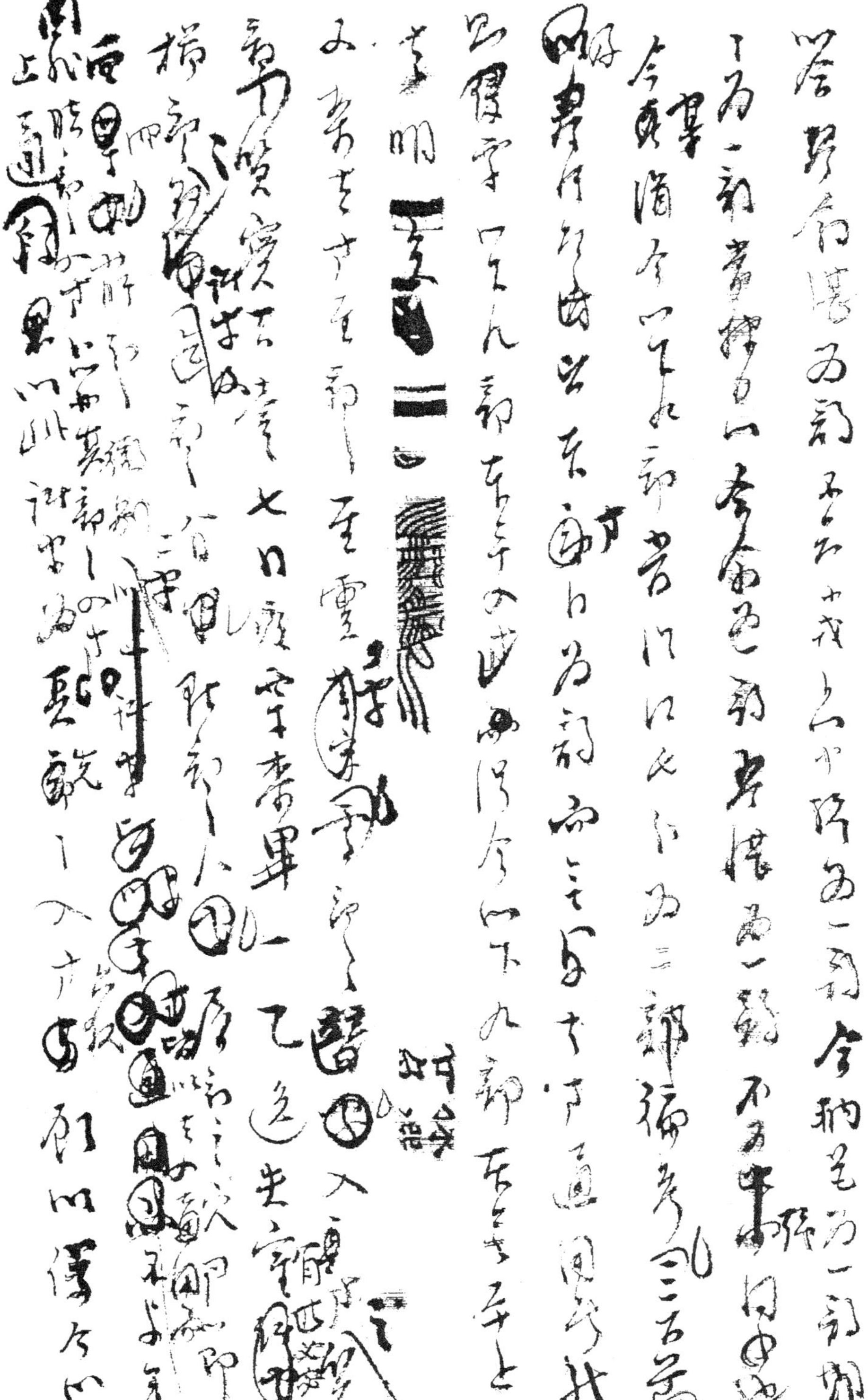

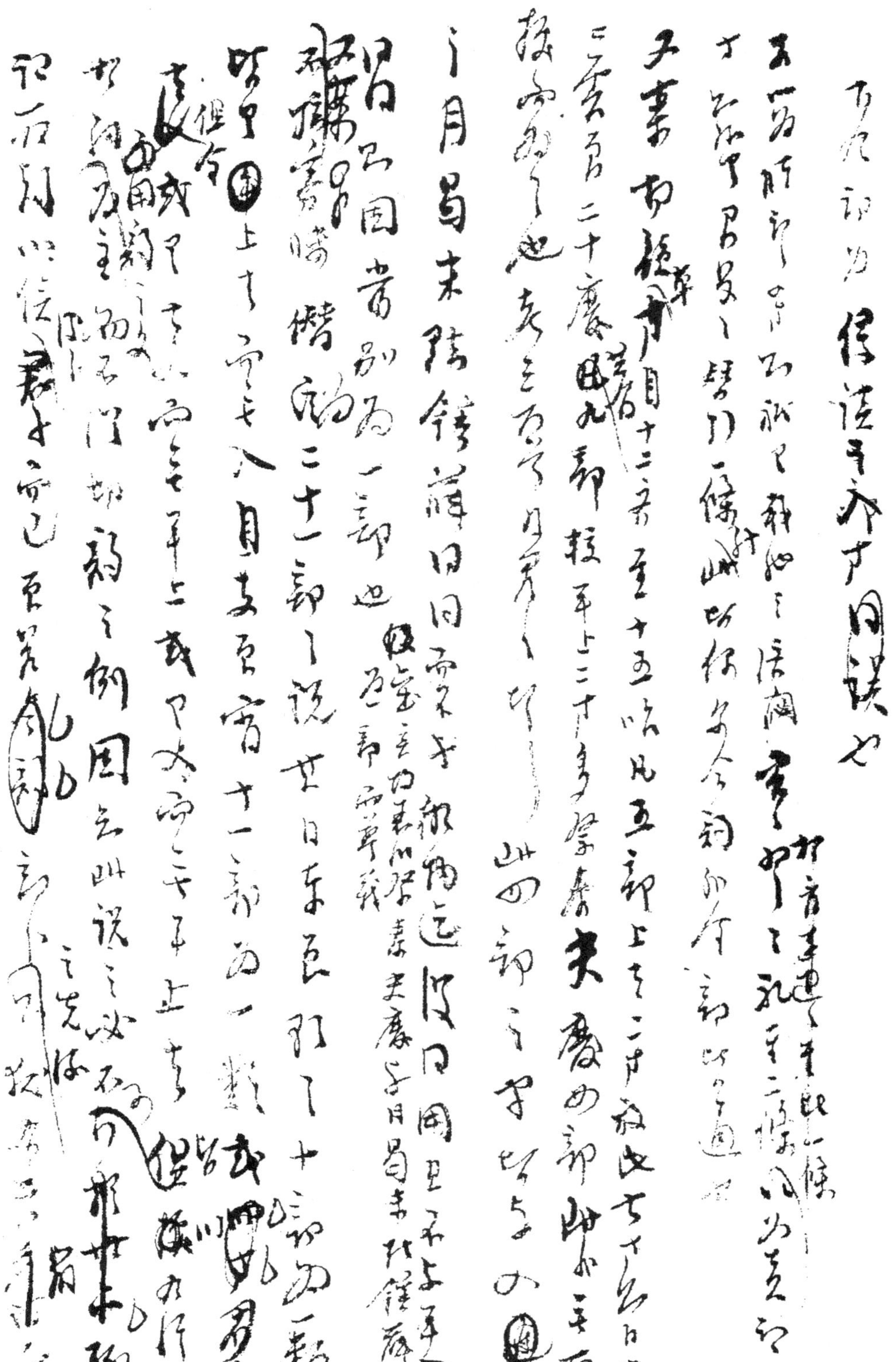

[illegible]庵[illegible]二部[illegible]於[illegible]城衛[illegible]

[illegible]

[illegible]書[illegible]以[illegible]

[illegible]以[illegible]

[illegible]

[illegible]

[illegible]

[illegible]所[illegible]

郵[illegible]大[illegible]以[illegible]

[illegible]作備也[illegible]

[illegible]

覽焉。

閣下[illegible]

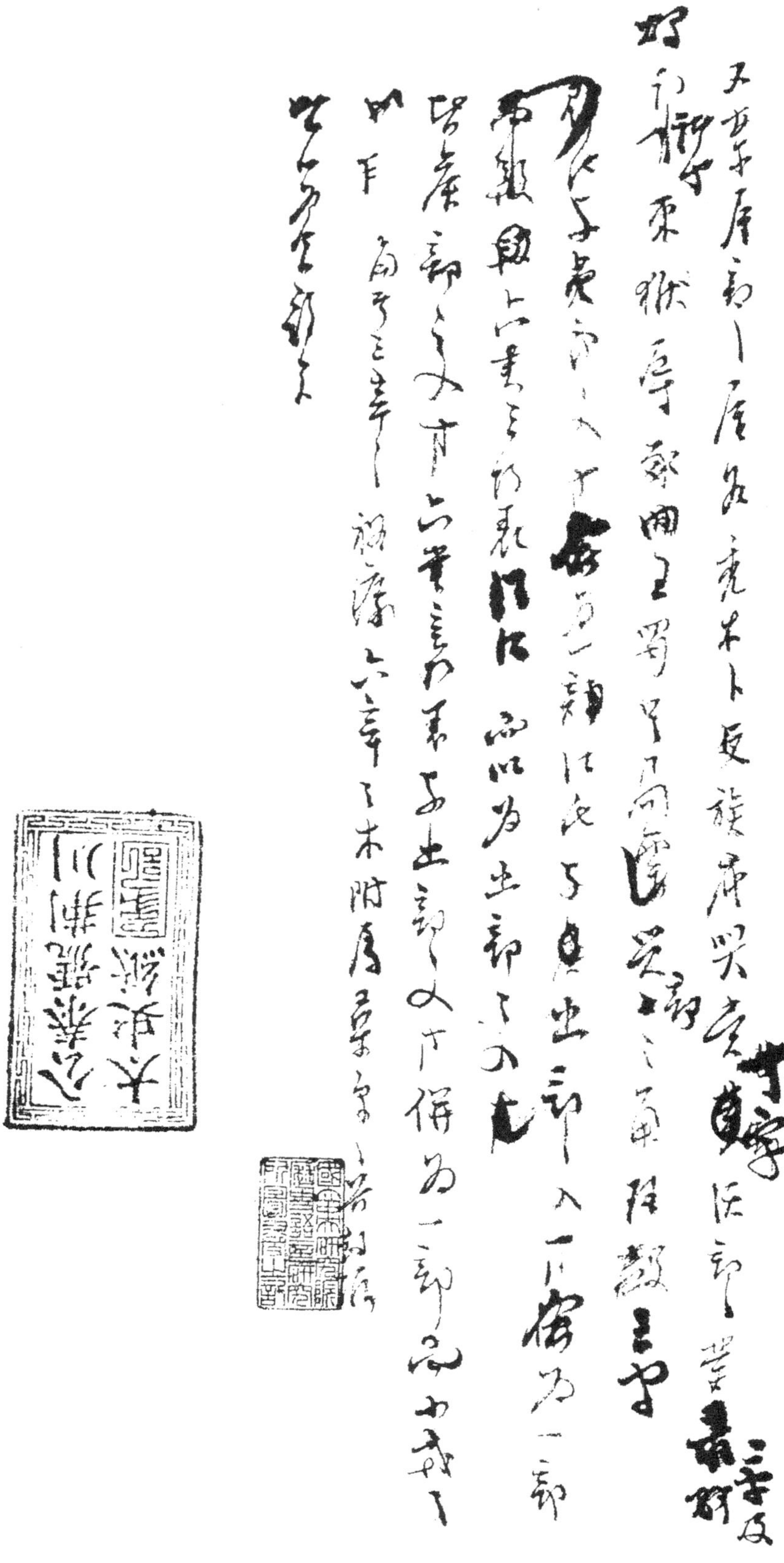

與李鄦齋方伯論古韻書

王念孫

念孫留心韻學已久，特以顧氏《五書》已得其十之六七，所未備者，江氏《古韻標準》及段氏《六書音均表》皆已補正之，唯入聲與念孫小有異同，故不復更有論斷。茲承下問，謹獻所疑以就正有道焉。入聲自一屋至二十五德，其分配平、上、去之某部某部，顧氏一以《三百篇》及群經、《楚辭》所用之韻定之，而不用《切韻》以屋承東、以德承登之例，可稱卓識。獨於二十六緝至三十四乏九部，仍從《切韻》以緝承侵、以乏承凡，此兩岐之見也。蓋顧氏於經傳中求其與去聲通用之迹而不可得，故不得已而仍用舊說。又謂〈小戎〉二章以驂、合、軜、邑、念爲韻，〈常棣〉七章以合、琴、翕、湛爲韻。不知〈小戎〉自以中、驂爲一韻，合、軜、邑爲一韻，期、之爲一韻；〈常棣〉自以合、翕爲一韻，琴、湛爲一韻，不可強同也。今案：緝、合以下九部，當從江氏分爲二部，徧攷《三百篇》及群經、《楚辭》，皆本聲自爲韻，而無與去聲通用者，然則侵、覃以下九部本無入聲，緝、合以下九部本無平、上、去明矣。

又案：去聲至部至、疐二字，霽部之替字，入聲之質部諸字，及迄部之肸，黠部之八字，屑部之穴、卩、節、血四字，薛部之徹、別二字，皆以去、入通用，而不與平、上通，固非脂部之入聲，亦非真部之入聲，段以此諸字爲真、先之入聲，亦猶顧以緝、合以下九部爲侵、談之入聲也。

又以爲脂部之入聲則祗有〈載馳〉之濟、閟，〈賓之初筵〉之禮、至二條，《楚辭·遠游》之至、比一條。以爲真部入聲則祗有〈召旻〉之替、引一條。外此皆偶爾合韻，非全部皆通也。

又案《切韻》平聲自十二齊至十五咍，凡五部，上、去二聲放此。去聲則自十二霽至二十廢，共有九部，較平、上二聲多祭、泰、夬、廢四部，此非無所據而爲之也。考《三百篇》及群經、《楚辭》，此四部之字，皆與入聲之月、曷、末、黠、鎋、薛同用，而不與術、物、迄、沒同用，且不與平、上同用，則固當別爲一部也。《六書音均表》以祭、泰、夬、廢與月、曷、末、黠、鎋、薛合爲一部，而蓼莪……

又案：念孫不揣寡昧，僭爲二十一部之說，其自東至歌之十部爲一類，皆有上、去而無入；自支至宵十一部爲一類，或四聲俱全，或有去、入而無平、上，或有入而無平、上、去。皆以九經、《楚詞》用韻之文爲主，而不從《切韻》之例，固知此說之必不可行於世爾，聊記所疑以俟後之君子而已。至若合韻部分之先後，亦猶有可以辨者，《切韻》、《唐韻》蒸、登二部次於鹽、添之後，咸、銜之前，見《干祿字書》、《古文四聲》、《七音略》。猶有古音之遺，蓋蒸者侵、覃之類，故〈小戎〉以膺、弓、縢、興、音爲韻，〈大明〉以林、興、心爲韻，〈生民〉以登、升、歆、今爲韻，〈閟宮〉以乘、縢、弓、綅、增、膺、懲、承爲韻，皆以蒸、侵通用，而無與耕部通用者。耕者真之類，故《易》之〈彖〉、〈象〉、〈繫辭〉、〈文言〉，多以真、耕通用。《詩》與《楚辭》亦間有之，而無與蒸部通者，自《廣韻》始移蒸、登二部於青部之後，上、去二聲仿此。下及劉淵遂以證、嶝併入徑，陰時夫又以拯等併入迥部，而古韻之大防因以潰決。顧氏深斥劉淵之妄，而不知陳彭年等實爲之作俑也。謹此拜覆，并草〈韻表〉一紙呈覽，惟閣下進而教之。

又案：屋部之屋、谷、木、卜、攴、族、鹿、哭、賣十字，沃部之業、彔二字，及燭部諸字，覺部之角、玨、㱿三字，皆侯部之入聲，《六書音均表》與幽部之入聲併爲一部，而〈小戎〉之……，〈角弓〉三章之裕、瘉，六章之木、附、屬，〈桑柔〉之谷、穀、垢，皆以爲合韻矣。

答江晉三書

王念孫

王

再拜晉三兄足下前奉手札備領一切因衰病頻仍艱於作字遂遷延至今　自庚辰得手足偏枯之疾足迹不能出戶然在一室之中尚能復理舊業至去年加劇支體竟少運動一歲之中半在牀笫百事皆廢以致作札遲滯非敢疏於裁答也詩之以質術同用者唯載馳之濟閟皇矣之類致抑之疾戾較之不同用者尚不及二十分之一若楚辭之音則不能盡合於古既云詩易似若可分則當以詩易為主不當舍此而從彼也然楚辭之以質術分用者自足下所引而外尚有懷沙之汩忽其至當改輯未齊代等部之字不與至疐閉等字

同用者尚有懷沙之濟示及喟謂愛類及九辯之冀欷
來札云楚辭分用者五章合用者七章此合文選古文
苑所載之宋賦言之也其實合去入二聲而論楚辭分用者
有七章合用者僅三章耳至風賦之憯悽惏慄清涼增
欷則本作惏慄憯悽清涼增欷以悽欷為韻而非以慄
欷為韻又何以明九辯之高唐賦惏悷憯悽脅息增欷亦以悽
欷為韻又九辯憯悽增欷兮薄寒之中人愴怳懭悢兮
去故而就新憯悽與增欷韻愴怳與懭悢韻上文蕭瑟與憭慄韻
泬寥與宋廖韻則慄以是明之此以宋賦證宋賦而覺
非術部之字明矣
其誤非敢師心自用而顛倒古人之文也來札又云質

之与祭合術之与祭合皆無平側賓主之辨案陸韵不以術物迄沒承脂微齊灰而以承諄文殷魂痕顧氏謂其若呂之代嬴黃之易羋其外誤如斯又何平側賓主之可言乎來札又云今若割至霽与質櫛屑別為一部則脂齊無去入矣二百六部中未有有平上而無去者也且至霽二部為質之去者十之二為術之去者十之八賓勝於主無可擘畫若耑以質櫛屑成部則又有去聲數十字牽引而至非若緝盍九韵之絕無攀援緣也案

所分至霽二部質櫛屑三部但有从至从疐从質从吉从七从日从疾从悉从栗从桼从畢从乙从失从

八从必从尸从血从徹从設之字及閑寶逸一別等字
具在前所呈与李方伯書中其餘未分之字不可悉數
今云脂齊無去入又云有平上而無去殆閱之未審也
且質術之相近猶術月之相近詩中術月之通較多於
質術而足中下穀然以爲不可通者以月部之字皆有去
入而無平上也　所分質部之字亦是有去入而無
平上無平上則不可與平上通亦猶緝盍九部之無平
上去則不可与平上去通也來札又云賓之初筵二章
以壬林湛韵下六句以能又時韵則以洽百禮二句自
當以禮至韵二百禮二其湛恐非韵元鳥篇亦當以祁河

宜河韵二來假亦恐非韵豆臚列歌脂相通之證若干條葉至字讀上聲乃楚辭所有而三百篇中所無也三百篇中凡本句之上半與上句相疊者其下半必轉韵若關雎之寤寐寐求之求之不得葛覃之言告師氏言告言歸及薄澣我衣害澣害否綠衣之綠兮衣兮綠衣黃裏禮三章絲字不疊則與下文為韵首章二章衣字皆疊則不與下文為韵然則兩禮字之不與至為韵明矣凱風之吹彼棘心棘心夭夭次章薪字不疊則與下文為韵首章心字疊則不與下文為韵匏有苦葉之有瀰濟盈有鷕雉鳴濟盈不濡軌雉鳴求其牡此以盈鳴雙承軌牡雙轉靜女之貽我彤管彤管有煒定之方中之以望楚矣望楚與堂駟鐵之奉時辰牡辰牡

孔碩皆是也國風大抵皆然則雅頌可無煩覼縷矣然

則兩百禮兩其湛皆兩來假皆入韻而至字樂字祁字皆不

入韻明矣歌脂之通自周末始然前此未之有也況商

頌又在周之前乎此　所以必分去聲至霽二部之

至霽閉等字及入聲之質櫛屑別爲一類而不敢苟同

也近者復奉新札謂古人實有四聲特與後人不同陸

氏依當時之聲誤爲分析特撰唐韻四聲正四聲韻譜

不覺狂喜顧氏四聲一貫之說　而不以爲然故所

編古韻如札內所舉奭饗化信等字皆在平聲偕茂等字皆

在上聲館字亦在去聲其他指不勝屈大約皆與尊見相

符唯袪字則兼收平聲至字則唯收去入聲此其小異
者也其侵覃二部仍有分配未確之處故至今未敢付
梓草稿亦未定既與尊書大略相同則鄙箸雖不刻可
也廣雅疏證一書成於嘉慶元年其中遺漏者十之一
二錯誤者亦百之一二書已付梓不能追改令取一部
寄呈唯足下糾而正之足下富於春秋敏而好學日進
无彊不能測其所至　日西方莫恐不及見大箸之成
矣舊疾日加新食日減心不堪用前所寄大箸數種尚
未能徧讀容讀畢另札寄呈作此札至七八日乃成操
思不精語言散漫且手戰書不成字可勝慙愧　再

拜

答江晉三書　道光癸未三月二十五日

答江晉三書

王念孫

王念孫再拜，晉三兄足下：前奉手札，備領一切，因衰病頻仍，艱於作字，遂遷延至今，念孫自庚辰得手足偏枯之疾，足跡不能出戶，然在一室之中，尚能復理舊業。至去年加劇，支體竟少運動，一歲之中，半在床笫，百事皆廢，以致作札遲滯，非敢疏於裁答也。《詩》之以質、術同用者，唯〈載馳〉之濟、閟，〈皇矣〉之類、致，〈抑〉之疾、戾，較之不同用者，尚不及二十分之一。若《楚辭》之音，則不能盡合於古。既云《詩》、《易》似若可分，則當以《詩》、《易》爲主，不當舍此而從彼也。然《楚辭》之以質、術分用者，自足下所引而外，尚有〈懷沙〉之汩、忽，其至當改鞊、未、霽、代等部之字，不與至、疐、閉等字同用者，尚有〈懷沙〉之濟、示及喟、謂、愛、類，及〈九辯〉之冀、欷。來札云：「《楚辭》分用者五章，合用者七章」，此合《文選》、《古文苑》所載之宋賦言之也。其實合去、入二聲而論，《楚辭》分用者有七章，合用者僅三章耳。至〈風賦〉之「憯悽惏慄，清涼增欷」，則本作「惏慄憯悽，清涼增欷」，以悽、欷爲韻，而非以慄、欷爲韻。何以明之，〈高唐賦〉「惏悷憯悽，脅息增欷」，亦以悽、欷爲韻。又〈九辯〉「憯悽增欷兮，薄寒之中人；愴怳懭悢兮，去故而就新」，「憯悽」與「增欷」韻，「愴怳」與「懭悢」韻，上文「蕭瑟」與「憭慄」韻，「泬寥」與「宋寥」韻，則慄非術部之字明矣。以是明之。此以宋賦證宋賦，而覺其誤，非敢師心自用，而顛倒古人之文也。來札又云：「質之與祭合，術之與祭合，皆無平側賓主之辨。」案：陸韻不以術、物、迄、沒承脂、微、齊、灰，而以承諄、文、殷、魂、痕，顧氏謂其若呂之代嬴，黃之易羋，其外誤如斯，又何平側賓主之可言乎？來札又云：「今若割至、霽與質、櫛、屑別爲一部，則脂、齊無去、入矣。二百六部中，未有有平、上而無去者也，且至、霽二部，爲質之去者十之二，爲術之去者十之八，賓勝於主，無可擘畫，若耑以質、櫛、屑成部，則又有去聲數十字牽引而至，非若緝、盍九韻之絕無攀緣也。」案：念孫所分至、霽二部，質、櫛、屑三部，但有從至、從疐、從質、從吉、從七、從日、從疾、從悉、從栗、從桼、從畢、從乙、從失、從八、從必、從卩、從血、從徹、從設之字，及閉、實、逸、一、別等字，具在前所呈〈與李方伯書〉中，其餘未分之字，不可悉數。今云脂、齊無去、入，又云有平、上而無去，殆閱之未審也。且質、術之相近，猶術、月之相近，《詩》中術、月之通，較多於質、術，而足下毅然以爲不可通者，以月部之字，皆有去、入而無平、上也。念孫所分質部之字，亦是有去、入而無平、上，無平、上則不可與平、上通，亦猶緝、盍九部之無平、上、去，則不可與平、上、去通也。來札又云：「〈賓之初筵〉二章，以壬、林、湛韻，下六句以能、又、時韻，則『以洽百禮』二句，自當以禮、至韻，二『百禮』，二『其湛』恐非韻，〈元鳥篇〉亦當以祁、河、宜、河（何）韻，二『來假』亦恐非韻。」並臚列歌、脂相通之證若干條。案：至字讀上聲，乃《楚辭》所有，而〈三百篇〉中所無也，〈三百篇〉中，凡本句之上半與上句相疊者，其下半必轉韻，若〈關雎〉之「寤寐求之，求之不得」、〈葛覃〉之「言告師氏，言告言歸」，及「薄澣我衣，害澣害否」、〈綠衣〉之「綠兮衣兮，綠衣黃裏」、三章「絲」字不疊，則與下文為韻；首章、二章「衣」字皆疊，則不與下文為韻，然則兩「禮」字之不與「至」為韻明矣。〈凱風〉之「吹彼棘心，棘心夭夭」、次章「薪」字不疊，則與下文為韻；首章「心」字疊，則不與下文為韻。〈匏有苦葉〉之「有瀰濟盈，有鷕雉鳴。濟盈不濡軌，雉鳴求其牡」、此以盈、鳴雙承，軌、牡雙轉。〈靜女〉之「貽我彤管，彤管有煒」、〈定之方中〉之「以望楚矣，望楚與堂」、〈駟鐵〉之「奉時辰牡，辰牡孔碩」皆是也，國風大抵皆然，則雅、頌可無煩覼縷矣。然則兩「百禮」，兩「其湛」，兩「來假」皆入韻，而至字、樂字、祁字皆不入韻明矣。歌、脂之通，自周末始然，前此未之有也，況〈商頌〉又在周之前乎？此念孫所以必分去聲至、霽二部之至、疐、閉等字及入聲之質、櫛、屑別爲一類，而不敢苟同也。近者復奉新札，謂古人實有四聲，特與後人不同，陸氏依當時之聲，誤爲分析，特撰《唐韻四聲正》、《四聲韻譜》，不覺狂喜。顧氏四聲一貫之說，念孫向不以爲然，故所編古韻，如札內所舉爽、饗、化、信等字皆在平聲，偕、茂等字皆在上聲，館字亦在去聲，其他指不勝屈，大約皆與尊見相符，唯祛字則兼收平聲，至字則唯收去、入聲，此其小異者也。其侵、覃二部，仍有分配未確之處，故至今未敢付梓，草稿亦未定，既與尊書大略相同，則鄙箸雖不刻可也。《廣雅疏證》一書，成於嘉慶元年，其中遺漏者十之一二，錯誤者亦百之一二，書已付梓，不能追改，今取一部寄呈，唯足下糾而正之。足下富於春秋，敏而好學，日進無彊（疆），不能測其所至，念孫日西方莫，恐不及見大箸之成矣，舊疾日加，新食日減，心不堪用，前所寄大箸數種，尙未能徧讀，容讀畢另札寄呈，作此札至七八日乃成，操思不精，語言散漫，且手戰，書不成字，可勝慚恧，念孫再拜。

答江晉三書　道光癸未三月二十五日

與丁大令若士書

王念孫

張氏之書。。所未見其合緝盍二部爲一也而謂爲無平上之部別出與祭部又相同蓋入聲之分配平上去必以三代之音爲準者三百篇及楚辭所用緝盍二部之韵皆在入聲中而無與平上去同用者至于老莊諸子莫不皆然此則二部之本無平上去明矣雖我但怛之怛本從旦聲然亦如勞心怛怛之怛之從旦聲耳不得因此而遂以無爲凡之入也諧聲之字每多轉紐且如真臻先之於質櫛屑諄文殷魂之於術物迄及元寒桓刪山仙之於月曷末黠鎋薛無偏旁之互通者多矣然而卒不能通用也以三百篇之不同用也大

若盡用顧氏段孔張王氏之書無入聲之可配平上去皆不用切韻之例而此之部獨相沿而不改是所岐之見也

○○案至韻之至聲摯聲疐聲霽韻之閉字質韻之質聲日聲一聲乙聲失聲七聲桼聲吉聲壹聲栗聲畢聲必聲瑟聲疌聲疾聲實逸字職韻之抑字黠韻之八聲屑韻之尸聲即韻之聲戢聲血聲薛韻之設聲徹聲別聲皆當分出爲質部而不與術物等部通九經楚辭中凡質術同用者唯詩載馳三章之濟閟皇矣八章之類致拂首章之疾戾及楚辭九章之至比不得因此而謂其全

部皆通也若宵之初過二章以後百韻百韻後至
有林鍾以絕蝦不私其法此以兩禮字為韻至林法為
韻而亞字不入韻不私其法其法曰禁亡以兩法字為
韻凡下句之上二字與上句之下二字相承者皆韻也
元鳥篇四海來假來假祁祁景員維河殷受命咸宜百
祿是何此以兩假字為韻何宜何為韻祁字不入韻用
韻之法正與此同臣氏以禮亞為韻殷氏以為古韻法
非也管術之相近猶術月之相近詩作人四章之營蔚
兩毛正二章之滅戾勸小弁四章之嘒淠屆寐棄萃二
章之渦溉駟屆嘒印首章之惠戾瘵屆三
此以管術月三部並用

易旅象傳之位快，遝渙象傳之外大位害，楚辭九章之慨邁，九辯之帶介慨邁穢敗昧，術月之通。按多於質術而言，古韻者為以為不可通，則質術之不可通明矣。。以為質月二部皆有去而無平上，術為脂之入，而質非脂之入，故不與術通；術之月非脂之入，故亦不與術通也。段氏以質為真之入，非也；而以質術為二，則是。張氏不以質承真，是也；而合質術為一以承脂，則非。。

。案介聲入辛部者，據周頌酌篇之是用大介也。今案酌詩毛氏無韻，顧氏以師毗為韻，臨介為韻，案遺為韻，嗣師為韻，非也，故段氏詩經韻表皆不載入。說文害

以來聲韻家介則去害同在一部明矣楚辭九辯負
左右之耿介與帶慨邁穢敗昧韻大元竈次二量異介
與害韻堅固四翔不介與蝶韻其介聲之字則從字
度地篇以界與敗韻淮南說山篇以蓋與大篇司馬相
如子虛賦以界介與外韻大元之度測以界與敗韻說文
奈從介聲讀若蓋則介聲當入巳部下不當入辛部
。。案詩中舊字皆讀去上聲而其字以臼聲者止習
二韻最相近故聲相通也說文以舊爲鵂鶹之鵂則又
讀禮休矣家臼字則李讀家舅姑舅字亦以臼聲繫辭
傳斷木為杵掘地為臼臼杵之利萬民以濟此以利濟

為韻而臼字不入韻上文之斲木為耜揉木為耒刳木為舟剡木為楫下文之弦木為弧剡木為矢皆不用韻也顧氏誤以臼利協為韻遂云臼古音其以反不知臼讀其以反仍與利不協也周平王宜臼國語作宜咎史記屈宜臼說苑作屈宜咎韓子魏惠王為臼里之盟戰國策作九里是臼之讀若咎古今無異也

○○案惴字古蓋讀若專小宛六章溫溫恭人如集于木惴惴小心如臨于谷戰戰兢兢如履薄冰木谷為韻兢冰為韻而惴惴二字上與溫下與戰戰為韻惴惴讀若專專列女傳序之專專小心永懼匪懈累其

明證也說文作叀云專專小謹也今本脫一專字莊子齊物論云大言閑閑小言間間大言炎炎小言詹詹又云小恐惴惴大恐縵縵閑間為韻炎詹為韻惴縵為韻惴亦讀為專孟子吾不惴焉音義云丁本作遄則惴、从耑聲明矣揣字古蓋讀若喘方言度高為揣郭璞音常絹反廣雅揣度也曹憲音丁果尺究二反漢賈誼傳何足控揣與患為韻如淳曰揣音團史記作摶文選長笛賦冬雪揣封乎其枝李善曰揣與團古字通則揣之从耑聲又明矣昭三十二年左傳揣高卑釋文揣丁果反又初委反蓋之歌相近歌支亦相近故揣从耑聲而轉為丁果反又轉為初委反考古妥當从共朔也惴揣皆不當改爲瑞省聲且當收元部不必更收歌部瑞字説文本从耑聲而小徐以爲耑聲字故大徐刪之周秦古書之存於今者皆未嘗以瑞字入韻説文从耑聲則焉知古音之不在元部乎説文褍字讀若端玉篇丁丸丁果二切而丁丸在前褍即端章甫之端褍字説文訓爲度則仍與揣同玉篇揣市專切又丁果切亦是市專在前此三字皆不必更收歌部惟[illegible]字从耑聲而讀若捶擊之捶乃可更收歌部耳

與丁大令若士書

王念孫

張氏之書，念孫所未見，其合緝、盍二部爲一，非也，而謂爲無平、上之部，則正與鄙見相同。蓋入聲之分配平、上、去，必以三代之音爲準，考《三百篇》、群經、《楚辭》，所用緝、盍二部之韻，皆在入聲中，而無與平、上、去同用者，至於《老》、《莊》諸子，無不皆然，則此二部之本無平、上、去明矣。雖「我位恐貶」之「貶」，本從「乏」聲，然亦如「勞心怛怛」之「怛」之從「旦」聲耳，不得因此而遂以乏爲凡之入也。諧聲之字，原多轉紐，且如真、臻、先之於質、櫛、屑，諄、文、殷、魂之於術、物、迄、沒，元、寒、桓、删、山、仙之於月、曷、末、黠、鎋、薛，其偏旁之互通者多矣，然而卒不能通何也？以《三百篇》之不同用也。大箸兼用顧、江、段、孔、張五氏之書，其入聲之分配平、上、去，皆不用《切韻》之例，而此二部獨相沿而不改，是兩岐之見也。

念孫案：至韻之至聲、摯聲、疐聲，霽韻之閉字，質韻之質聲、日聲、一聲、乙聲、失聲、七聲、桼聲、吉聲、壹聲、栗聲、畢聲、必聲、瑟聲、悉聲、疾聲、實、逸字，職韻之抑字，黠韻之八聲，屑韻之卩聲、即聲、戜聲、血聲，薛韻之設聲、徹聲、別聲，皆當分出爲質部，而不與術、物等部通。九經、《楚辭》中以質、術同用者，唯《詩·載馳》三章之濟、閟，〈皇矣〉八章之類、致，〈抑〉首章之疾、戾，及《楚辭·九章》之至、比，不得因此而謂其全部皆通也。若〈賓之初筵〉二章「以洽百禮，百禮既至」。

有壬有林，錫爾純嘏，子孫其湛」，此以兩禮字爲韻，壬、林、湛爲韻，而至字不入韻。「子孫其湛，其湛曰樂」，亦以兩湛字爲韻，凡下句之上二字，與上句之下二字相承者，皆韻也。〈元鳥篇〉「四海來假，來假祈祈。景員維河，殷受命咸宜，百祿是何」，此以兩假字爲韻，河、宜、何爲韻，而祈字不韻，用韻之法，正與此同。顧氏以禮、至爲韻，段氏以爲合韻，皆非也。質、術之相近，猶術、月之相近，《詩·候人》四章之薈、蔚，〈雨無正〉二章之滅、戾、勩，〈小弁〉四章之嘒、淠、屆、寐，〈采菽〉二章之淠、嘒、駟、屆，〈瞻卬〉首章之惠、厲、瘵、疾、屆，此以質、術、月三部並用。《易·旅·象傳》之位、快、逮，〈渙·象傳〉之外、大、位、害，《楚辭·九章》之慨、邁，〈九辯〉之帶、介、慨、邁、穢、敗、昧，術、月之通，較多於質、術，而言古韻者尚以爲不可通，則質、術之不可通明矣。念孫以爲質、月二部，皆有去而無平、上，術爲脂之入，而質非脂之入，故不與術通，猶之月非脂之入，故亦不與術通也。段氏以質爲真之入，非也，而分質、術爲二則是。張氏不以質承真是也，而合質、術爲一以承脂則非。

念孫案：介聲入辛部者，據《周頌·酌篇》之「是用大介」也。今案：〈酌〉詩全篇無韻，顧氏以師、熙爲韻，晦、介爲韻，受、造爲韻，嗣、師爲韻，非也，故段氏〈詩經韻表〉皆不載入。《說文》害從丯聲，丯讀若介，則介、害同在一部明矣。《楚辭·九辯》「負左右之耿介」，與帶、慨、邁、穢、敗、昧韻；《大元·竈·次二》「黃鼎介」，與裔、害韻；〈堅·次四〉「蛡不介」，與螮韻。其介聲之字，則《管子·度地篇》以界與敗韻；《淮南·說山篇》，以芥與大韻；司馬相如〈子虛賦〉，以界、介（芥）與外韻；《大元·戾·測》以界與敗韻；《說文》乔從介聲，讀若蓋，則介聲當入己部下，不當入辛部。

念孫案：詩中舊字皆讀忌上聲，而其字從臼聲者，止有二韻最相近，故聲相通也，《說文》以舊爲鴟鵂之鵂，則又讀若休矣。若臼字則本讀若舅，故舅字亦從臼聲，〈繫辭傳〉「斷木爲杵，掘地爲臼，臼杵之利，萬民以濟」，此以利、濟爲韻，而臼字不入韻。上文之「斲木爲耜，揉木爲耒」、「刳木爲舟，剡木爲楫」，下文之「弦木爲弧，剡木爲矢」，皆不用韻也。顧氏誤以臼、利、濟爲韻，遂云「臼，古音其以反」，不知改讀其以反，仍與利、濟不協也。周平王宜臼，《國語》作宜咎；《史記》屈宜臼，《說苑》作屈宜咎；《韓子》魏惠王爲臼理之盟，《戰國策》作九里：是臼之讀若舅，古今無異也。

念孫案：惴字古蓋讀若專，〈小宛〉六章「溫溫恭人，如集于木，惴惴小心，如臨于谷，戰戰兢兢，如履薄冰」，木、谷爲韻，兢、冰爲韻，而「惴惴」二字，上與「溫溫」爲韻，下與「戰戰」爲韻。惴惴，讀若專專，《列女傳·序》之「專專小心，永懼匪懈」，是其明證也。《說文》作「叀」云「專專，小謹也」，今本脫一專字。《莊子·齊物論篇》云：「大言閑閑，小言閒閒，大言炎炎，小言詹詹」，又云：「小恐惴惴，大恐漫漫」，閑、閒爲韻，炎、詹爲韻，惴、漫爲韻。惴亦讀若專，《孟子》：「吾不惴焉」，《音義》云：「丁本作遄」，則惴之從耑聲明矣。揣字古蓋讀若端，《方言》「度高爲揣」，郭璞音常絹反。《廣雅》「揣，度也」，曹憲音丁果、尺兗二反。《漢書·賈誼傳》「何足控揣」，與「患」爲韻，如淳曰：「揣音團」，《史記》作摶。《文選·長笛賦》「冬雪揣封乎其枝」，李善曰：「揣與團古字通」，則揣之從耑聲又明矣。《昭三十二·左傳》「揣高卑」，釋文：「揣，丁果反，又初委反」，蓋元、歌相近，歌、支亦相近，故揣從耑聲，而轉爲丁果反，又轉爲初委反，考古者要當從其朔也。惴、揣皆不當改爲「瑞省聲」，且當收元部，不必兼收歌部。瑞字《說文》本從耑聲，而小徐以爲無聲字，故大徐削之，周、秦書之存於今者，皆未嘗以瑞字入韻，《說文》從耑聲，則焉知古音之不在元部乎？《說文》耑字，讀若端，《玉篇》丁丸、丁果二切，而丁丸在前。褍即端章甫之端。椯字，《說文》訓爲度，則仍與揣同，《玉篇》：「椯，市專切，又丁果切」，亦是市專在前，此三字皆不必兼收歌部，唯㟨字從耑聲，而讀若捶擊之捶，乃可兼收歌部耳。

光祿觀察公段氏説文簽記無卷一册

段氏說文簽記

王念孫

附：于省吾藏本第一頁

一卷

帝三言字不當刪　祫十一當有聲字　桑十二桑字不當改為桑，又不當以𠧪為桑　禜十三衞上當有營字　社廿五當有聲字　禓十六改禓為禓非　祲同上當為成戚

祟同上當有聲字　禰禮二字似不當刪　璠廿與璠二字不當倒轉，二則字勝二當為一　瓊同上不當改赤為亦　珛廿二从玉有玷四字以意為之　珩廿六當有聲字，止當為步

琚卅二似不當改名為石查　瑰卅六改瑰从双聲，圜好上當有珠字　𤨛○字似不當增　班卅八班字似不誤，如份　壻四十似當聲字　中同上查从口亦未確

胼三似非芔之譌　𦬕同上當有聲字　萁四字亂，後人所改　藿同上少當作葉　道七說文蓋以道首為二物　芐八亂，凡將篇　茿十茿筑皆从巩聲

茿与蓄通

菫十一許竹丑六二音不誤

齊民要術亦音丑六反

苦十二蕭字似亂，後人所加，蘮芺二字亦不類列

莱蓫蓟字亦不類蒨

苓十七也字不當改艸　蔽十六蔪亂蔪字譌　蒐廿蘆疑本作慮，注當有聲字　蓬卅三亂，凡將篇

蒟苗篆久誤　蕅廿七不當改蕅為藕　芋卅當以苗曲，芋葉連讀　芘卅二查　並卅三當有聲字　蕤卅四唐韻似不誤　蓨卅五此字亂，後人所增

蓻同上不生當為才生　蔭卅六當有聲字　薇同上當作蔽，不當改為藤　芼卅七段說皆亂　菸卅九膜亂，菸之借字　茷同上茷旆淠不同字　菑四十一陳說是

蘇四十七厥艸惟蘇不誤　蕥同上此字亂，後人所加　蘖四十二似亂，薫从艸木　芰四十三當有聲字　茨同上注不當改　蕰蘊四十四二字蓋　草四十五當引山海經

茵四十八亂，凡將篇　錯本各字多不相屬，与本不同，見左文五十三下段注　藻五十注當云藻或从藥，薔蔆荇萍藩　薅五十三注拔字不誤

二篇

少一諧聲未明查　八一諧聲注江淮俗語誤　豕二從豕聲非合韻　叛五注不宜改　牛同上解注未安　牡同上改注未謬　犅同上此字非會意　犖六

誤引廣注新論　牢八不當補也字當作从牛兵　⿱衛牛九誤解⿱衛牛二字　冋十六注有誤　嘫廿非麃聲　右廿一又亦聲　哇廿二注諂字疑佞諂　嗙廿三非凡將篇

吚廿四疑从尹聲　嘆廿五注吞嘆二字說文呂覽序意篇注　吝廿六當有聲字　否同上當有聲字　吠廿七當作⿰口犮　唬廿八當有聲字　㕣同上陷不當改滔　容廿九注非辛聲

喌卅注視字不當重　喪注　趍卅四久字改久查　趚卅六當作⿺走斥　趧卅八注未安　赶同上注未安　歸四十注未安

赻一注未安　辵二古音不讀如趣　迋三王無我迋乃匡之借字　送七當有聲字　邁同上注誤　逡八後當作退　⿱讎牛舊本作犨　达同上注不當有聲字

送九注不當有字字　遂十古文疑从㒸聲　逐同上外从豕省　遏十一注內脫一蝎字　迂十二注當作辟　邍同上注妄改　道十三當有聲字注妄改

御十七當有聲字　衙十八注引用禮誤言非聲　衞十九韋非聲　齗同上注非　齮廿三非注　足廿四注未安　踽廿五未安注　跛廿九此字不當刪

三篇

嚚 一 公羊二字後人所加

鬲 四 當有聲字

謂 七 王謂怯父謂命也

謜 十 注朱安

識 十二 注不誤

讎 十三 注不誤

詧 十四 所引未備

誙 廿一 注當古言字

詣 廿二 注謬

訇 廿四 圁似訇字之譌

諕 廿六 當有聲字

討 卅 疑有聲字

畀 卅六 不當改為由聲

䡊 十四 注聲字似衍

叓 十九 似從肯有聲

㱿 廿五 注似

敕 廿五 聲似衍字

穀 同上 聲亦似衍字

四篇

瞯 二 似當作瞯　[目必] 四 釋文似不誤　[目買] 七 大元似非合韻　瞑 十 段認在真部　畾 十四 注醜字不當改爲醜　魯 十五 注誤將左傳　翑 廿 注爲上句反鄉非

羿 同上 非十五部　翳 廿三 毒蠹字蓋從毒聲　魋 卅 不當入隹部　鳳 卅六 左傳義鸛顙鴛思四字乃後人所改　摯 卅五 注讀若晉不誤　[奉鳥] 四十六 鵝與鶇之借字非誤字

鵏 四十九 所引司馬相如說乃上林賦　鶇 同上 注穿鑿　蔦 五十 夏小正鳴弋非鳶　鷴 五十一 鳶飛戾天之鳶不當改爲蔦　鷙 五十二 執聲不誤

畢 一 非從田亦非田聲　叀 三 注妄增　朋 十二 從肉非从月　臚 廿 臚言臚句之臚皆不讀爲敷　膏肪脟 並廿三 注內字皆不誤　肊 同上 敷字非後人所增　臑 廿四 注當作羊豕臂也

長楊賦有

肥 廿五 注當作從肉巳聲　腄 廿六 注不當改　朐 廿三 淮南注已讀爲蠢閭　膩 廿五 注不聲　散 卅六 注雜字當作離　胆 四十 注穿鑿　肙 同上 當有聲字　刑 五十 幵聲在十二部亦確

耕 五十二 當有聲字　䎩 同上 改毌又爲冊又非　隼 四十一 注穿鑿

五篇

等 五 當有聲字　笄 六 古音當在十一部　籧 七 注穿鑿　篝 九 宋楚謂竹篝牆居也 衍竹字　个 十二 此字不當補　笙 十五 當有聲字　管 十六 注當作物開地而牙

第 廿一 此字未可遽補　迅 廿二 述閔有辨　箸 廿四 从乖有聲　覡 廿六 見亦聲　奇 廿一 可亦聲　彭 廿四 聲似衍字　豋 廿六 梁校壹之壺中寶小豆焉是古亦謂未為豆　豑 艽 弟聲

虍 四十一 並無號字　虔 四十二 聲字似衍　虞 四十四 千石鍾萬石 虞本出齊策　號 四十五 敫字似衍　監 五十一 聲字不可刪　盇 五十二 古音不在弟十五部　甛 艾

青 一 當古聲字　餔 十一 當有日加二字　央 廿六 誤解未失二字　甛 芝 當从舌聲　糇 廿三 注穿鑿　韏 卅六 誤解靳字　𩏑 四十二 改辡為辨非　韓 同上 改井垣為井橋大謬

六篇

棃 一誤 讀尒雅誤 栩 十注當有實字 本 廿一注不宜改下末字同 ⿱聶木 廿二揺白也 乃揺皃之偽 杕 同上聲 作衍文 ⿰木冒 □誤解 忽富二字 槸 芝此伙艾灑艾 槸之槸

檥 廿解 檥船不確 栝 西又讀若 五十三改 栝為栖訛 梲 五十四注 當改 栵 卅三此字本在前許木名內後人移置於栖字之上而段氏以為之說謬矣 玉篇栵字在櫝槵二字之間（第前頁）不與栖字相連

孛 三注 不必補 索 同上注 强解 甤 四古音 仍在灰部 柬 八一 說非 賁 卅五疑 从小聲 ⿰山丂 廿六右 聲不誤 郝 廿九注鄠字 衍段說非 耶 廿一注 支離 邸 廿二注上 字不當改

七篇

晉四當有聲字 杲十亦從木 否十三注不妥 旇十五注蛇字誤 旟十六自讀誤 旞十七自讀誤 旋廿注亦 曑廿三今聲不誤 曟同上注多事

盟廿六注主字不誤皿字不當改 朿廿一篆文及查注皆不宜改 秀卅亦從人 馨五十六誤讀楙卿詩傳 米同上注實字不誤 粱同上不當增禾字 粊六十当從非聲

𠧪六十六此非㮚字 圅卅注謬改字七頁補注亦謬

𪎭二此亦三部字 尗同上壺中實小豆焉 枝三辯同上 院七注有二誤 容十為大徐所惑 寒十三凍字不可改為冷 寂十四不當改寂為竄 宎十六注當有聲字 穿十九古

音在十三部字 𥧌同上當有聲字 窬廿一穿踰非踰牆 窔廿三突即叐突之訛 疾廿六聲亦衍字 瘉廿三誤解爾雅毛傳又誤解說文 冣廿六最字恐不可皆讀為冣 冢廿七同亦聲

冐卅九小徐有聲字 最同上當有聲字 罵四十三方在於部 帤四十五帑字不誤小徐作一曰幣布是五字 幦五十四犬乃然之誤非許誤筆 香上五十七本從甘聲 疒廿二誤解沸

八篇

佩 三 當有聲字

伊 五 當有聲字

倚 十三 當有聲字

位 十四 當有聲字

俔 廿二 誤解詩詞

偄 廿六 當有聲字

佻 [illegible] 愉愉之義牽强

𠤕 卌 古音在之部不在脂部

泉 四十五 誤 俗爾雅

褭 五十五 聲非衍字

[illegible] 五十六 周禮夏采 注作襀不作積

袳 五十九 所引春秋傳凡公羊非左氏

[illegible] 同上 非聲

襞 六十二 爾雅辟字乃辟字之譌

眉 七十 古有聲字

便 廿七 古音當在真部

𠘧 七 注仁人也當作仁也不當刪去

允 八 當有聲字

亮 同上 不當增

秃 十二 注穿鑿

覞 十六 注以覞為覼非

[illegible] 同上 注牽强

欽 十九 注牽强

歀款 廿二 字皆諧聲

[illegible] 廿 說嗢嘫二字非

[illegible] 廿三 目唾者將唾也

次 同上 當有聲字古音在支部非在十二部凡從次聲者皆同

羨 廿六 次亦聲

歎 廿三 演說文語不宜增入

九篇

頁 一頁化稽字 頊 二徒谷乃徒谷之譌 順 七當從小徐補聲字 顉 八搖頭動其頭耳化如今人所謂搖頭也 籲 十四姚說不可從 靦 十五注本作人面皃 首 十六百同二字不宜刪

㐱 廿當有聲字 髮 卅注當作拔也 詞 卅當有聲字 苟 艽我是用急之字俗改 諳 四十四盾音聲也 魏 同上此字古音在十五部

岨 五岨化沮洳之義 崇 六注不當改 嶅 八此字似後人所加 廟 十聲似衍字 硩 卅不當改為硩 砭 卅二引山海經注改砭針為砭針似是 豰 卅六𣪊子似先穀字 豬 卅八豬化

毅之或字 豖 艾招之外豖之也

十篇

隲一讀若郅三字不宜刪　馬同上注不妥　驉四誤解惟字　駓同上馬字不當刪　篤十一頓遲猶遲鈍耳　馺十二讀若犯衍文　馮同上注穿鑿　騺十五似不當改為鷙

駘十八注穿鑿　馹十七注穿鑿　駧同上聲字不當刪　駮十八解六駮不如錢說　灋廿去聲也　麀同上合麀牡為一字非　麐廿一吝聲不在十三部麐字不當刪

[illegible]卅四廣雅音匹遊當是四遊之訛　狧廿九聲犯衍字　㹤卅一聲犯衍字　戾同上注穿鑿　狄卅三改亦為朿非　猶卅四注穿鑿　烈四十一注穿鑿　[illegible]四十二注穿鑿

鼓或作[illegible]

[illegible]四十三不當改為羙　[illegible]四十六聲字不宜刪　燓四十八不當改為焚　烕五十二當有聲字　[illegible]五十四不當作為烟　燅同上蓋從坴聲　粦五十五疑从舛聲　黑同上不當增注

囟一注穿鑿　窗同上不當刪　熒同上解洪為熒穿鑿　夾五改注中俠字為夾非　亦七注穿鑿　夨八說中夨夨之義殊謬　騎九誤解左傳　懿十三注穿鑿

頏十五頁與不同字　臯十六不當牽相涉義　規十九當有聲字　竦廿當有聲字　竢廿一當有聲字　思卅三容字不當改聲字亦不當刪　息卅四當有聲字

意同上當有聲字　恬卅四不當改為恓　[illegible]同上古音在一部不在十五部　忻卅五慁是困極之義　惀卅六當有聲字元諄二部亦有相通之字故惀或作愉

恁卅七注不可改　悒同上注穿鑿　悆卅八注穿鑿　愚卅九當有聲字　態同上當有聲字　恣四十古音在十五部　[illegible]四十一注穿鑿　感四十二注穿鑿　𢝊四十六當有聲字

患四十六下文作悹則患非貫之訛　忝五十字林他念切不誤　繠五十一佩玉繠兮未必入韵當有聲字

十一篇

溙 十六誤 假溙水　洛 十八地理志注 入河本作入渭　漳 廿三地理志 大河大汎衍字　洋 四十六當 作洋从羊

衍 一當 有聲字　澔 三此字 疑後人所造　湝 同上蓋許誤記 如東方明矣之類　沖 四倬華沖沖 訓涌搖之義　泬 五誤 假爾雅　濿 十一玉字 不可改　沈 十四爾雅 屠泉字作

沈借 字耳　滎 十六假滎 澤穿鑿　瀆 十八曰 字不宜補　浮 廿二當 有聲字　濿 同上當有聲字 又不當改為濿　汔 廿五注 穿鑿　瀌 廿六注 不宜改　濂 同上注當作絕小水 濂字不宜補

潐 廿八注 穿鑿　漮 同上誤假 水之空三字　泆 卅一誤解 爾雅楚辭　淪 卅二注 穿鑿　滑 卅四毛傳之義 即方言之發注訛　溢 卅五注 穿鑿　滻 卅六誤 若隴不誤　汎 卅七注 穿鑿

染 同上蓋 从九木注穿鑿　泰 同上説太 字穿鑿　瀱 四十一當 有聲字　漏 四十二不當 依韵會

顰 一顰字 似在真韵　衄 六當有 聲字　覛 同上亦 當有聲字　冶 八當 有聲字　霣 十三當 有聲字　霰 十四據天官書 則古音當在四部　霽 同上二字 終難分別　需 十五當 有聲字

鮞 十七鮑訛 鮞之俗字　鰥 廿六矜訛 憐之借字　鯫 卅四誤 以鮿為鯫　鰕 卅七注 不當改　漁 卌注 穿鑿　龍 卌一龍訛 篭之借字　龕 同上注 穿鑿　龖 同上古音 當在八部

[illegible] 卅二聲字 不可刪

十二篇

乚 一注不當改 耋 三注穿鑿 摟 四 摟遲摟〻〻摟皆不可改為西字 鹽 五注不當改 扇 六注不當改 戹 七注同聲非衍字 闟 八闈非閫字 開 十 古音在十五部

不在十二部 閑 十三 古音在廿二部 耳 十五 凡從言爲尔者不必皆作於此解 耽 十六 雅俗耽耳乃耽耳之譌 耿 同上注穿鑿 搯 廿誤以搯為搯 摯 艾當有聲字 挾 廿八

不當改為挾 捫 卅 撫持非把持也 挋 卅注穿鑿 掔 五十 讀若二字非衍文 抌 同上注抌字非譌 掖 五十五 改赴為仆非

妃 五 聲字不當刪 媿 六 當有聲字 奴 十 當從又女聲 媊 十 前聲不在十二部 閟 十注誤 在前十頁內 闓 十三 說解金縢 在前十二頁內 姡 十六 誤解醜姡二字 孎 六 注內孎字不必改為倨

如 同上當从口女聲 嬪 十九注穿鑿 ⿱埶女 同上不當改埶為埶 晏 同上注穿鑿 嬰 廿注不當改 媢 廿二注不妥 婎 廿五注不妥 嫫 艾 說文嫫讀若嫫母之嫫

則師古音不誤 娗 廿九注穿鑿 妥 廿九 誤解妥而從綏省 厂 卅二 厂明也即廣雅之伐 戟 卅六 聲字不宜刪 戲 卅八 記屋非聲大有之孫之素 羛 四十三 改羛之余說 乍 四十五 注妄改且穿鑿

匿 四十七 毛目睡烏与息挻為韵則匿字當在職部 匡 四十九 說頃匡穿鑿 匱 五十注穿鑿 弭 五十七注穿鑿 引 五十八 聲字當有 ⿰弓丸 六十不當改 ⿰弓酉 六十一注穿鑿

十三篇

繭 一 注未可改 繼 五 不當改為𢇍 縮 七 注穿鑿 又誤解蹴也二字 繯 八 解齊語未妥 縪 九 解止也二字穿鑿 綷 十 甘泉賦 [illegible] 纔 十七 儳 微似非一字 絬 廿 說舌聲之義穿鑿 緐 卅 聲字不宜刪 彝 廿 聲字不當刪 螾 四十一 蠡 潤之音不誤 蠆 四十五 注穿鑿 蠪 四十六 蠪打 二字不連讀 蠓 五十一 注穿鑿 蟄 五十七 注穿鑿

蠶 一 改此為任虬 𧒀 二 𧒀蛸 虬准之聲 [illegible] 四 串虬 象形 蟲 六 注皆非 鼂 十 注穿鑿 墜 十六 不當改彖為彖 垚 廿 遂字不宜改 亯 廿九 當作𩫏

堲 卅 次卽 古音屬同部 埤 同上 注穿鑿 圣 同上 古音當在一部 圮 卌 古音在十五部 勃 五十 引俗語不切 勡 五十五 剽字注一曰剽劫人也 疑後人所加 劫 同上 當有聲字

劦 五十五 不當言力制切 坁 廿 左傳釋文音旨 又丁禮反 則當作坻矣

十四篇

鍤 九注穿鑿 銛 十不可改爲鍤 鏊 廿三注當作車 車華也崇有鍼 釿 卅一斤亦聲 所 同上丁丁所所 不宜分二義 斯 同上 聲不誤 斯斦 卅二未可 切不誤 新 同上

朿聲不誤 斜 卌裏古通 作斜乃俗譌 軓 四十說前 軓二字未安 軎 四十二杜注軹 軒二字不可互易 軌 五十三 注謬 輟 五十四當 有聲字 輊 同上當依繫 傳舊本作輊 軵 五十五 五十

當有聲字 注穿鑿

隉 五誤解 班固說 陘 七注 穿鑿 阺 八與前氐字 說自相矛盾 隨 十六當 有聲字 辥 廿三注 穿鑿 㝃 廿四當 有聲字 存 廿六聲字 不宜刪 育 廿八注 穿鑿

毓 廿六蓋 從每聲 醫 四十 亦聲 醉 廿九當 有聲字 醺 同上聲字 不可刪 配 卅六已 聲不誤

十五篇

敘曰一（此二字不當移置於前）四曰會意五（凡無聲者謂之會意，其意兼聲者即是形聲）苛人受錢苛之字止句也（苛之所以誤解爲止句者，乃隸書譌變注未明指）俗儒鄙夫（鄙字誤解）

附：稷香館叢書于省吾藏本（第一頁）

帝三 言字不當删　祫十一 當有聲字　橐十二 橐字不當改爲橐 橐又不當以𠧪爲橐　祡十三 當有衞上字　社十五 有聲字 當　禓十六 改禓爲禓非

祲同上 當爲成感　崇同上 有聲字 當　禰禮二字似不當删　璠廿 與璠二字不當倒轉 二前字勝二當爲一　瓊同上 不當改亦爲亦　琦廿二 从玉有琦四字以意爲之

珩共 當有聲字 止當爲步　琚卅 似不當改名爲石 查　瑰卅六 玫瑰非雙聲 圜好當有珠字　琿。字似不當增　班卅八 班字似不讀如份

堉卅 當聲字似　中同上 查从口 亦未確

牂三 似非奘之譌　蓏同上 當有聲字　萁四 字非後人所改　蘿同上 當作葉　道七 少道說文蓋以道首爲二物　芎八 非凡將篇　芄十 芄筑皆从巩 芄與蓄通

董十一 許竹丑六二音不誤 齊民要術亦音丑六反　苦十三 蕭字似非後人所加 亦不類列 萊遬前字亦不類蒨 蒨芙二字　荼十七 不當改艸　蔽十八 也字删非 删字譌

蒐廿 蘆疑本作慮 注當有聲字　蓮廿二 非凡將篇　蘜廿四 篆文誤　藕廿七 不當改藕爲藕　芋卅 當以茵曲連讀　芘卅二 查　芷卅三 當有聲字

段氏說文簽記

王念孫

一篇

帝　三　「言」字不當刪。

祫　十一　當有「聲」字。

㰁　十二　「㰁」字不當改爲「㰁」，又不當以「𠧢」爲「㰁」。

禜　十三（二）　「衛」上當有「營」字。

社　十五　當有「聲」字。

禓　十六　改「禓」爲「禓」，非。

禬　同上　「感」當爲「成」。

祟　同上　當有「聲」字。

「禰」、「禯」　二字似不當刪。

璠　廿　「與璠」二字不當倒轉，「二則字（孚）勝」，「二」當爲「一」。

瓊　同上　不當改「赤」爲「亦」。

珛　廿二　「從玉有玷（點）」四字，以意爲之。（編按：各本作「從玉有聲」，為形聲字。）

珩　廿六　當有「聲」字，「止」當爲「步」。

琚　卅二　似不當改「名」爲「石」，查。

瑰　卅六　玫瑰非雙聲，「圜好」上當有「珠」字。

⿰王畢　（廿七）　字似不當增。

班　卅八　「班」字似不讀如「份」。

埍　四十　似當（有）「聲」字。

中　同上　查，從「口」亦未確。

⿰爿卉　三　似非「奘」之譌。

蓏　同上　當有「聲」字。

萁　四　字非後人所改。

⿱艹雔　同上　「少」當作「葉」。

道　七　說文蓋以道、首爲二物。

芎　八　非〈凡將篇〉。

茿　十　茿、筑皆從巩聲，「茿」與「蓄」通。

堇　十一　許竹、丑六二音不誤，《齊民要術》亦音丑六反。

苦　十二　「蕭」字似非後人所加，「薊」、「芺」二字亦不類「列」。「茦」、「葴」、「萴」字亦不類「蓨」。

苓　十七　「也」字不當改「艸」。

蔽　十八　「蒯」非「蒯」（鄘）字譌。

蒐　廿　「藘」疑本作「慮」，注當有「聲」字。

蓏　廿二（三）　非〈凡將篇〉。

蘜　廿四　篆文誤。

蕅　廿七　不當改「蕅」爲「藕」。

芋　卅　當以「苗曲芋熒」連讀。

茈　卅二　查。

並（茁）　卅三　當有「聲」字。

蕤　卅四　《唐韻》似不誤。

蓨　卅五　此字非後人所增。

蓺　同上　「不生」當爲「才生」。

蔭　卅六　當有「聲」字。

蔽　同上　當作「蔽」，不當改爲「蓧」。

芼　卅七　段說皆非。

菸　卅九　「暵」非「菸」之借字。

茷　同上　「茷」、「旆」、「淠」不同字。

菑　四十一　陳說是。

蕬　四十七（一）　「厥艸惟蕬」不誤。

蓶　同上　此字非後人所加。

藖　四十二　似非兼從艸木。

芰　四十三　當有「聲」字。

茨　同上　注不當改。

「蕰」、「蒕」　四十四　二字蓋……

萆　四十五　當引《山海經》。

茵　四十八　非〈凡將篇〉。鍇本各字多不相屬，與〔鉉〕本不同，見「左文五十三」下段注。

藻　五十　注當云「藻或從喿」。　蒲薻荇蓱萍藩。

薅　五十三　注「拔」字不誤。

二篇

少　一　諧聲未明，查。

八　一　注江浙俗語誤。

家　二　從豕聲，非合韻。

犻 五 注不宜改。

牛 同上 解注未妥。

牡 同上 改注大謬。

犅 同上 此字非會意。

犖 六 誤引《廣注（雅）》、《新論》。

牢 八 不當補「也」字，當作「從牛」。

衛 九 誤解「□」、「衛」二字。（編按：□原缺，疑「踶」或「衛」字。）

 十八 注有誤。

噭 廿 非應聲。

右 廿一 又亦聲。

哇 廿三 注「諂」字疑作「謟」。

嗙 廿三 非〈凡將篇〉。

咿 廿四 疑從「尹」聲。

嘆 廿五 注「吞嘆」二字說具（見）《呂覽・序意篇》注。

吝 廿六 當有「聲」字。

否 同上 當有「聲」字。

吠 廿七 當作「呔」。

唬 廿八 當有「聲」字。

谷　同上　「陷」不當改爲「滔（淊）」。

容　廿九　注解辛（穿）鑿。

㓾　卅　注「視（祝）」字不當重。

喪　（卅）　注。（編按：此條缺字甚多，疑是謄者不識原稿字蹟，故闕其文。）

趍　卅四　「久」字改「反」，查。

赿　卅六　當作「趆」。

趧　卅八　注未妥。

赶　同上　注未妥。

歸　四十　注未妥。

赽　一　注未妥。

辵　二　古音不讀如「超」。

迋（廷）　三　「王者我迋（子無我廷）」，乃「迋」之借字。

送　七　當有「聲」字。

邎　同上　注誤。

逡　八　「復」當作「退」。

轚　（七）　舊本作轚。（編按：段注本在二上・七頁，當移前。）

达　同上　注不當有「聲」字。

迭　九　注不當有「字」字。（編按：指「一曰达」下，段注所謂「下脱『字』字」而言。）

遂　十　古文疑從「㣇」聲。

逐　同上　外（非）從豖省。

遏　十一　注内脱一「蝔」字。

迂　十二　注當作「辟」。

邍　同上　注妄改。

道　十三　當有「聲」字，注妄改。

御　十七　當有「聲」字。

衙　十八　注引《用（周）禮》誤，「言」非聲。

衛　十九　「韋」非聲。

齗　同上　注非。

徛（踦）　廿三　注非。

足　廿四　注未妥。

踽　廿五　注未妥。

跛　廿九　此字不當删。（編按：各本《説文》「踣」下「蹇」上有「跛」字。）

三篇

器　一　「公羊」二字後人所加。
喬　四　當有「聲」字。
謂　七　「王謂張（叔）父」，謂命也。
源　十　注未妥。
識　十二　注不誤。
諶　十三　注不誤。
譶　十四　所引未備。
誣　廿二　注當古（有）「言」字。
詯　廿二（三）　注謬。
訇　廿四　「匀」非「訇」字之變。
謼　廿六　當有「聲」字。
討　卅　疑有「聲」字。
畁　卅六　不當改爲「甶」聲。

熟　十四　注「聲」字非衍。
𡱒　十九　非從「肯」省聲。

㱿　廿五　注非。

敕　卅五　「聲」非衍字。

敹　同上　「聲」亦非衍字。

四篇

矊　二　似當作「矊」。

眣　四　《釋文》似不誤。

瞶　七　大、元似非合韻。

瞑　十　誤（？）認在真部。

　十四　注「醜」字不當改爲「䰰」。

魯　十五　注誤解《左傳》。

翑　廿　注爲「上句反鄉」，非。

羿　同上　非十五部。

翳　廿三　「纛」字蓋從「毒」聲。

魋　卅　不當入隹部。

鷙　卅五　注「讀若晉」不誤。

鳳　卅八　左傳〔正〕義「鸛鵜鴛思」四字，乃後人所改。（編按：見莊公廿二年。）

䳄　四十八（七）　「鵝」者「䳄」之借字，非誤字。
鴸　四十九　所引司馬相如說乃〈上林賦〉。
鶪　同上　注穿鑿。
鳶　五十　〈夏小正〉「鳴弋」非鳶。
鷳　五十一　「鳶飛戾天」之「鳶」不當改爲「鳶」。
鷙　五十二　執聲不誤。

畢　一　非從田，亦非田聲。
叀　三　注妄增。
胡　十二　從「肉」非從「月」。
臚　廿　「臚言」、「臚句」之「臚」，皆不讀爲「敷」。
膏、肪、腎　並廿三　注「肥」字皆不誤。
肊　同上　「教（聲）」字非後人所增。
臑　廿四　注當作「羊豕臂也」。
肥　廿七　注當作「從肉巴（卩）聲」。
腄　廿八　注不當改，〈長楊賦〉有。（編按：小徐本《說文》：「腄，跟胝也。」段注：「『跟』鉉作『瘢』，不可通。」王念孫所謂「長楊賦有」，指有瘢字。）

朐　卅三　《淮南》注已讀爲「蠢閏」。（編按：段注以為：「朐忍」譌為「朐肕」，而「《廣韻》則上音蠢，下音閏」，王念孫此說即就段注所引《廣韻》之音而言之。）

賦　卅七　注不聲。

散　卅八　注「雜」字當作「離」。

胆　四十　注穿鑿。

肙　同上　當有「聲」字。

刑　五十　「幵聲在十二部」，未確。

耕　五十三　當有「聲」字。

𦓨　同上　改「冊叉」爲「冊（卌）叉」，非。

隼　四十一　注穿鑿。（編按：此字在四上·四十一頁，當移前。）

五篇

等　五　當有「聲」字。

笄　六　古音當在十一部。

籧　七　注穿鑿。

篝　九　「宋楚謂竹篝牆居也」，衍「竹」字。

个　十二　此字不當補。

笙　十七　當有「聲」字。

管　十八　注當作「物開地而牙」。

第　廿一　此字未可遽補。

迒　廿二　《述聞》有辨。

巠　廿四　非從「巠」省聲。

覞　廿六　見亦聲。

奇　卅一　可亦聲。

彭　卅四　「聲」非衍字。

豋　卅八　案：〈投壺〉之「壺中實小豆焉」，是古亦謂尗爲豆。

豑　卅九　弟亦聲。

虍　四十一　並無譌字。

虔　四十二　「聲」字非衍。

虡　四十四（三）　「千石鐘，萬石虡」，本出〈齊策〉。

虢　四十五　「聲」字似非衍。

盬　五十一　「聲」字不可刪。

盇　五十二　古音不在十五部。

青　一　當古（有）「聲」字。

餔　十一　當有「日加」二字。

央　廿六　誤解「未央」二字。

甛　廿七　當從舌聲。

糇　卅三　注穿鑿。

韸　卅八　誤解「靬」字。

韏　四十二　改「辨」爲「辧」，非。

韓　同上　改「井垣」爲「井橋」，大謬。

六篇

梨　一　誤讀《爾雅》。

栩　十　注當有「實」字。（編按：指「其皁」中間當有「實」字。）

本　廿一　注不宜改，下「末」字同。

槖　廿二（三）　搖白也，乃「搖皃」之譌。

枖　同上　「聲」非衍文。

⿰木卣　廿六　誤解「忽高」二字。

槸　廿七　此非「其灌其栵」之栵。

檥　卅一　解「檥船」不確。

栝　五十三　改「栝」爲「栖」，非。「丙」又讀若□。

柷　五十四　注妄改。

栵　卅三　此字本在前諸木名內，後人移置於「栭」字之上，而段氏四爲之說，謬矣。《玉篇》「栵」字在「欂」、「栲」二字之間（第十四頁），不與「栭」字相連。（編按：原注之「第十四頁」，指張氏澤存堂本《玉篇·中》之頁碼。）

孛　三　注不必補。

索　同上　注強解。

甤　四　古音似在十五部。

束　八　「一說」非。

貟　十五　疑從「小」聲。

⿰山弓　廿八　「弓」聲不誤。

郝　廿九　注「鄠」字衍，段說非。

郖　卅一　注支離。

邙　卅二　注「亡」字不當改。（編按：《說文》「邙」下注「芒山上邑」，段注：「『芒』宋本或作『亡』，或作『土』。」）

七篇

晉 四 當有「聲」字。

暴 十 非從「赤」。

𣅀 十三 注不妥。

旐 十五 注「蛇」字誤。

旟 十六 句讀誤。

旞 十七 句讀誤。

旋 廿 注非。

曑 廿三 「㐱」聲不誤。

曟 同上 注多事。

盟 廿六 注「立」字不誤，「血」字不當改。（編按：「盟」段注改為「盟」云「各本下從血，今正。」又「盟」下注「盟殺牲歃血，朱盤玉敦以立牛耳」，段注「立當為莅」。）

康 卅一 篆文及注皆不宜改，查。

秀 卅八 非從人。（編按：《說文》：「秀，上諱。」段注：「許既不言，當補之曰：『不榮而實曰秀，從禾人』。」）

馨 五十八 誤讀〈椒卿（聊）〉詩傳。

米 同上 注「實」字不誤。

粱 同上 不當增「禾」字。

粊 六十 當從「非」聲。

㐭　六十六　此非「㐭」字。

圅　卅　注謬，後六十七頁補注亦謬。（編按：此條當移前。）

𥿋　二　此非三部字。

尗　同上　「壺中實小豆焉」。

枝　三　辯同上。

院　七　注有二誤。

容　十　爲大徐所惑。

寒　十三　「凍」字不可改爲「冷」。

竅　十四　不當改「竅」爲「竄」。

突　十八　注當有「聲」字。

穿　十九　古音在十三部。

窦　同上　當有「聲」字。

竇　廿一　穿踰非踰牆。

窔　廿三　「突」即「窔」之訛。

疾　廿六　「聲」非衍字。

瘉　卅五　誤解《爾雅》、《毛傳》，又誤解《說文》。

冣　卅六　「最」字恐不可皆讀爲「冣」。

冢　卅七　冃亦聲。
冒　卅九　小徐有「聲」字。
最　同上　當有「聲」字。
羉　四十三　古在歌部。
帤　四十五　「幣」字不誤。小徐作「一曰幣布，是」五字。
幦　五十四　「犬」乃「猒」之誤，非許誤筆。
𪏰　上五十七　本從「甘」聲。（編按：在上篇·五十七頁，當移前。）
㾓　卅二　誤解「涕」。（編按：下篇·卅二頁，當移前。）

八篇

佩　三　當有「聲」字。
伊　五　當有「聲」字。
侍　十三　當有「聲」字。
位　十四　當有「聲」字。
俔　廿二　誤解詩詞。
便　廿六　當有「聲」字。
佻　廿九　解「愉愉」之義牽強。

釓　卅九　古音在之部，不在脂部。

㒵　四十五　誤解《爾雅》。

褎　五十五　「聲」非衍字。

襛　五十六　《周禮·夏采》注作「襀」不作「積」。

移　五十九　所引《春秋傳·九》，《公羊》非《左氏》。

㑣　同上　「几」非聲。

𡡉　六十二　《爾雅》「辨」字乃「辟」字之譌。

眉　七十一　當有「聲」字。

便　廿二　古音當在真部。（編按：此條當移前。）

几（儿）　七　注「仁人也」當作「仁也」，不當刪去。

允　八　當有「聲」字。

亮　同上　不當增。

禿　十二　注穿鑿。

覞　十八　注以「覞」爲「䚇」，非。

𧢲　同上　注牽強。

欽　十九　注牽強。

「歀」、「款」　廿　二字皆諧聲。

歍　廿一　說「喑」、「噁」二字非。

歔　廿五　目（且）唾者，將唾也。

次　同上　當有「聲」字。七音在十五部，非在十二部，凡從次聲者並同。

羡　廿六　次亦聲。

歎　廿二　演《說文》語，不宜增入。（編按：此條當移前。）

九篇

頁　一　「頁」非「稽」字。

頊　二　「徒谷」乃「徒各」之譌。

順　七　當從小徐補「聲」字。

頡　八　搖頭動其頊耳，非如今人所謂搖頭也。

顲　十四　姚說不可從。

靦　十五　注本作「人面皃」。

首　十六　「𦣻同」二字不宜刪。

㐱　廿　當有「聲」字。

髮　廿一　注當作「拔也」。

髶　卅　當有「聲」字。

苟　卅九　「我是用急」，「急」字非俗改。

誳　四十四　盾者，聲也。

巍　同上　此字古音在十五部。

岨　五　「岨」非「沮洳」之義。

崇　六　注不當改。

嵍　八　此字非後人所加。

廟　十八　「聲」非衍字。

晢　卅　不當改爲「晢」。

砭　卅二　引《山海經》注改「砥針」爲「砭針」，非是。

轂　卅六　「堯子」非「先轂」字。

豬　卅六　「豬」非「豭」之或字。

豕　卅七　「招之」，外豕之也。

十篇

騭　一　「讀若郅」三字不宜刪。

馬　同上　注不妥。

騣　四　誤解「惟」字。
駓　同上　「馬」字不當删。
篤　十一　「頓遲」猶「遲鈍」耳。
馺　十二　「讀若」非衍文。
馮　同上　注穿鑿。
騺　十五　似不當改爲「鷙」。
駘　十六　注穿鑿。
駬　十七　注穿鑿。
駉　同上　「聲」字不當删。
駮　十八　解「六駮」不如錢説。
灋　廿　去，聲也。
麀　同上　合「麀牡」爲一字，非。
麐　廿一　吝聲不在十三部，「麐」字不當删。
鼉　廿四　《廣雅》音「匹迹」當是「四迹」之訛。
狧　廿九　「聲」非衍字。
猌　卅一　「聲」非衍字。
戾　同上　注穿鑿。
狄　卅三　改「亦」爲「朿」，非。

猶　卅四　注穿鑿。

烈　四十一　注穿鑿。

㶿　四十二　注穿鑿。

灭　四十三　不當改爲「羙」，「燅」或作「錟」。

爂　四十六　「聲」字不宜删。

燓　四十八　不當改爲「焚」。

烕　五十二　當有「聲」字。

𤈦　五十四　不當作爲「𤇆」。

燅　同上　蓋從坴聲。

粦　五十五　疑從舛聲。

黑　同上　不當增注。

恖　一　注穿鑿。

窗　同上　不當删。

熒　同上　解「泆」爲「熒」穿鑿。

夾　五　改注中「俠」字爲「夾（夾）」，非。

亦　七　注穿鑿。

夭　八　説「申申」、「夭夭」之義殊謬。

騎　九　誤解《左傳》。（編按：此字在十上·九頁，當移前。）

懿　十二　注穿鑿。

頔　十五　頁與□（䭲？）不同字。（編按：空格之字，本所藏本與于省吾藏本具闕，蓋原稿潦草，謄者不識，故闕其文。）

皋　十六　不當牽扯「湲（緩）」義。

規　十九　當有「聲」字。

竦　廿　當有「聲」字。

竢　廿一　當有「聲」字。

思　廿三　「容」字不當改，「聲」字亦不當删。

息　廿四　當有「聲」字。

意　同上　當有「聲」字。

恬　廿七　不當改爲「恓」。

恢　同上　古音在一部，不在十五部。

忓　卅五　恐是「困極」之義。

悂　卅六　當有「聲」字。元、談二部亦有相通之字，故「悂」或作「憸」。

恁　卅七　注不可改。

悒　同上　注穿鑿。

忞　卅八　注穿鑿。

愚　卅九　當有「聲」字。

態　同上　當有「聲」字。

恣　四十　古音在十五部。

愆　四十一　注穿鑿。

惑　四十二　注穿鑿。

悳　四十八　當有「聲」字。

患　四十八　下文作「悶」，則「患」非「貫」之訛。

忝　五十　《字林》「他會（念）切」不誤。

縈　五十一　「佩玉縈兮」未必入韻，當有「聲」字。（編按：「佩玉縈兮」見《左傳》哀公十三年。）

十一篇

漆　十六　誤解漆水。

洛　十八　〈地理志〉注「入河」本作「入渭」。

漳　廿三　〈地理志〉「大河」，「大」非衍字。

洋　四十六　當作「洋」，從「芊」。

衍　一　當有「聲」字。
澔（滈）　三　此字非後人所造。
湝　同上　差（蓋）許誤記，如「東方明矣」之類。（編按：引文見《詩・齊風・雞鳴》。）
沖　四　「偆革沖沖」非「涌搖」之義。（編按：引文見《詩・小雅・蓼蕭》。）
泬　五　誤解《爾雅》。
濿　十一　「至」字不可改。
氿　十四　《爾雅》「厬泉」字作「氿」，借字耳。
滎　十六　解「熒澤」（滎濘）穿鑿。
瀆　十八　「曰」字不宜補。
汙　廿二　當有「聲」字。
濿　同上　當有「聲」字，又不當改爲「濿」。
汔　廿五　注穿鑿。
濂　廿七　注不宜改。
溓　同上　注當作「絕小水」，「溓」字不宜補。
潐　廿八　注穿鑿。
漮　同上　誤解「水之空」三字。
汱（汏）　卅一　誤解《爾雅》、《楚辭》。
淪　卅三　注穿鑿。

滑　卅四　《毛傳》之「藪」，即《方言》之「籔」，注非。
溢　卅五　注穿鑿。
滏　卅八　讀若隴，不誤。
汛　卅九　注穿鑿。
染　同上　差（蓋）從九木，注穿鑿。
泰　同上　說「太」字穿鑿。
瀐　四十一　當有「聲」字。
漏　四十二　不當依《韻會》。

𩉗　一　「𩉗」字仍在真韻。
衁　六　當有「聲」字。
覞　同上　亦當有「聲」字。
冶　八　當有「聲」字。
䨮　十三　當有「聲」字。
霚　十四　據〈天官書〉，則古音當在四部。
霿　同上　二字終難分別。
需　十五　當有「聲」字。
鮞　十七　「鱦」非「鮞」之俗字。

鯀　十八　「矜（矝）」非「憐」之借字。
魬　廿四　誤以「魱」爲「魬」。
鰕　廿七　注不當改。
瀺　卅　注穿鑿。
龍　卅一　「龍」非「邕」之借字。
龘　同上　注穿鑿。
龖　同上　古音當在七部。
非　卅二　「聲」字不可刪。

十二篇

乙　一　注不當改。
臸　三　注穿鑿。
棲　四　「棲遲」、「棲棲」之「棲」，皆不可改爲「西」字。
鹽　五　注不當改。
扇　六　注不當改。
戹　同上　「聲」非衍字。
闠　八　「闠」非「闤」字。

開　十　古音在十五部，不在十二部。
閉　十三　古音在十二部。
耳　十五　凡從（泛？）言「焉爾」者，不必皆作「於此」解。
耽　十六　《淮南》「耽耳」乃「耴耳」之譌。
耿　同上　注穿鑿。
掐　廿四　誤以「掐」爲「掐」。
摯　廿七　當有「聲」字。
挾　廿八　不當改爲「挾」。
捫　廿八　「撫持」猶「把持」也。
拒　卅四　注穿鑿。
擥　五十一　「讀若」二字非衍文。
扰　同上　注「扰」字非譌。
掖　五十五　改「赴」爲「仆」，非。

妃　五　「聲」字不當删。
娍　六　當有「聲」字。
奴　十　當從又女聲。
媊　十　「前」聲不在十二部。

閟　十　注誤。在前十頁內。（編按：當移前。）

闟　十三　說解〈金滕〉。在前十三頁內。（編按：當移前。「說解」疑當是「誤解」）」。）

姡　十六　誤解「靦」、「姡」二字。

孎　十八　注內「孎」字不改爲「倨」。

如　同上　當從口女聲。

嬪　十九　注穿鑿。

嫯　同上　不當改「嫯」爲「嫯」。

旻　同上　注穿鑿。

嬰　廿　注不當改。

娟　廿二　注不妥。

姅　廿五　注不妥。

嫫　廿七　《說文》「模，讀若嫫母之嫫」，則師古音不誤。

娗　廿九　注穿鑿。

妥　廿九　誤解「妥而後傳言」。

厂　卅二　「厂，明也」，即《廣雅》之「怈」。

戟　卅六　「聲」字不宜刪。

戲　卅八　記「虘」非聲，大有二徐之意。

羛　四十三　即「義」之余（異？）體。

乍　四十五　注妄改且穿鑿。

匿　四十七　「毛目（無自）暱焉」與「息」、「極」爲韻，則「匿」字當在職部。

匡　四十九　說「頃匡」穿鑿。

匱　五十　注穿鑿。

弭　五十七　注穿鑿。

引　五十八　當有「聲」字。

𢎗　六十　不當改。（編按：段注本作「弙」，注云「各本篆形作𢎗，今正。」）

𢐀　六十一　注穿鑿。

十三篇

繭　一　注未可改。

繼　五　不當改爲「㡭」。

縮　七　注穿鑿，又誤解「蹴也」二字。

繯　八　解〈齊語〉未妥。

繟　九　解「上也」二字穿鑿。

綷　十　誤解〈甘泉賦〉。

纔　十七　「纔」、「緅」似非一字。

絬　廿七　說舌聲之義穿鑿。
緐　卅　「聲」字不宜刪。
彝　卅七（九）　「聲」字不當刪。
螾　四十一　「蠢潤」之音不誤。
⿱艹蟲　四十五　注穿鑿。
蠪　四十六　「蠪朾（丁）」二字不連讀。
蠓　五十一　注穿鑿。
蟄　五十七　注穿鑿。

蠶　一　改「吐」爲「任」，非。
蝨　二　「蝨」、「蛸」非雙聲。
　四　「」非象形。
蠱　六（五）　注皆非。
鼀　十　注穿鑿。
墜　十六　不當改「㒸」爲「彖」。
坴　廿　「逐」字不宜改。
𩫏　廿九　當作「⿰𩫏庸」。
堲　卅一　「次」、「即」古音不同部。

埤　同上　注穿鑿。
圣　同上　古音當在一部。
圮　卅四　古音在十五部。
勃　五十四　引俗語不切。
勦　五十五（四）　「剽」字注「一口（曰）剽劫人也」，疑後人所知。
劫　同上　當有「聲」字。
劦　五十五　不當言「力制切」。
坻　廿七　《左傳釋文》音旨，又丁禮反，則當作坻矣。（編按：此條當移前。）

十四篇

鍤　九　注穿鑿。
銛　十　不可改爲「銛」。
鋻　廿三　注當作「羊車箠也，耑有鍼。」
釿　卅一　斤亦聲。
所　同上　「丁丁」、「所所」不宜分二義。
斯　同上　「斯」聲不誤。
斪　卅二　「來可切」不誤。

新　同上　「亲」聲不誤。

斜　卅四　「衺」古通作「斜」，非俗譌。

帆　四十　說「前帆」二字未妥。

軎　四十七　杜注「軹」、「軒」二字不可互易。

軌　五十三　注謬。

軗　五十四　當有「聲」字。

輂　同上　當依〈繫傳〉舊本作「輂」。

軵　五十五　當有「聲」字，注穿鑿。

隉　五　誤解班固說。

陘　七　注穿鑿。

阺　八　與前「氏」字從（說）自相矛盾。（編按：「氏」在十二下·卅三頁。）

䧂　十六　當有「聲」字。

辥　廿三　注穿鑿。

䘏　廿四　當有「聲」字。

存　廿六　聲字不宜删。

育　廿八　注穿鑿。

𥡳　廿八　蓋從「每」聲。

醫　四十　殹亦聲。（編按：此條當移後。）

醉　卅九　當有「聲」字。

醺　同上　「聲」字不可删。

配　卅六　「己聲」不誤。（編按：此條當移前。）

十五篇

敘曰　一　此二字不應移置於前。

四曰會意　五　凡無聲者謂之會意，其意兼聲者即是形聲。

苛人受錢，苛之字，止句也　苛之所以誤解爲「止句」者，乃隸書譌變，注未明晳。

俗儒鄙夫　「鄙」字誤解。

經傳攷證序

王念孫

題伀二根

經傳攷證序

余曩与劉端臨台拱善，端臨數以所爲經說示余，余歎其好古而能求是，深得作者之意而不爲傳注所域，其學識有過人者。朱武曹彬，端臨之內兄弟也，其識与端臨相伯仲。昔在京師，与余講論經義，多相符合。今年寓書於余，以所作經傳攷證八卷見示，余讀而善之。其中若書之朋淫于家，一無起穢以自臭，予仁若考，以修我西土，過佚前人光，在家不知天命不易，及釋大一篇；詩之維葉莫莫，秩秩斯干，如竹苞矣，如松茂矣，矧敢多又，厥猶翼翼，居然生子，辭之懌矣，民之莫矣；禮記之疑女於夫子，非意之也；左傳之憂必

高郵王念孫撰

儺焉、不藎、不義、寶龜、僂句、五叔無官、論語之食饐而餲二句、微子去之三句、孟子之堯之於舜也一節、以及光字、方字、帀字、焉亦丕誕、洪、諸字、皆揆之文義而安、求之古訓而合、采漢唐宋諸儒之所長、而化其鑿空之病、与拘牽之習、蓋非異前人之說而不之用、乃師前人之說而善用之者也、至其援據之確、搜討之精、非用力之深且久者、不能有是、是可謂傳注之功臣矣、讀武曹書訖、因舉其犖犖大者、以告於綴學之士云、道光二年六月既望高郵王念孫時年七十有九

經傳攷證序

王念孫

余曩與劉端臨台拱善，端臨數以所爲經說示余，余歎其好古而能求是，深得作者之意，而不爲傳注所域，其學識有過人者。朱武曹彬，端臨之內兄弟也，其識與端臨相伯仲，昔在京師，與余講論經義，多相符合。今年寓書於余，以所作《經傳攷證》八卷見示，余讀而善之。其中若《書》之「朋淫于家」、「一無起穢以自臭」、「予仁若考」、「以修我西土」、「遏佚前人光，在家不知，天命不易」，及〈釋大〉一篇，《詩》之「維葉莫莫」、「秩秩斯干」、「如竹苞矣，如松茂矣」、「矧敢多又」、「厥猶翼翼」、「居然生子」、「辭之懌矣，民之莫矣」，《禮記》之「疑女於夫子」、「非意之也」，《左傳》之「憂必讎焉」、「不蓋不義」、「寶龜僂句」、「五叔無官」，《論語》之「食饐而餲」二句、「微子去之」三句，《孟子》之「堯之於舜也」一節，以及光字、方字、弔字，焉、亦、丕、誕、洪諸字，皆揆之文義而安，求之古訓而合。采漢、唐、宋諸儒之所長，而化其鑿空之病，與拘牽之習，蓋非置前人之說而不之用，乃師前人之說而善用之者也。至其援據之確，搜討之精，非用力之深且久者，不能有是，是可謂傳注之功臣矣。讀武曹書訖，因舉其犖犖大者，以告於綴學之士云。道光二年六月既望，高郵王念孫，時年七十有九。

祠宇祭田記

王念孫

祠宇祭田記

吾家以忠厚相傳數世矣溯自 王父以上代有
隱德貽我後人至 先大夫克顯科名歷官中外
又復忠勤廉潔力為名臣其載在 國史者莫
詳且備吾自冠嵗以來時以毋忝負荷為懼今
幸蒙業而安莫不由于
先澤因思 高曾之譜子雖蕃蘊能植根本 如欲盡我
孝思務以先嵗脩祀事其在自今纘嗣始所有護城橋田
種八十石悉以供家祠嵗祭以及修葺之需其勤
農河 王父母墳田種九十石石婆衝 考妣墳
田種一十石俱各嵗供掃墓之費毋或不給毋敢

不敬凡我 後之人亦不得分業轉售致負
先德庶乎 秋霜春露不忘水源木本且使食
舊德者 紹其忠厚之遺風而得以免于隕越
焉

乾隆甲申秊　　謹記

祠宇祭田記

王念孫

吾家以忠厚相傳數世矣，溯自　王父而上，代有隱德，貽我後人。至　先大人克顯科名，歷官中外，又復忠勤廉潔，力爲名臣，其載在　國史者，蓋詳且備。吾自冠昏以來，時以弗克負荷爲懼。今幸蒙業而安，莫不由于　先澤。因思高曾之望子，惟葛藟能庇本根，如欲盡我孝思，務先歲脩祀事。其自今翳始，所有護城橋田種八十石，悉以供家祠歲祭，以及修葺之需。其勤農河　王父母墳田種九十石，石婆衝考妣墳田種一十石，俱各歲供掃墓之費，毋或不給，毋敢不敬。凡我後之人，亦不得分業轉售，致負　先德，庶乎春露秋霜，不忘水源木本，且使食舊德者，紹其忠厚之遺風，而得以免于隕越焉。

乾隆甲申年　　謹記

文選

王念孫

文選

新唐書李邕傳稱李善始注文選，釋事而忘義，因令邕補益之，邕乃附事見義，[illegible]補益。今本文
選注事義兼釋，似為邕所改定。然舊唐書善傳稱善注文選在顯慶中，與今本所載進表
題顯慶三年者合，而舊唐書邕傳稱天寶五載坐柳勣事杖殺，年七十餘。上
距顯慶三年凡八九年，是時邕[illegible]。李匡乂資暇
錄稱李氏文選有初注成者，有覆注者，有三注四注者，當時旋被傳寫，其絕筆之本，皆釋音訓義，注解
甚多。是[illegible]不同，[illegible]。至文選人時代於[illegible]，其言當必
有徵。知新唐書喜采小說，未詳考也。自南宋以來，皆與五臣注合刊，名曰六臣
行文選，而善注單行之本[illegible]。今[illegible]兼存[illegible]注中有翰
曰、銑曰、濟曰、向曰、翰一條，猶因六臣之本，削去五臣，獨留善注，故刊除不盡[illegible]
也。單行本[illegible]，上林賦用郭璞注，以羽獵賦用薛綜注，思玄
賦用舊注，魯靈光殿賦用張載注，皆題曰某名，而補注則稱善曰以別之。於薛綜
係下，其例甚明，乃於揚雄羽獵賦[illegible]顏[illegible]則云[illegible]不知於所用
[illegible]

侍御所撰題辭，嘗小從事以臣本中摘出，以書相寄於都下，又云
老事附刻來刻君刻行一篇，附刻新刻本，新刻此一篇五臣本有，今刻本無，所刻新刻
刻兩刻刻訂，至呂延濟、劉良、張銑、呂向、李周翰所注文選，謂之五臣注，所述叢刻
諸善之註，而述五臣之長，頗欲掩其前人，實自作署。然李善又注取錄，備摘
其當據善注，竊以為疑，續下漢物書之甚詳。又此處所引叢語，與楊雄
本刻不知何來，大抵為之先。及驗舊注之說，則叢書誤負錄，王粲世刻以
然為詳，以其首之舊說為其首之說，今觀所注，迺陋劣信之，此書不止此
而以其味隱先陳，說先儒，誤亦甚矣。其書亦與善注別刻，據唐志、崇文總
時論者識此書，以為注目，誤以五臣注本，置於崇文之目，至陳振孫書錄解題時
有六臣文選之目，並南宋以來，俱與善注合刻，取便參覽，並加訂至今耳。

文選

王念孫

《新唐書・李邕傳》稱李善始注《文選》，釋事而忘義，因令邕補益之，邕乃附事見義，今本《文選》注事義兼釋，似爲邕所改定。然邕傳稱善注《文選》在顯慶中，與今本所載進表題顯慶三年者合。而《舊唐書・邕傳》稱天寶五載，坐柳勣事杖殺，年七十餘，上距顯慶三年，凡八十九年，是時邕尚未生，安得有助善注書之事。考李匡乂《資暇録》曰：「李氏《文選》有初注成者，有覆注者，有三注、四注者，其絕筆之本，皆釋音訓義，注解甚多。」是善書定本，原係事義並釋，不同於邕。匡乂唐人，時代相近，其言當必有徵，知《新唐書》喜采小說，未能詳考也。其書自南宋以來，皆與五臣注合刊，名曰《六臣注文選》，而善注單行之本遂微。今世所傳善注本，陸雲〈贈張士然詩〉注中，有「翰曰」、「銑曰」、「濟曰」、「向曰」各一條，殆因六臣之本，削去五臣，獨留善注，故刊除不盡，未必真見單行本也。他如《楚詞》用王逸注，〈子虛〉、〈上林賦〉用郭璞注，〈兩京賦〉用薛綜注，〈思元賦〉用舊注，〈魯靈光殿賦〉用張載注，皆題本名，而補注則稱「善曰」以別之，於薛綜條下發例甚明。乃於揚雄〈羽獵賦〉用顏師古注之類，則竟漏本名；於班固〈幽通賦〉用曹大家注之類，則散標句下。〔又《文選》之例〕，於作者皆書其〔字，而杜〕預《春秋傳・序》則獨題名，豈非從六臣本中摘出〔善註〕，以意排纂，故體例〔互殊歟〕？又二十七卷末附載樂府〈君子行〉一篇，注曰「李善本無此一篇，五臣本有，今附於後」，其非善原書，尤爲明證。至呂延濟、劉良、張銑、呂向、李周翰所注《文選》，謂之五臣注，所進表文詆善之短而述五臣之長，頗欲排突前人，高自位置。李匡乂作《資暇錄》，備摘其竊據善注，巧爲顛倒，條分縷析，言之甚詳。又姚寬《西溪叢語》詆其注揚雄〈解嘲〉，不知伯夷、太公爲二老，反駁善注之誤。王楙《野客叢書》詆其誤敘王暕世系，以覽後爲祥後，以曇首之曾孫爲曇首之子。今觀所注，迂陋鄙倍之處，當不止此，而以空疏臆見，輕詆先儒，謬亦甚矣。其書本與善注別行，故〈唐志〉各著錄；《東觀餘論》尚譏《崇文總目》誤以五臣注本置於李善之前，至陳振孫《書錄解題》始有「六臣文選」之目。蓋南宋以來，偶與善注合刻，取便參證，遂相沿至今耳。

手書勾股各條

王念孫

唐明筭科 此不必用

唐以明筭科取士、限以年、九章、海島共三歲、周髀、[seal]筭共一歲、孫子、五曹共一歲、張邱建、夏侯陽各一歲、綴術四歲、緝古三歲、記遺、三等數皆兼習之、五季仳離、貢科既廢、迨宋而祖沖之綴術、董泉三等數皆亡、

祖沖之密率

隋書云、祖沖之注九章、造綴術數十篇、南史云其子暅之更修其父所改、隋志云、宋末南徐州從事史祖沖之、更開密（圓率）法、圓徑一億為一丈、圓周盈數三丈一尺四寸一分五釐九毫二秒七忽、朒數三丈一尺四寸一分五釐九毫二秒六忽、正數在盈朒二限之間、密率圓徑七（一百十三）圓周三十二又設開差冪三百五十五、約率圓徑七、圓周二十二、又設開差冪、開差立、兼以正圓參之、指要精

密算氏之最要者也唐王孝通謂其方邑進行之術全錯不通芻甍方亭之問於理未盡由是言之則綴術不推衍重差之意耶

句股

周髀商高曰數之法出於圓方圓出於方方出於矩矩出於九九八十一故折矩以為句廣三股脩四徑隅五徑隅即弦也趙君卿注云圓徑一而周三方徑一而周四（帀）伸圓之周而為句展方之匝而為股共結一角邪適弦五此圓方邪徑相通之率也其術句股各自乘三三如九四四一十六并為弦自乘之（開方除之即得五為弦）實二十五減句於弦為股之實一十六減股於弦為句之實九（此其大略也）（此下不必用 蓋僅問句股則無用）句股各自乘并之為弦實開方除之即弦甄鸞述之云假令句三自乘得九股四自乘得十六并之得二十五開方除之得五為弦也趙注又云以差實減弦實半其餘以

差爲從法開方除之、復得句矣甄鸞曰、以差實九減弦實二十五餘十六半之得八、以差一加之、得九、開之得句三也注又云、加差於句即股甄鸞曰、加差一於句三、得股四也同又云、凡并句股之實、即成弦實、甄鸞曰、句實九股實十六、并之得二十五也、其他錯綜變化、皆從此出、

新法算書割圜云測量家立表代股平表代句而測天之用爲尤大舊法雖有三元五和五較等用不過設二求三拘於直角一形新法變而通之則將平面球面曲線斜線鈍角銳角之形又生多類之三弧三角互設三以求餘二一一是證以圖割圜

蓋弓句股

考工記輪人為蓋，參分弓長，以其一為之尊。鄭注云：六尺之弓，上近部平二尺，爪末下於部二尺，二尺為句，四尺為弦，求其股，股十二，除之，面三尺幾半也。案此句弦求股術也。先以弦四自乘得十六，為弦實；次以句二乘得四，為句實；次以句實減弦實，餘十二，為股實，以開平方法之，初商得三尺，次商得四，商得六分有奇，是為股長三四寸六分有奇（不足三尺五寸），故鄭云幾半也。

磬折句股

韗人記皋鼓之度云、長尋有四尺、鼓四尺、倨句磬折、夫所謂磬折者、謂倨句一矩有半也、半矩謂之宣、倍之則為一矩、三之則為一矩有半、又謂之磬折、故磬氏又云、磬氏為磬、倨句一矩有半也、皋鼓長十二尺、鼓廣四尺、其中圍空者倨句磬折、以七矩有半之以磬折股中分之、為兩句股、以長十二尺半之、得股長六尺、以一矩有半求之、得句廣二尺四寸半、即是鼓中空處之度、倍其空為四尺九寸、加鼓廣之四尺、為中圍徑八尺九寸、與皋鼓之中圍徑五尺三寸有奇者不同、而鄭氏乃云中圍與皋鼓同、則與一矩有半之文不合矣、

股自乘得三十六尺、句自乘得六尺又四十分寸之八、併之得弦實四十二尺又四十分寸之一、以開平方法除之、得弦長六尺四寸一分有奇、

亥有二首六身

襄三十年左傳史趙曰亥有二首六身下二如身是其日數也士文伯曰然則二[illegible]

六千六百有六旬也杜預解亥有二首六身亥字二畫在上併三人為[illegible]

如算之六（又解下二如身下亥上二畫豎置身旁）古人用算以紀數自五以下皆縱列自六以上則横一

一算以當五而縱列其餘（十百千萬）皆自左而右累如珠算之[illegible]横一以

二之各一豎横一二下則為六[illegible]古亥字下亦二畫為[illegible]書為六[illegible]

手書句股各條

王念孫

唐明筭科此不必用

唐以明筭科取士，限以年。《九章》、《海島》共三歲，《周髀》、《五經筭》共一歲，《孫子》、《五曹》共一歲，《張邱建》、《夏侯陽》各一歲，《綴術》四歲，《緝古》三歲，《記遺》、《三等數》皆兼習之。五季瓜離，其科既廢；迨宋而祖沖之《綴術》、董泉《三等數》皆亡。

祖沖之密率

《齊書》云：祖沖之注《九章》，造《綴術》數十篇。《南史》云：其子暅之更修其父所改。〈隋志〉云：宋末南徐州從事史祖沖之，更開圓率密法，圓徑一億爲一丈，圜周盈數三丈一尺四寸一分五釐九豪二秒七忽。朒數三丈一尺四寸一分五釐九豪二秒六忽，正數在盈朒二限之間。密率，圓徑一百一十三，【七】圓周【三十二又設開差冪】三百五十五。約率，圓徑七，【圓】周二十二。又設開差冪，開差立，兼以正圓參之，指要精密，筭氏之最者也。唐王孝通謂其方邑進行之術，全錯不通；芻甍方亭之問，於理未盡。由是言之，則綴術亦推衍重差之意耳。

勾股

《周髀》：商高曰：「數之法出於圓方，圓出於方，方出於矩，矩出於九九八十一，故折矩以爲勾廣三，股脩四，徑隅五。」徑隅者，弦也。趙君卿注云：「圓徑一而周三，方徑一而匝【周】四，伸圓之周而爲勾，展方之匝而爲股，共結一角，邪適弦五，此圓方邪徑相通之率也。」「其術勾股各自乘，三三如九，四四一十六，并爲弦自乘之實二十五。開方除之，即得五爲弦，減句於弦，爲股之實一十六，減股於弦，爲勾之實九。」此其大略也。以下不必用，若專問勾股則可用也。「勾股各自乘，并之爲弦實，開方除之即弦。」甄鸞述之云：「假令勾三自乘得九，股四自乘得十六，并之得二十五，開方除之得五爲弦也。」趙注又云：「以差實減弦實，半其餘以差爲從法，開方除之，復得勾矣。」甄鸞曰：「以差實九減弦實二十五，餘十六，半之得八，以差一加之得九，開之得句三也。」注又云：「加差於勾即股。」甄鸞曰：「加差一於勾三，得股四也。」注又云：「凡并勾股之實，即成弦實。」甄鸞曰：「勾實九，股實十六，并之得二十五也。」其他錯綜變化，皆從此出。

新法算（曆）引云：測量家立表代股，平圭代句，而測天之為用尤大。舊法雖有三元五和五較等用，不過設二求三，拘于直角一形；新法變而通之，則有平面、球面，曲線、雜線，鋭角、鈍角之別，又生多類之三弧三角，互設三以求餘三，是説以圓齊圓。（編按：見徐光啟等編《新法算書》卷九十七。引文稍有删略。）

蓋弓勾股

〈考工記〉：「輪人爲蓋，參分弓長，以其一爲之尊」。鄭注云：「六尺之弓，上近部平者二尺，爪末下於部二尺，二尺爲句，四尺爲弦，求其股，股十二除之，面三尺幾半也。」案此句弦求股術也。先以弦四自乘，得十六爲弦實；次以句二自乘，得四爲句實；次以句實減弦實，餘十二爲股實，以開平方法除之，初商得三尺，次商得四〔寸，三〕商得六分有奇，是爲股長三尺四寸六分有奇，不足三尺五寸，故鄭云「面〔三尺幾〕半也」。

磬折句股

〈韗人〉記皋鼓之度云：「長尋有四尺，鼓四尺，倨句磬折。」夫所謂磬折者，謂倨句一矩有半也。半矩謂之宣，倍之則爲一矩，三之則爲一矩有半，又謂之磬折。故〈磬氏〉又云「磬氏爲磬，倨句一矩有半」也。皋鼓長十二尺，鼓廣四尺，其中圍穹者倨句磬折，以磬折中分之，爲兩句股。以長十二尺半之，得股長六尺；以一矩有半求之，得句廣二尺四寸半，即是鼓中穹者之度。倍其穹爲四尺九寸，加鼓廣之四尺，爲中圍徑八尺九寸，與䵌鼓之中圍徑五尺三寸有奇者不同，而鄭氏乃云中圍與䵌鼓同，則與一矩有半之文不合矣。

股自乘得三十六尺，句自乘得六尺又四十分寸之一，併之得弦實四十二尺又四十分寸之一，以開平方法除之，得弦長六尺四寸八分有奇。

亥有二首六身

襄三十年《左傳》：「史趙曰：亥有二首六身，下二如身，是其日數也。士文伯曰：然則二萬六（二）千六百有六旬也。」杜預解「亥有二首六身」云：「亥字二畫在上，併三人（六）爲身，如算之六。」又解「下二如身」云：「下亥上二畫豎置身旁。」蓋古人用籌以紀數，自五以下皆縱列，自六以上則橫置一籌以當五而縱列其餘。十百千萬皆自左而右，略如珠算之法，橫一以當〔五〕，又縱一於橫一之下，則爲六矣。古「亥」字本作「𠀅」，二畫爲首，六畫爲身，⧄則爲二萬⧄。

題金文

王念孫

銘中上一字、歐陽公以爲張而丙叔以爲雍、周姜敦銘下一字、歐陽公以爲周、而丙叔以爲百、古文難考、幾于郢書燕說、

題金文

王念孫

銘「中」上一字，歐陽公以爲「張」，而與叔以爲「弡」。周姜敦「泊」下一字，歐陽公以爲「冏」，而與叔以爲「百」。古文難考，幾于郢書燕說。

（編按：銘「中」上一字，指「弭中寶簠」銘文，字作「」，銘拓見《金文總集》二九八三號；摹刻見《考古圖》卷三・四十六頁。「周姜敦」《考古圖》題「伯百父敦」，見卷三・二十一頁，摹刻字形作「」。歐陽公指歐陽修，著有《集古錄》；與叔是宋代金石學家呂大臨的字，著《考古圖》。）

記刑法

王念孫

臣一案免為國庶人。按周禮疏云：文帝唯廢墨、劓、剕三者，其宮刑至隋開皇初始除。則文帝之於肉刑，亦未能盡除，故刑法志以為幾致刑錯之風，而崔寔政論則以文帝為重刑而死輕刑，蓋以笞法過當，多至于死者也。

記刑法

王念孫

□臣一歲免爲庶人，然《周禮》疏云：文帝唯赦墨、劓、刖三者，其宫刑至隋開皇初始除。則文帝之于肉刑，亦未能盡除。故〈刑法志〉以爲斷獄四百，有刑錯之風；而崔寔〈政論〉則以文帝爲重刑而非輕刑，蓋以笞法過重，多至死止也。

論音韻

王念孫

有兩韻連用而不雜者

有用韻多而不出韻者

二種亦能兼備發之

四聲韻 判討叠韻附

二通俗

一諧聲 二押韻 三切語 四疊韻 五急言徐言

六通假 七讀若 八今時方言

二十六儀以下九韻異平入

五質七櫛十六屑三韻異平入

六術八物九迄十一沒為一部

十三祭十四泰廿七夬二十廢 異平入 八月十二曷十三末十四黠十[illegible]

五錫七薛為一部異平入

一屋三燭 乃十九鐸之入聲 別為一部 四覺十九鐸

東鍾諄元 用秦之韻 之分 侵覃之分 侯之分 蕭之分 [illegible] 用之分

仍須博考以補顧氏江氏段氏之闕 雖一字之閏入而韻部亦必謹而考證

東陽庚蒸真諄元侵覃歌蕭十一部有平而無上入 支有平入而無上

脂有平上而無入 之魚侯尤幽 平有上有入 質術月偏合

五部有入而無平上 至 [illegible] 各部皆須博考周秦之書

以為證 [illegible] 用之部 [illegible]

古音教而今音傳而須引證

右四 [illegible]

[illegible]

詳引用秦之書以破兩字互義之說 [illegible]
有時[illegible]有時[illegible] [illegible]
[illegible]書[illegible]如[illegible] [illegible]用[illegible] 詳[illegible]為以兩[illegible] [illegible]
[illegible]通作之字者以見古字 [illegible]字之[illegible] 今此書兩字互訓者
[illegible]訓[illegible]同字者以見古字 [illegible]下字者以見下字
[illegible]漢以後之字者讀字者以見古字
[illegible]聲類之字者以見古字 [illegible]急字係書字以見下字
首[illegible]兩字在句末[illegible]作字之字[illegible] 故多[illegible]如[illegible]
[illegible] 古今[illegible]有[illegible]
[illegible]為一書以[illegible] 字[illegible]
古今[illegible]須詳為[illegible] [illegible]為一書以[illegible][illegible]以紀之

論音韻

王念孫

有兩韻連用而不雜者，有用韻多而不出韻者。二條即於所編類求之。

二十六緝以下九韻，五質、七櫛、十六屑三韻，六術、八物、九迄、十一沒爲一部。去聲之十三祭、十四泰、十七夬、二十廢，入聲之十月、十二曷、十三末、十四黠、十五鎋、十七薛爲一部。一屋、三燭，乃十九侯之入聲。真、諄、元之分，侵、覃之分，支、脂、之之分，魚、侯之分，蕭、尤之分，術、月之分，仍須博考周秦之音，以補顧氏、江氏、段氏之闕。雖一字二字闌入他韻者，亦必詳爲考證。東、陽、庚、蒸、真、諄、元、侵、覃、歌、蕭十一部，有平而無上、入。支有平、入而無上，脂有平、上。之、魚、侯、尤四部有平、有上、有入。質、術、月、緝、合五部，有入而無平、上，亦須博引周秦之書以爲證。

一、諧聲。二、押韻。三、訓詁。四、疊韻。五、急言徐言。六、通作。七、讀若。八、今時方言。

古音斂而今音侈亦須引證。

詳引周秦之書，以破兩聲各義之說。

有轉語即有轉聲，如「戎」轉爲「汝」，而「戎」亦讀「汝」。「而」轉爲「若」，而「而」亦讀「若」。「用」轉爲「以」，而「用」亦讀「以」之類。音亦隨之而變。音變之始。今此字兩收于某部、某部。

古音有自漢以後未變者。於今之方言可以見古音，於通作之字可以見古音，於訓詁之同聲者可以見古音，於漢以後之音讀可以見古音，於諧聲可以見古音，於疊韻之字可以見古音，於《韻府》求之可也。於急言、徐言可以見古音。古今韻須詳爲引證。一、諸聲之不合者。二、字之或體。三、訓詁。四、通作。五、疊韻。須別為一書，如東通陽，又通唐，各分類以紀之。古今通韻亦有可採者。

古音義零稿

王念孫

之咍

上海

職德緝葉怗合盍洽狎業乏

蕭　宵　肴　豪　尤　幽　矦

有　黝　厚

沃　覺　屋　燭

于於通用 葑蘴同音

此條辨字許多於說文下條

須字義同

古音字母之說

反切字兩義

聲隱類近四部別爲一部以存古

~~擂日諧部以復古~~

附入拯諧二部以存古

收蒸不收蒸收余不收余靈部不增

文字

不收怎歷二字

文選詩精用五支

王仲宣詠史詩　曹子建公讌詩　阮嗣宗詠懷詩三十三　曹顏遠感舊詩　謝靈運遊南亭詩　酬從弟惠連詩廿二　陸韓卿奉答內兄希叔詩廿二　范彥龍古意贈王中書詩　沈休文鍾山詩應西陽王教廿三　三月三日率尒成篇詩

去聲精用五寘

邱希範侍宴樂遊苑送張徐州應詔詩

迺禮詩五支獨用

上官儀 詠雪應詔 曦池移枝

王勃 餞韋兵曹 垂移枝麾

盧照鄰 芳樹 斯枝差知

沈佺期 折楊柳 吹垂差知

蘇頲 侍宴安樂公主山莊應制 披移枝儀

張九齡 庭梅詠 危移吹知

李景伯 回波辭 規儀

張諤 岐王山亭 宜奇枝移

祖詠 答王維留宿 爲離兒知

盧象 宴別趙都護 奇兒離隨危羆馳危

劉眘虛 九日送人 離知爲羈

張謂
春園家宴 隨 知 枝 兒

張巡
守睢陽作 危 羆 麗 陴 移 施

賈至
春思 醾 兒

劉長卿
雨中過員稷巴陵山居贈別 垂 離 枝 知

集來清暑賜詩齋硯田

古分泥娘

古來

古分清從

古只羣附

下微瑕附

古審禪林附

古附疑畫

古分影喻然

古附遠宗

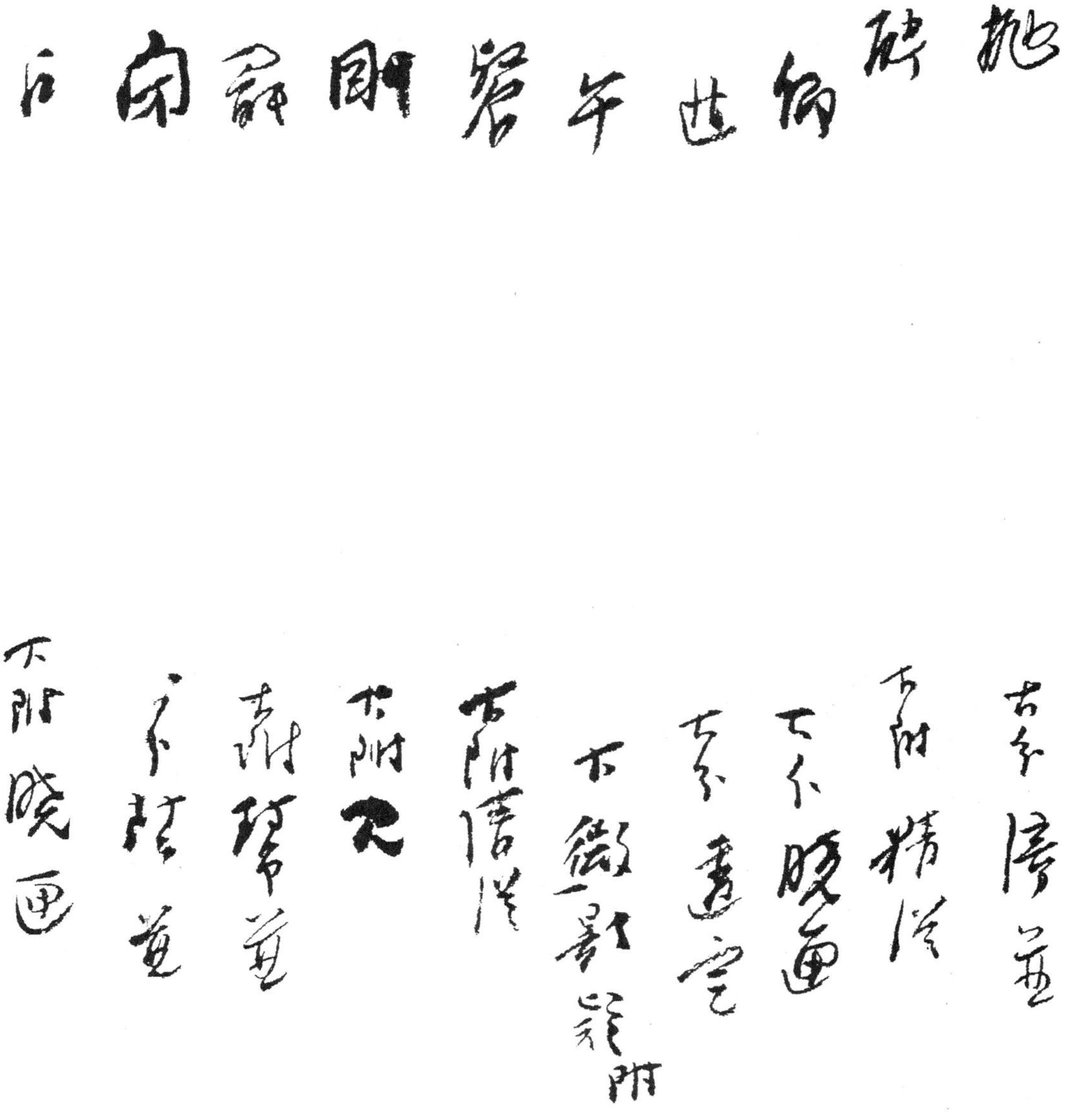

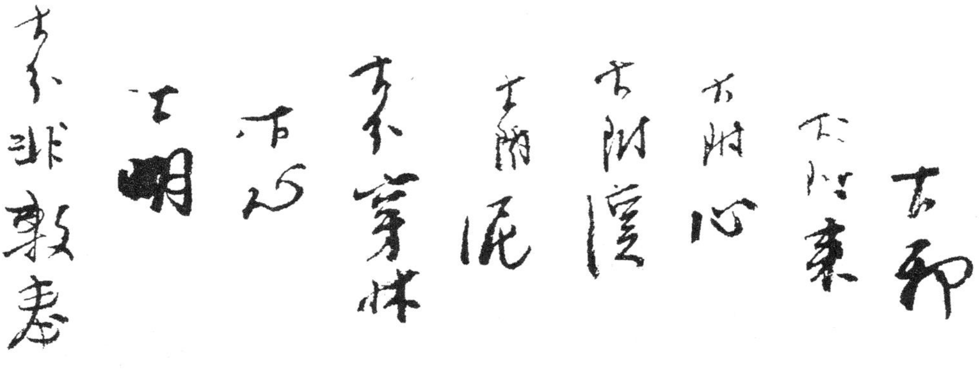

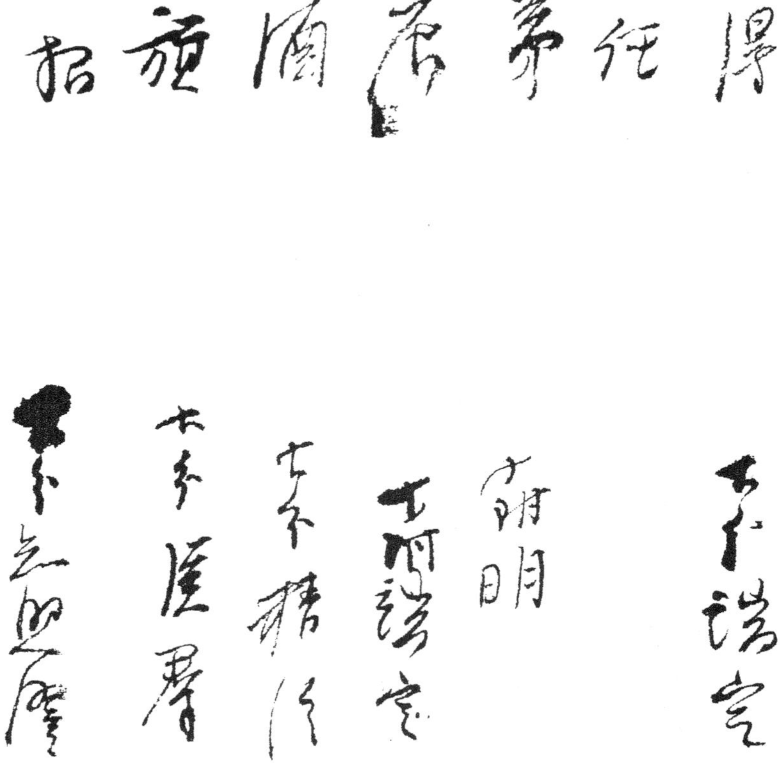

东第一 蒸第二 侵第三上去入 談第四上去入 陽第五

耕第六 真第七上去入 諄第八上去平上 元第九 歌第十上去平上去

支第十一 至第十二 脂第十三 祭第十四上去平上 盍第十五

緝第十六上去平上去 之第十七 魚第十八 侯第十九有入 幽第二十

宵第二十一

至第十二

至 甘字甘 疐才 質才

畢才 室才 吉才 壹才 頡才 大

八才 自才 穴才

匹才 必才 宓才

瑟才 尸才

卩才 吊才 血才

徹才 別才

節才 日才 息才

疾才 栗才

七才 一才

乙 逸才

抑才 失才

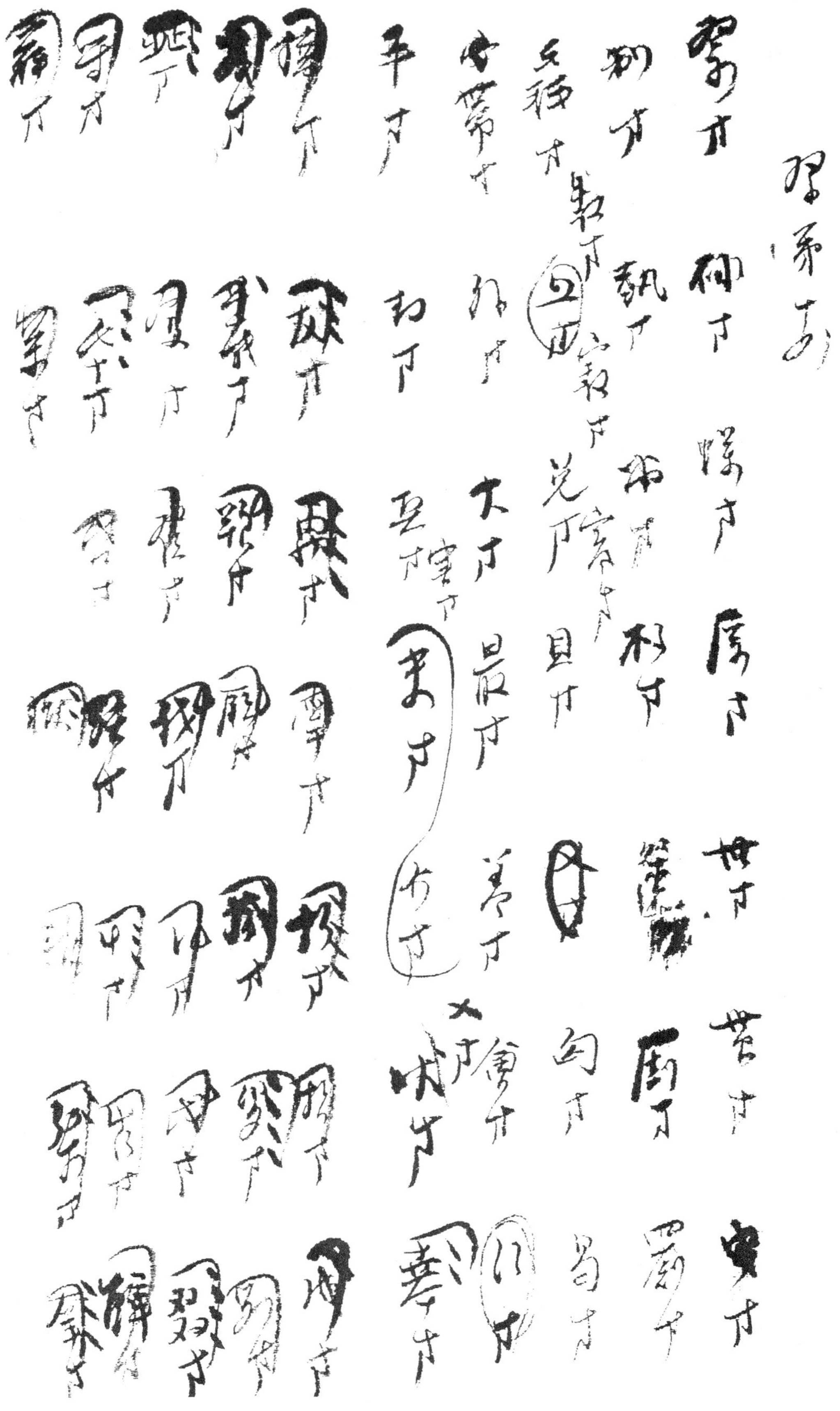

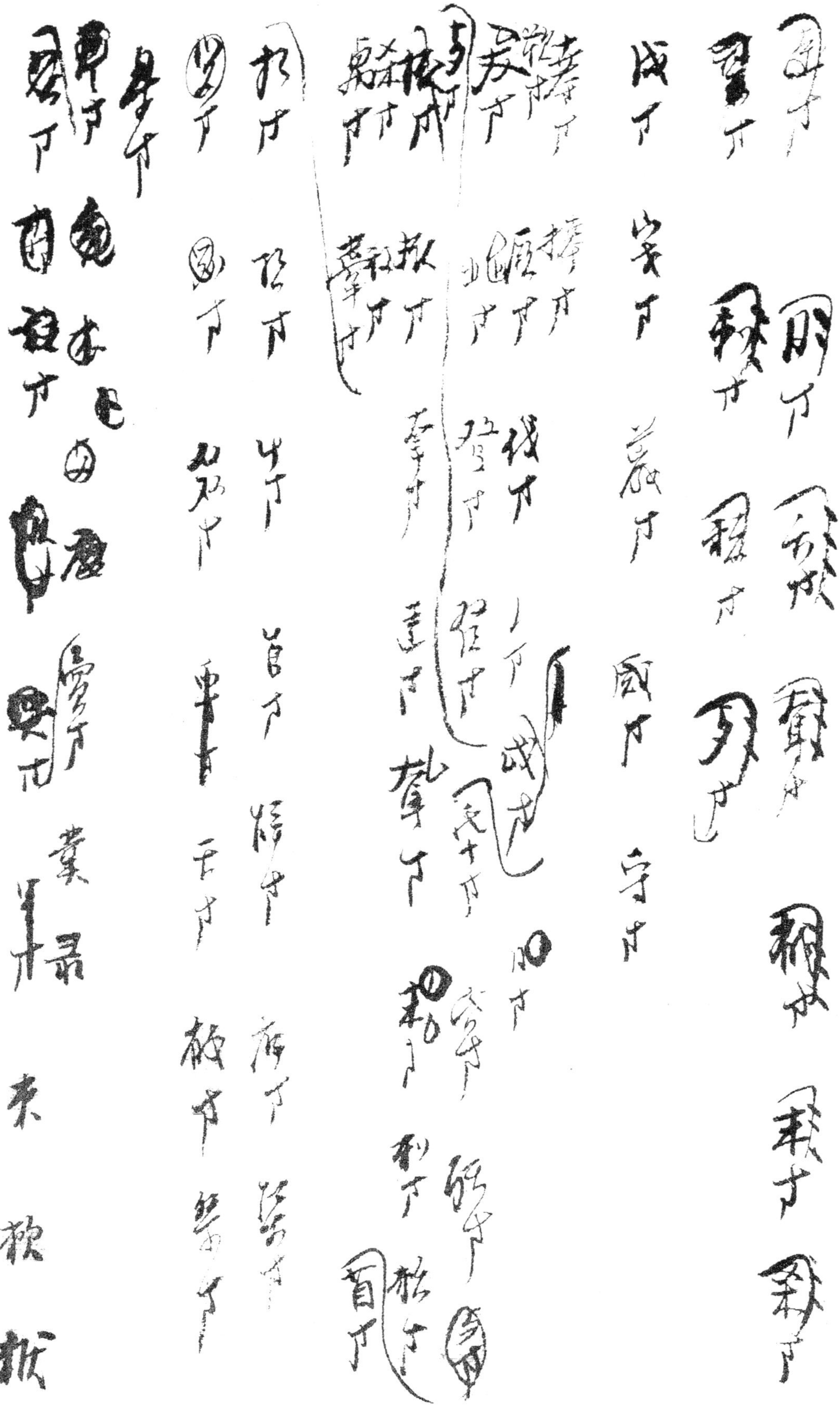

厚大豕　厚人　四下　五寸　下大　只　两　粟

角陆　肯散

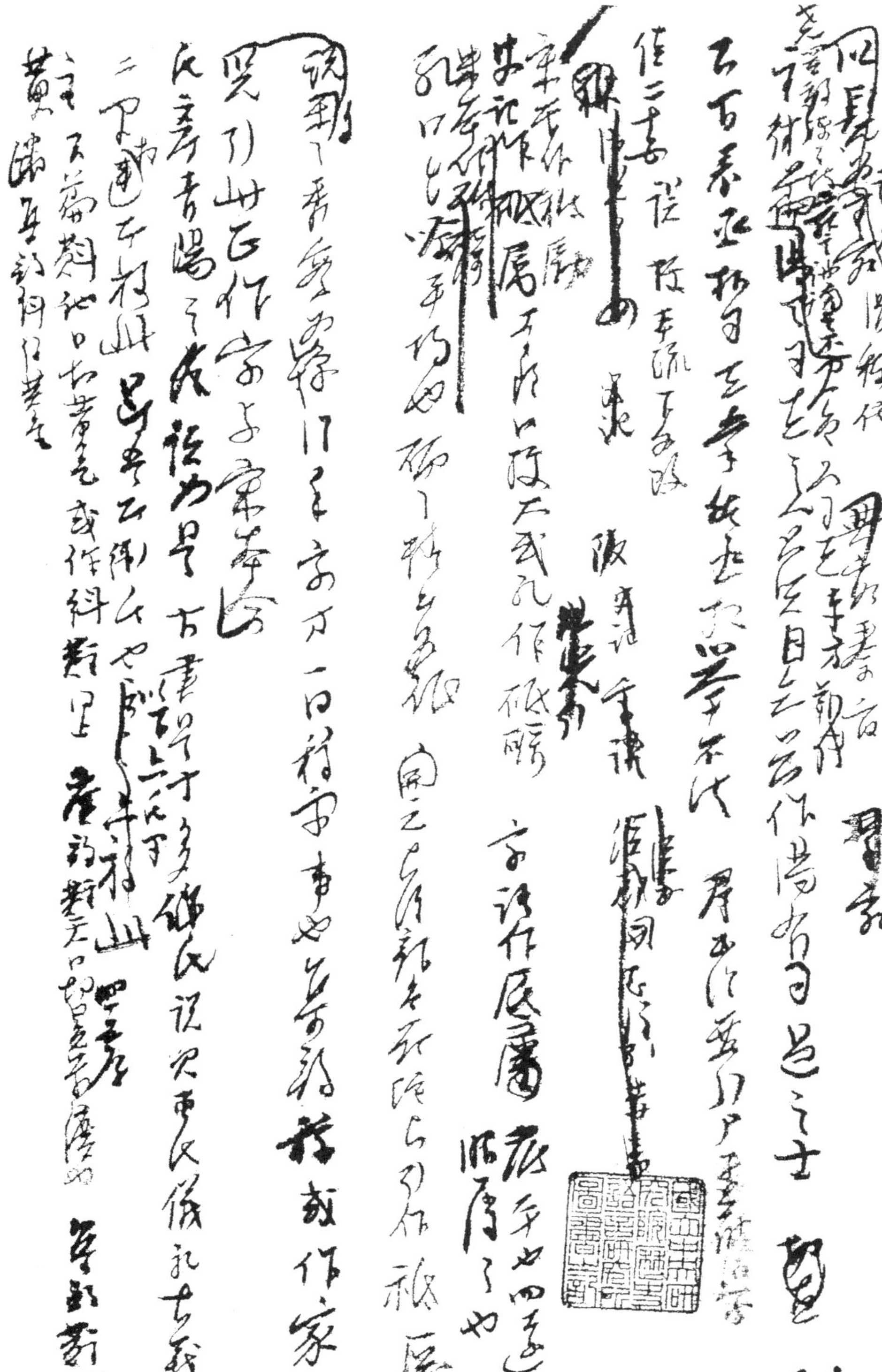

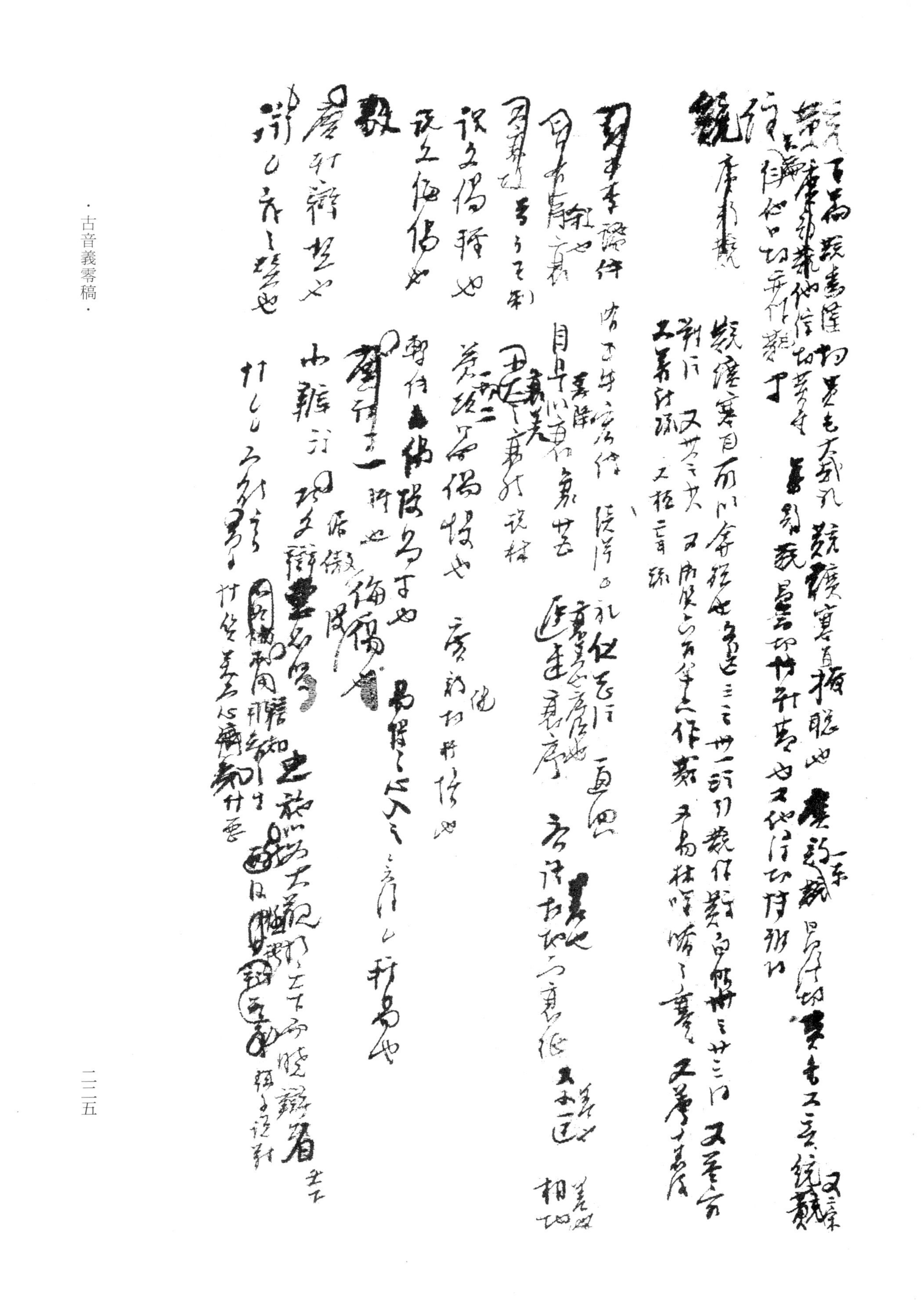

[illegible]

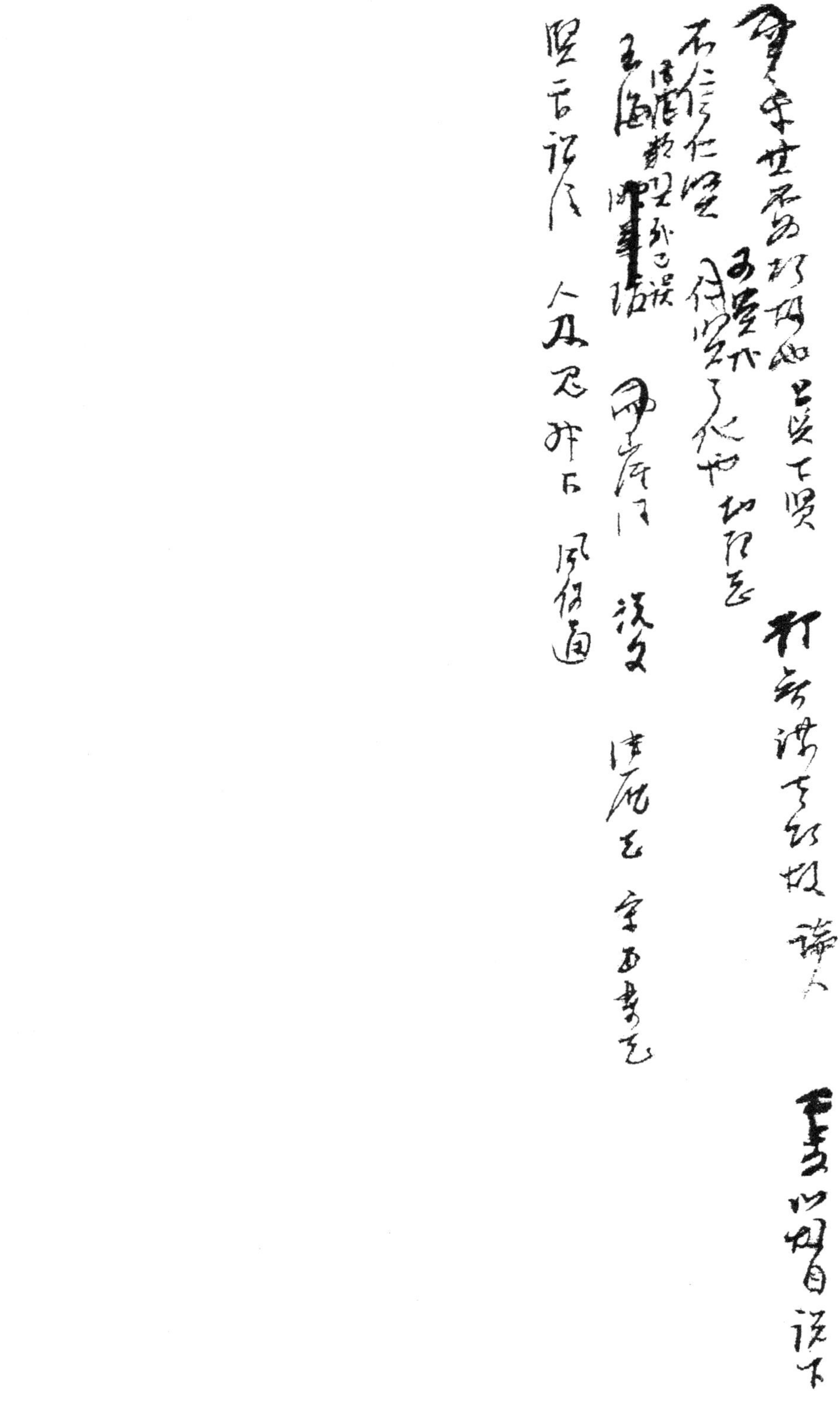

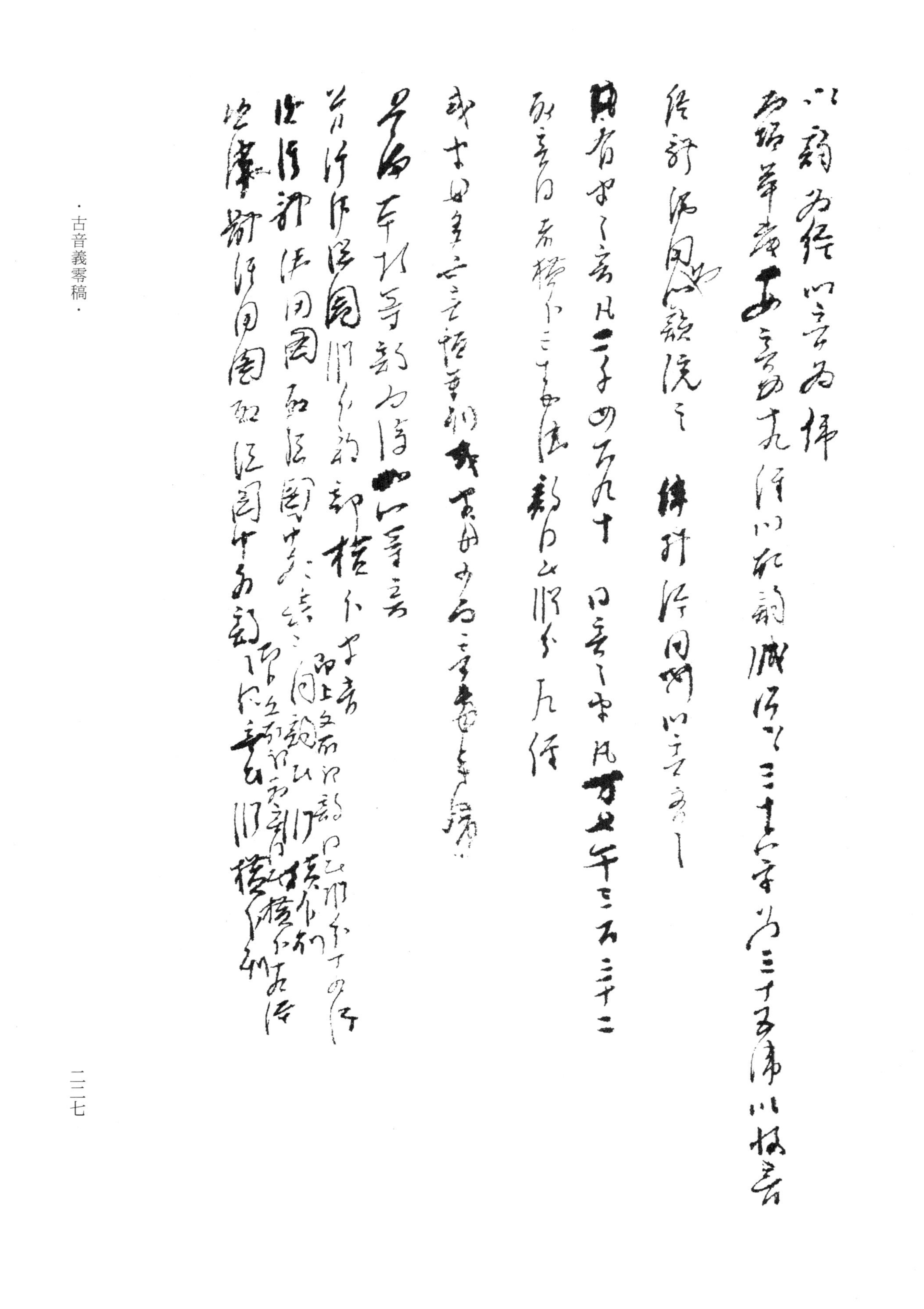

保傅篇中引孔子曰少成若天性習貫如自然成與性習貫與約今本作習

貫之為常[illegible]八後之也盧注云也教成之習貫之若天性自然是其從盧注又引周書

曰習之為常自氣血始[illegible]卿少成若天性二句習貫如自然[illegible]

讀書受禮傳賈誼新書保傅篇並作習貫如自然[illegible]作習貫之為常保

從禮目句讀若成若天性習貫不對而韻亦不諧矣

賈誼書引周書習之為常自氣血始[illegible]

凡物[illegible]

言古貫字為韻

[illegible]

古皆訓健大也[illegible]

世言其德之大也[illegible]

輝光日新之下也[illegible]

[illegible]

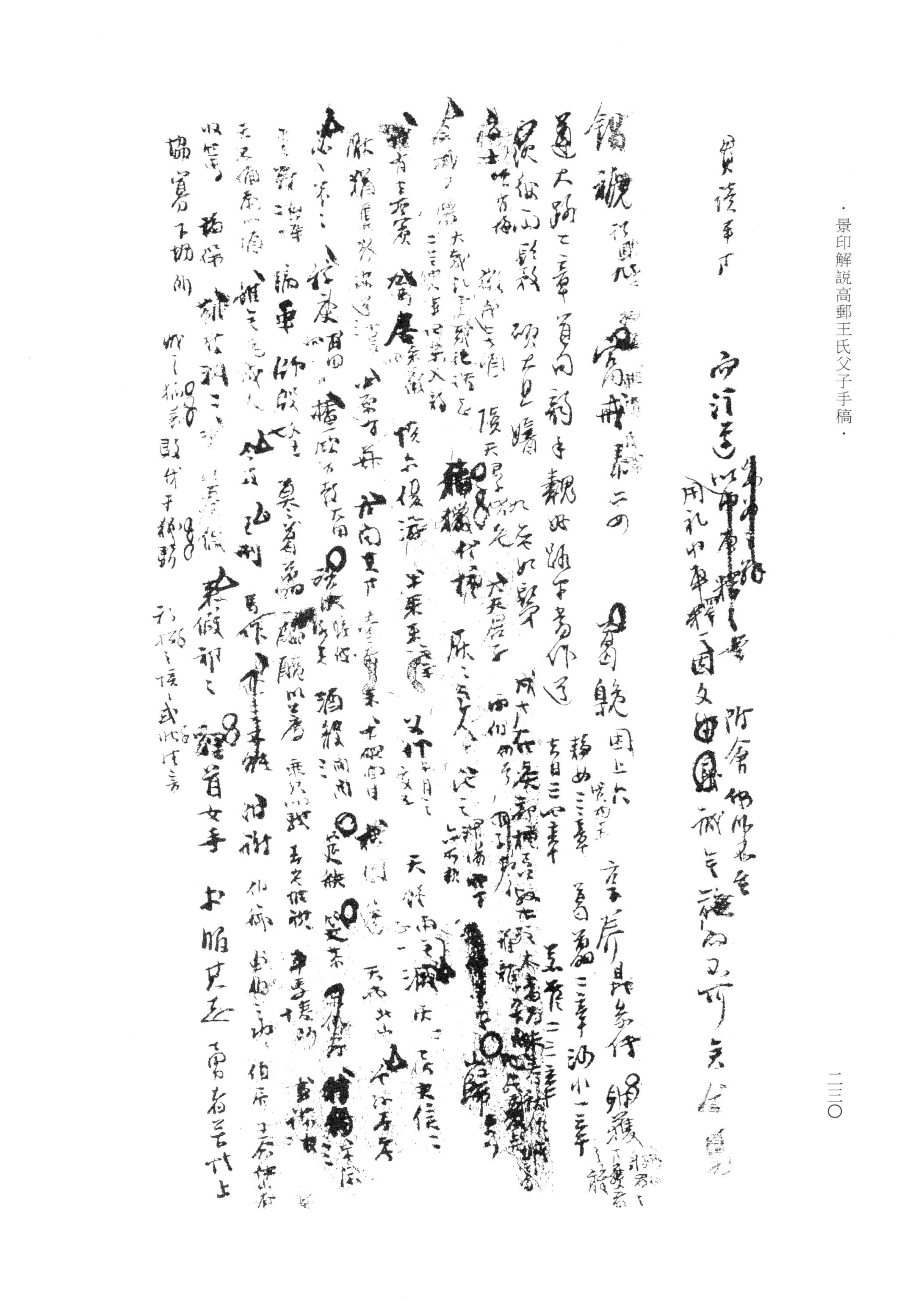

賁讀爲卞

而須至道也 [illegible] 周禮巾車釋文 因文由[illegible] 附會[illegible] [illegible]

[illegible] 襯 [illegible] 二回 [illegible] 毘 [illegible]

遂大路之章 [illegible]

[illegible] 大 [illegible] 隱士 [illegible]

[illegible]

已校書

大戴禮

方言 小爾雅 廣雅

漢書地理志 十三次補校

易林

詩本音 竹書紀年

作九經補韻附漢行韻譜 下未成者補入之

去平上入百卿反

雜字書

凡三韻並用者不得歸一韻 二

之宵之侵覃鹽僅諸之通尤宜加意

説文長箋 直韻 集古音 劉書下數 續方言 李壽卿音義

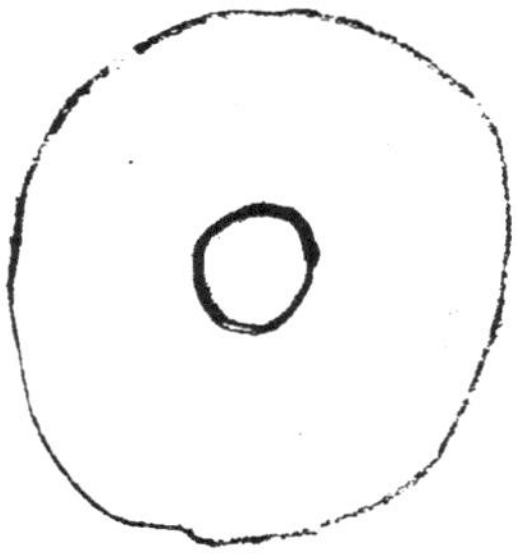

古音義零稿

王念孫

◎之一

之 止 合

咍 海 盍

職

德

緝

葉

怗

洽

狎

業

蕭

宵

肴

豪

尤 有 沃

幽 黝 覺

侯 厚 屋

燭

◎之二

于、於通用，葑、豐同音

此條辨字體，多合於《說文》，下條辨字義同。

殷、隱、焮、迄四部別爲一部以存古。

古無字母之說

附入拯、證二部以存古。

反切無兩義

收荼不收茶，收余不收佘，不收怎、歪二字。齊部不增乂字。

◎之三

文選詩獨用五支

王仲宣〈詠史詩〉　曹子建〈公讌詩〉　阮嗣宗〈詠懷詩〉之十三　曹顏遠〈感舊詩〉　謝靈運〈遊南亭詩〉　〈酬從弟惠連詩〉其二　陸韓卿〈奉答內兄希叔詩〉其二　范彥龍〈古意贈王中書詩〉　沈休文〈鍾山詩應西陽王教〉其三　〈三月三日率爾成篇詩〉

去聲獨用五寘

邱希範侍宴樂遊苑送張徐州應詔詩

◎之四

近體詩五支獨用

上官儀

詠雪應詔 曦池移枝

王勃

餞韋兵曹 垂移枝涯

盧照鄰

芳樹 斯枝差知

沈佺期

折楊柳 吹垂差知

蘇頲

侍宴安樂公主山莊應制披移枝儀

張九齡

庭梅詠危移吹知

李景伯

回波樂規儀

張諤

岐王山亭宜奇枝移

祖詠

答王維留宿為離兒知

盧象

宴別趙都護斯兒離隨危麗馳危

劉眘虛

九日送人離知為籬

張謂

春園家宴隨知枝兒

張迎

守睢陽作危麗麾陣移施

賈至
春思醾兒
劉長卿
雨中過員稷巴陵山居贈別垂離枝知

◎之五

年　古分泥娘
來　古來
清　古分清澄
景　古見群附
暢　古徹澄附
詩　古分審單床附
瓢　古附滂並
硯　古分影喻疑
回　古附透定

拋　古分滂並

醉　古附精從

鄉　古分曉匣

逃　古分透定

午　古微影疑附

餐　古附清從

剛　古附見

罷　古附幫並

閉　古分幫並

戶　古附曉匣

讀　古邪

離　古附來

騷　古附心

空　古附溪

耐　古附泥

春　古分穿床

宵　古心

眠　古明

弗　古分非敷奉
得　古分端定
任　〔古日〕
茅　古附明
店　古附端定
酒　古分精從
旗　古分溪群
招　古分知照澄

◎之六

東弟一　蒸弟二　侵弟三無入　談弟四無入　陽弟五　耕弟六　真弟七無入　諄弟八　元弟九　歌弟十
支弟十一　至弟十二無平上　脂弟十三　祭弟十四無平上　盍弟十五無平上去　緝第十六無平上去　之弟十七
魚弟十八　侯弟十九有入　幽弟二十　宵弟二十一

至弟十二

至 室 疐 晉聲 質聲 實聲 去聲 壹聲 頡聲 七聲 日聲 疾聲 栗聲 桼聲 漆聲 畢聲

一聲 乙聲 逸聲 申聲 失聲 八聲 骨聲 穴聲 匹聲 必聲 宓聲 瑟聲 𥁕聲 卩聲 即聲

節聲 血聲 徹聲 𠛱聲

祭弟十四

祭聲 砅聲 蠆聲 厲聲 世聲 貰聲 曳聲 制聲 埶聲 㡀聲 祋聲 筮聲 劂聲 罽聲 毳聲

敝聲 𥨍聲 兌聲 竄聲 貝聲 匃聲 曷聲 帶聲 外聲 大聲 最聲 蓋聲 會聲 丰聲 㓞聲

契聲 介聲 夬聲 乂聲 吠聲 戌聲 歲聲 薉聲 烕聲 寽聲 𠦬聲 𢴤聲 欮聲 厥聲 伐聲

乚聲 戉聲 月聲 犮聲 癶聲 癹聲 發聲 氒聲 𠯑聲 聒聲 歺聲 𣟭聲 𨏒聲 羍聲 達聲

奪聲 末聲 剌聲 賴聲 苜聲 杀聲 殺聲 卨聲 𩏑聲 折聲 哲聲 屮聲 𡵗聲 辥聲 薛聲

𩬚聲 𡿧聲 列聲 叕聲 舌聲 截聲 祭聲 臬聲

〔侯弟十九〕

竇聲　业　彔　束　獄　辱聲　豕　蓐聲　曲聲　玉聲　蜀聲　足　局　粟　角　珏　㱿　殻

◎之七

以髡爲諸侯主客〈滑稽傳〉　　典客，秦官　　掌客

史魚爲司直〈東方朔傳〉

〈主術篇〉：「堯置敢諫之鼓，舜立誹謗之木，湯有司直之人。」《呂覽·自知篇》作「湯有司過之士」。

〈百官表〉：「丞相司直，掌佐丞相舉不法。」

僖二十五誤據本疏下文改。　　　　《群書治要》引《尸子·勸學》。

宋本作「祗勵」。

《史記》作「砥屬」。《索隱》曰：「據《大戴禮》作『砥礪』。」

《家語》作「底屬」。底，平也。四遠皆平而來服屬之也。

孔□□□：「礪，平均也。礪之精者爲砥。」　　《開元占經·龍魚蟲蛇占》引作「祗厲」。

《説文》：「禾之秀實爲稼。從禾家聲。一曰稼，家事也。」《集韻》「稼」或作「家」，鈔本《御覽》引此正作「家」，與宋本合。

氏產青陽之「氏」，説如「是」。古書「是」聲多作「氏」，説見惠氏《儀禮古義》，後凡氏、產二字相連者放此。昆吾者，衛氏也。以下亦氏字之「氏」，亦放此。

黈　《玉篇》：「斢，他口切，黄色，或作紏。黈，同上。」

《廣韻》：「黈，天口切，冕前纊也。」四十五厚

《集韻》「黈，他口切，黄色，通作斢。」《集韻》「紏，絲黄色。」

⿰黄充　《玉篇》：「⿰黄充，齒隆切，黄色。《大戴禮》：『⿰黄充纊塞耳，掩聰也。』」

《廣韻》一東：「⿰黄充，昌終切，黄色，又音統。」　又二宋：「⿰黄充，他綜切，黄色。」

《集韻》：「⿰黄充，昌嵩切，博雅：黄也。」又「他綜切，博雅：黄（也）。」

紸（紏）　《玉篇》：「紏，他口切，亦作斢字。」

⿰黄充　**⿰黄充纊塞耳，所以弇聰也。**《文選》三之卅一注引「⿰黄充」作「黈」。《白帖》卅之卅三同。又〈答客難〉注。又卅四之廿八。又《御覽》六百八十六作「黈」。又《易林》噬嗑之蹇。又蹇十表後。又《養新録》，又桓二年疏。

《魏書·李謐傳》　《隋書·牛宏傳》　《續漢書·禮儀志》注　《通典》

皆有等衰殺也　自是以衰襄廿五：差，降。

遲速衰序衰，差也。序，治也。〈齊語〉：「相地而衰征」差也。　又〈小匡〉差也。

相地而衰政《荀子·王制》：「差也。」　大小之衰然〈說林〉：「衰，差。」

《說文》：「傷，輕也。」　〈蒼頡篇〉：「傷，慢也。」一切二。（編按：《一切經音義》二。）

《廣韻》：「傷，相輕慢也。」

《說文》：「侮，傷也。」　《繫傳》：「傷，慢易字也。」　「易慢之心入之矣」注：「易，輕易也。」　《廣雅》：「傷，輕也。」、「倨、傲、侮、慢，傷也。」

《廣雅》：「辯，慧也。」　〈小辨〉注　巧文辯惠則賢（《國語·晉語九》）

惠施以（此）爲大觀於天下而曉辯者〈天下〉

不如備兩周辨智（辯知）之士《國策·東周》

然後極騁智辯焉《韓子·說難》

性質美而心辯知〈性惡〉

辯：□義之慧也。

性（可學？）而能。音。《荀子》

空空乎其不爲巧故也。《呂覽·下賢》　釋智謀，去巧故。〈論人〉

不信仁賢　可貴哉，仁賢之化也。〈地理志〉

《玉海·律歷類》引「大哉」已誤　〈西山經〉注　《說文》　〈律歷志〉

《宋書·樂志》　〈賢官訟〉注　〈人及鬼神占〉　《風俗通》

◎之八

以韻爲經，以音爲緯。

而增華嚴十四音爲十九經以配韻，減經之三十六字爲三十五緯以收音。

經體緯用，則以韻統之；緯體經用，則以音齊之。

有字之音凡二千四百九十，同音之字凡萬七千三百三十二。取音同者橫分三十五緯，韻同者縱分十九經。

或字母多而音恒重列，或字母少而音失母無歸。

是編本於等韻而得如心等音。

前經〔用〕緯體圖，縱分韻部，橫分字音。

後經體緯用圓，配縱圖中各音之同韻者縱橫分列。即上文所謂「韻同者縱分十九經」。後緯體經用圖，配縱圖中各韻之同音者縱橫分列。即上文所謂「取音同者橫分十九經（三十五緯）」。

於開口呼中分書齊齒，於合口呼中分書撮口。齊齒爲開口之輕音，合口爲撮口之重音。較之前人，更爲簡捷。粗音粗切，細音細切。

◎之九

〈保傅篇〉引孔子曰：「少成若天性，習貫如自然」，「成」與「性」韻，「貫」與「然」韻。今本作「習貫之爲常」，凡人改之也。考盧注云：「少教成之，若天性自然」是其證。盧注又引《周書》曰：「習之爲常，自氣血始」二句，以證「少成」、「習貫」之義，而後人遂以注改經，誤矣。考《漢書·賈誼傳》、《新書·保傅篇》並作「習貫如自然」。「習貫」二字連讀，「如自然」三字連讀，若改作「習貫之爲常」，便不成語，且句法與「若（少）成若天性」不對，而韻亦不諧矣。

盧注又引《周書》「習之為常，自氣血始」二句，以證「少成」、「習貫」之義。（編按：參見《經義述聞》「習貫之為常」，第十一卷十八頁。）

與正、賢、天爲韻。

蓋「剛健」謂乾也，「篤實」謂艮也。凡物之弱且薄者必不能久。惟其「剛健篤實」，是以「煇光日新」，此釋「大畜」之義。「其德剛上而尚賢，能止健，大正也」，「大正」二字指其德言之，乃釋「利貞」之義，此釋「利貞」之義。

此言其德之大正，乃釋「利貞」之義。「煇光日新」與下正、賢、天三韻正協。（編按：此段討論《易·大畜》。參見《經義述聞》「煇光日新」，第二卷八頁。）

不曰「車教之道」，而曰「巾車教之道」，其理遂不可通矣。

「此車教之道也」，乃總承上「古之爲路車也」云云。言古人作爲車，使人處其中，而仰觀天文，俯察地理，前睹鸞和之聲，側觀四時之運，是即古人車教之道。此言「車教之道」，上言「胎教之道」，其義一也。《新書》作「此輿教之道也」是其證。若云「巾車教之道」，「車」上誤衍「巾」字，而注遂以《周禮・巾車》釋之，因文附會，何所不至，誠無施而不可矣。今訂正。（編按：參見《大戴禮記・保傅篇》。又參《經義述聞》「巾車教」，第十一卷二十七頁。）

貫讀平聲。

錫褫訟上九　富戒泰六四　葛鮠困上六　享養鼎彖傳　射獲射者之聲獲者之種

遵大路二章首句韻手、醜、好，路字當作道。

靜女三章　吉日三四章　葛藟二章　沔水一章　芣苢二三章

髧彼兩髮（髦）　碩大且㜝（婘）　如蠻如髳（髦）

戎聲在侯部。檀弓「公叔木」注「木當爲朱，春秋作戍」。

梅士摽有梅　微我無酒　瑱天君子偕老　大夫君子（小雅魚藻角弓）　雨伯伯兮　承子

蓷離中谷有蓷　心之憂矣　今我不樂大戴禮虞戴德、誥志二篇人事曰樂入韻　穡獵伐檀　厭厭良人（小戎）

氏之渭陽，贈字亦可韻　山歸東山　我有嘉賓　駕居采薇四　慎爾優游（白駒）

牛來來無羊　父作十月之交五　天饉雨無正一　滅戾二　居夫侯二　厭猶集咎謀道小旻三

中原有菽（小宛）　我聞其聲（何人斯）　壹者之來（何人斯）　有靦面目（何人斯）　楊園之道（巷伯）

天西北山（小明）　曾孫壽考信南山　苾苾芬芬（信南山）　稼庾甫田四　播厥百穀

大田　洛泱瞻彼洛矣　酒殽□□三　筵秩（賓之初筵）　筵恭（賓之初筵）　樂仇爵（賓之初筵）
狩釣采綠三　雲難白華二　蹢畢（漸漸之石）　師殷文王七（六）　莫莫葛藟（旱麓）　醯醢以
薦（行葦）　乘其四騏采　壽考維祺（行葦）　車馬卷阿十　事謀板三　天不湎爾以酒（蕩）
雖無老成人（蕩）　今政（抑）　王刑（抑）　馬作（抑）　匪言不能（桑柔）　伯謝（嵩高）
伯御（崧高）　申伯之功（崧高）　伯居（崧高）　王命仲山甫（烝民）　收篤（維天之命）
福保（瞻彼洛矣）　鞉鼓淵淵（那）　湯孫奏假（那）　來假祁祁（玄鳥）　貍首女手（檀弓下）
求服其志（禮記郊特牲）　「勇者苦怯」，上協寡，下協雨。（禮記樂記）　臧之狐裘，敗我于狐駘
（左傳襄公四年）　祈招之愔愔式昭德音（左傳昭公十二年）

已校書

大戴禮
方言　小爾雅　廣雅
漢書地理志十志須補校
爾雅
穆天子傳　竹書紀年
雜著

說文考正　古韻　集古音　群書字類　續方言　大戴禮音義

作《九經補韻》時，須將其平、上、入通押及協韻之未收者補入。之蒸、侵覃、職緝談之通尤宜加意。凡三韻並用者，不得存其二而去其一。

古韻說文諧聲譜

王念孫

釋文從略

東弟一

東 東聲 棟 重 涷 凍 蝀 重聲 ⿰山重 徸 踵 腫 種 ⿰忄重 湩 緟

動 ⿺辶重 鍾 重省聲 童 董 童聲 蕫 衝 橦 穜 ⿸疒童 ⿺辶童 罿 僮 憧

潼 橦 曈 鐘 鏞 䡴 童省聲 龍 龍聲 瓏 蘢 嚨 龔 龏 籠

⿱龍木 櫳 ⿰舟龍 寵 襱 ⿰衤賣 龐 礱 瀧 礲 聾 龔 壟 隴 ○

同 同聲 迵 衕 詷 眮 筒 桐 侗 駧 恫 洞 鮦 挏 ⿰同攴

銅 ○中 𠁧 𠁩 中聲 ⿱艹中 ⿱中言 盅 仲 衷 忠 忡 沖 ○蟲 蟲省

聲 融 ⿰鬲蟲 痋 赨 ⿰金虫 ○終 宎 宎聲 ⿰氵宎 冬 ⿱冬日 螽 ⿰虫眾 鼨 冬聲 苳

⿰髟冬 ⿰髟宎 冬省聲 牢 ○戎 戎聲 娀 ○躳 躬 躳聲 竆 躳省聲 宮 竆聲 ⿱穴竆 竆省聲 ⿱穴躳

宮聲 營 芎 𣪍 ○穹 ○充 充聲 統 ○公 公聲 訟 ⿰言谷 翁 舩 松 ⿱穴松

○形

松 頌 額 瓮 翁聲 翁 滃 鰯 螉 松聲 蜙 蚣 ○工 巨 工聲 玒 訌

巩 ⿱巩手 攻 ⿰工隹 鳿 缸 杠 貢 邛 ⿰米工 空 仜 項 江 扛

瓨 紅 虹 ⿰虫冒 功 釭 巩聲 鞏 ⿱巩石 恐 ⿱工心 蛩 銎 邛聲 桏 空聲

椌 涳 控 項聲 澒 江聲 鴻 ○冡 冡聲 蒙 幏 ⿰馬冡 ⿰酉冡 蒙聲 矇 鸏

饛 濛 蠓 ○叢 叢聲 䕺 ○農 ⿱林農 ⿱𦥯農 ⿱林農 農聲 ⿰冫農 襛 ⿰犭農 濃 醲

農省聲 ⿱曲皿 膿 ○宗 宗聲 琮 賨 崇 悰 淙 綜 ○舂 舂聲 ⿱舂見 惷

舂省聲 ○秦 ⿱𡗗秝 ○容 宊 容聲 傛 溶 鰫 搈 ⿰容瓦 鎔 ○庸 庸聲 鷛

鄘 傭 ⿰豸庸 鱅 墉 ⿰享庸 鏞 ○𩫏 ○封 ⿱屮土 ⿰丬土 封聲 葑 ⿰糸封 ○凶

凶聲 兇 匈 胷 兇聲 㚇 㚇聲 葼 鬷 椶 稯 ⿰禾兇 艐 ⿱宀㚇 ⿰王㚇 匈聲 詾

訩 ⿰言兇 洶 ○喁 鰅 ○邕 ⿱巛呂 邕聲 雝 雝聲 饔 ⿱雝缶 廱 癰 灉 ⿰扌雝

○茸 茸省聲髶 茸聲⿰革茸 搑 ⿰酉茸

○从 从聲從 從聲樅 瘲 豵 慫 縱 蜙 鏦 鎵 從省聲⿰彳茸 縦 ⿰車從

○丰 ⿰丰丰 丰聲玤 奉 夆 邦 ⿱丰甾 蚌 奉聲琫 菶 唪 夆聲逢 ⿰彳夆

捀 逢聲蓬 莑 ⿱逢火 縫 蠭 ⿱夆䖵 鏠 丰聲豐 ⿱丰丰豆 豐聲麷 酆 寷 ○鬨

○尨 尨聲牻 哤 厖 駹 浝 ⿱浝土 ○囱 窗 囧 窻 囱聲悤 悤聲璁

蔥 憁 ⿰忄松 ⿸广悤 驄 熜 聰 總 鏓 蔥聲⿰糸蔥 四聲曾 ○夅 夅聲⿱竹夅

竷 栙 洚 絳 降 竷省聲贛 贑 ⿰章⿱夅酉 贛聲⿰章⿱夅貝 戇 ⿷匚贛 ⿰木贛 降聲隆 隆聲

⿱隆鼓 癃 ⿸疒夅 ○雙 雙省聲愯

孔 ○⿰革付 ○冡 ○廾 ⿰手廾 廾聲叢 ⿱火廾 ⿱⿱火廾豕 灷聲⿱𠂹⿰火廾 ⿸广⿰火廾 送 ⿺辶⿱火廾 ○竦

眾 眾聲潨 ⿱雨眾 ○宋 ○用 ⿰用用 用聲甬 甬聲⿺走甬 通 踊 誦 筩 桶

痛 俑 涌 蛹 勈 ⿰甬戈 恿 ○共 ⿱艸廾 共聲⿵門共 供 烘 恭 㤨 洪

○𨃞巷

拱 桊桊 䩠 ○弄 弄聲 梇 ○䟫

蒸第二

承丞丞聲脊烝𤎫(巹)烝聲蒸菾菾聲(䔲)〇夌夌聲菱䬋棱

淩掕綾陵淩聲蔆𨕥〇雁鷹雁聲膺應〇仌仌聲馮馮聲

𨛫〇凭〇冰(凝)〇黽鼆黽聲蠅繩〇椉乘聲騬〇升升聲

抍橙〇乃𠄎𠄏乃聲艿䚮朷(鼐)仍扔孕〇陾〇卤

亯〇兢〇徵𢿏徵聲懲徵省聲瀓〇興興聲𨞹嬹〇爯爯聲稱

偁〇登𤼷登聲璒證簦橙鄧憕鐙隥𢍏〇曾曾聲

譄矰贈鄫罾層熷竲憎潧甑䰝䰝繒(縡)

增〇瞢瞢省聲夢夢夢聲儚夢聲𧄍㝱懜夢省聲薨〇朋鵬朋聲

棚倗崩䧍淜掤弸堋輣崩聲𨞝繃〇厷𠃊肱厷聲

雄宏谹閎紘紭〔宏聲〕鞃竑泓強○亘桓〔亘聲〕恒亙

〔恒聲〕魱揯縆○轟○弓○熊○夰〔夰聲〕[illegible][illegible]栚佚朕

〔朕聲〕謄滕賸幐騰黱縢[illegible]朕[illegible]螣塍勝〔騰聲〕[illegible]○

冐冐

侵第三

侵 侵聲 葠 寑 㝷 侵省聲 祲 蓡 梫 駸 綅 埐 㝷聲 寖 㝷省聲 寢

寖聲 濅 ○林 林聲 禁 琳 菻 郴 痳 罧 惏 淋 霖 婪 綝

禁聲 噤 ○闖 ○壬 壬聲 飪 肛 任 衽 妊 紝 絍 任聲 荏 栠 賃

恁 𨠪 ○罙 罙聲 深 探 深聲 蓡 ○冘 冘聲 𦬁 訦 炈 眈 鴆

肒 枕 頕 黕 忱 沈 耽 抌 紞 鈂 酖 肒聲 監 沈聲 霃

○𡈼 𡈼聲 淫 婬 ○心 心聲 沁 ○从 从聲 眾 𩂣 ○今 今聲 玪 芩

扲

書目

王念孫

周易注疏
尚書注疏
毛詩注疏
周禮注疏
儀禮注疏
禮記注疏
左傳注疏
公羊傳注疏
穀梁傳注疏
論語注疏

孝經注疏
孟子注疏
爾雅注疏
史記
漢書
後漢書
通典
書經傳說彙纂
詩經傳說彙纂
周易折中
四庫簡明目錄
性理精義

太平御览十套
唐石经
五礼通考
东华
东华纲目
津逮秘书
玉海
经典释文
史记六套
中立四子

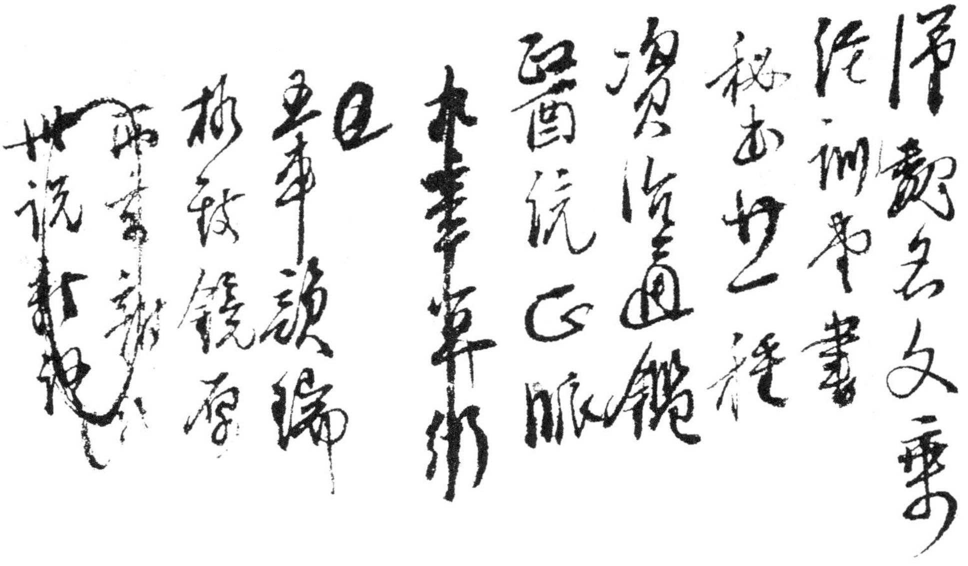

周易集解
周易述
尚書古文疏證
毛鄭詩考正
爾雅正義
趙注孟子
大戴記
國語
謝元
漢魏叢書

古今通韻[?]

鄭注周易 附尚書大傳 一通 評[?]左傳[?] 孔廣森[?]

易例

古韻[?]詩[?]說[?]卿[?]

周剔[?]周禮

儀禮識誤

儀禮正譌

尚書後案

○禮書

左傳杜解補正

左傳補注

左傳[?]古義

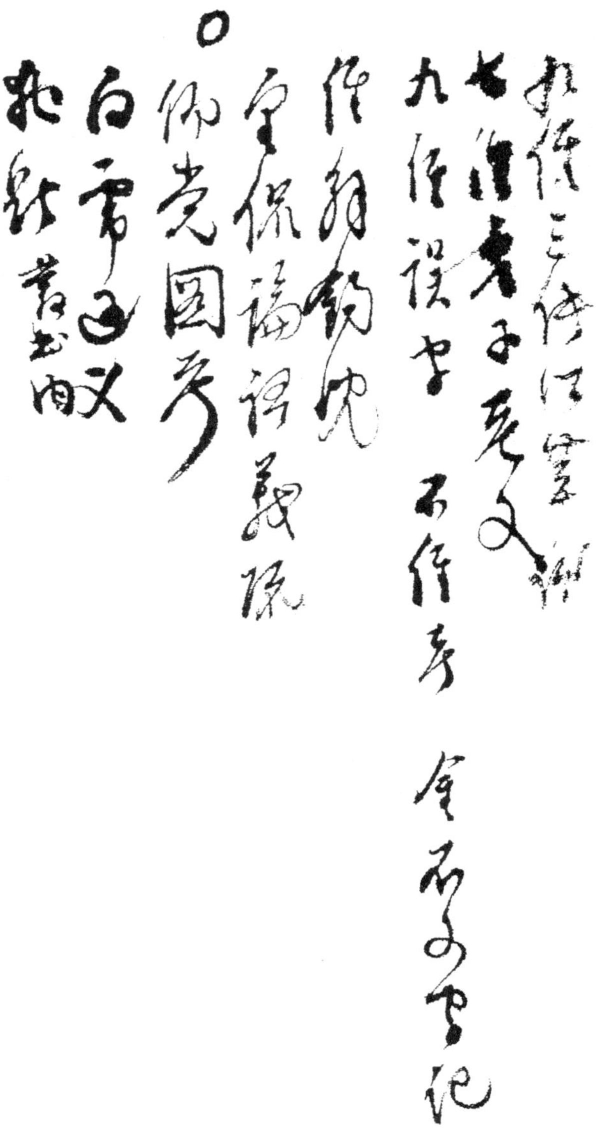

竹書紀年 秘書廿種內
盧刻逸周書
高注戰國策 附鮑注
晏子春秋 又
三輔黃圖 經訓堂內
太平寰宇記
元豐九域志
水經注 又
北戶錄
山海經
穆天子傳

管子　及晏子

老子

莊子

列子

荀子

韓非子

墨子　孫詒讓氏

武經三子

呂氏春秋　又　許維遹本　第一種本

淮南子　劉文典本

揚子

大元

韓詩外傳　背書內

春秋繁露　盧本　又景宋本

家語

新書

九章算術

五經算術

博古圖

困學紀聞

日知錄

初學記　藝文類聚

北堂書鈔

事類賦

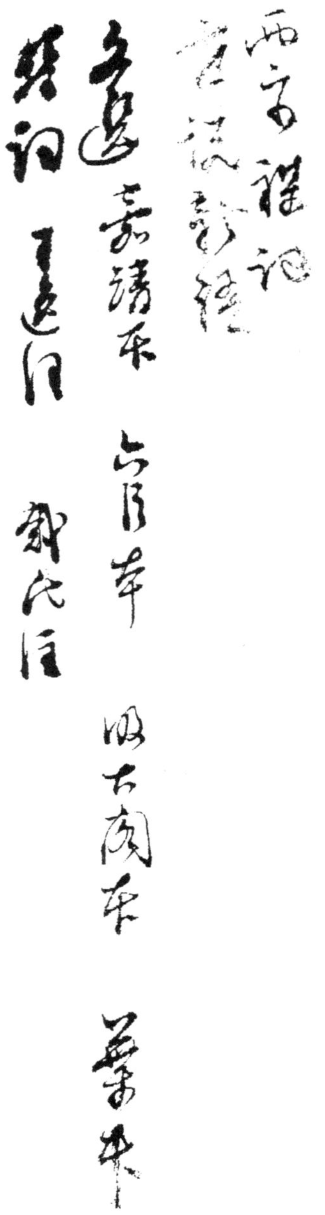

畢本爾雅　又

邵本爾雅　又

小爾雅　孔叢子内

方言疏證　切文據本　盧本

胡本廣雅　黄書本

盧本釋名

急就篇　玉海内

說文　徐鉉本　繫傳　五音韻譜　韻補正

玉篇

廣韻

集韻

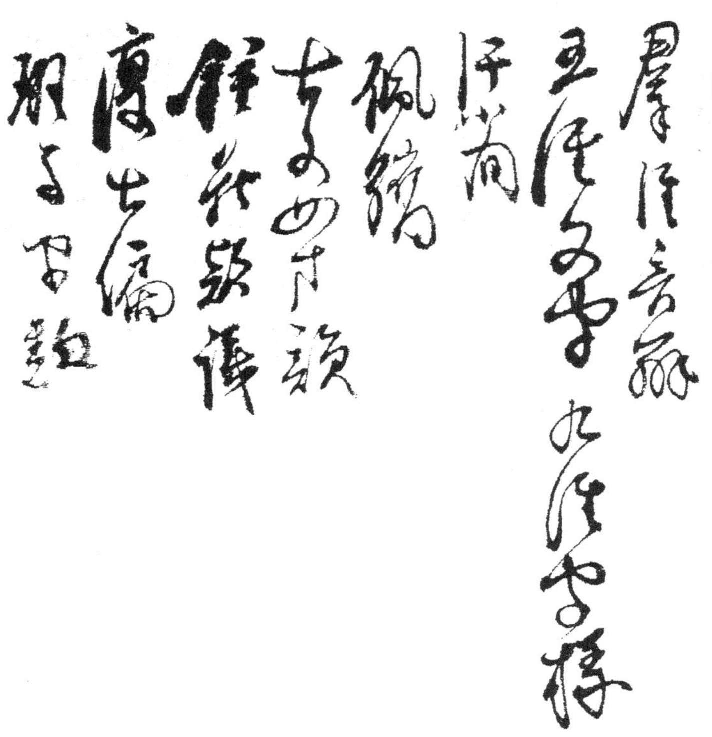

六書故
隸編
五音集韻
書學正韻
古韻標準
隸釋
隸續
古今[illegible]
詩[illegible]
衆經音義
華嚴經音義

書目

王念孫

周易注疏
尚書注疏
毛詩注疏
周禮注疏
儀禮注疏
禮記注疏
左傳注疏
公羊傳注疏
穀梁傳注疏
論語注疏
孝經注疏
孟子注疏
爾雅注疏

史記
漢書
後漢書
通典
周易折中　書經傳說彙纂　詩經傳說彙纂
四庫簡明目錄
數理精蘊

太平御覽十套
唐石經
五禮通考
本草
本草綱目
津逮秘書
玉海
經典釋文
史記六套
中立四子

漢魏名文集
經訓堂書
秘書廿一種
資治通鑑
醫統正脈
五車韻瑞
格致鏡原

周易集解
周易述
禹貢錐指
疏證
毛鄭詩考正
爾雅正義
趙注孟子
大戴禮
國語補音
漢魏叢書

古今逸史

鄭注周易附尚書大傳　　匡謬正俗　　乾鑿度

易例

古韓詩說證

周刻周禮

儀禮識誤

儀禮正譌

尚書後案

禮書

左傳杜解補正

左傳補注

九經古義

鄭志

九經三傳沿革例

七經孟子考文

九經誤字　　石經考　　金石文字記

經解鉤沈

皇侃論語義疏

鄉黨圖考
白虎通義
獨斷叢書內

竹書紀年秘書廿一種內
盧刻逸周書
高注戰國策附鮑注
晏子春秋又
三輔黃圖經訓堂內
太平寰宇記
元豐九域志
水經注又
北戶錄
山海經
穆天子傳

管子　見各子
老子

莊子
列子
荀子
韓非子
墨子經訓堂內
武經三子
呂氏春秋又
淮南子劉績本　莊逵吉本　茅一桂本
揚子
大元
韓詩外傳叢書內
春秋繁露盧本　又叢書本
家語
新書
九章算術
五經算術
博古圖
困學紀聞

日知録
初學記　藝文類聚　北堂書鈔　事類賦
西京雜記
世說新語
文選嘉靖本　六臣本　汲古閣本　葉本
楚詞王逸注　戴氏注

畢本五雅又
郎本五雅又
小爾雅孔叢子內
方言疏證胡文煥本　盧本
胡本廣雅叢書本
盧本釋名
急就篇玉海內
說文徐鉉本　繫傳　五音韻譜　韻補正
玉篇
廣韻
集韻

類篇
韻會
通雅
群經音辨
五經文字　九經字樣
汗簡
佩觿
古文四聲韻
鐘鼎款識
復古編
班馬字類
六書故
隸辨
五音集韻
音學五書
古韻標準
隸釋
隸續

古今注
博物志
衆經音義
華嚴經音義

矜從令聲

王念孫（王引之錄）

矝從令聲

說文、矝、矛柄也、從矛令聲、今本作矜、從矛今聲、段氏若膺注曰、矝本謂矛柄、故字從矛、引申爲戈戟柄、故過秦論棘矝、卽戟柄、字從令聲、令聲古在眞部、見唐韻正、故古假矝爲憐、毛詩鴻鴈傳曰、矝、憐也、言假借也、家大人曰、多士、予惟率肆矝爾、論衡雷虛篇引作予惟率夷憐爾、又引論語則哀憐而勿喜、釋言曰、矝、苦也、其義一也、若矝夸矝持矝式、無羊傳、矝矝、以言堅彊、菀柳傳、矝、危也、皆是同聲假借、各本篆作矜、解云今聲、今依漢石經論語溧水校官碑魏受禪表皆作矝正之、毛詩與天臻民旬塡等字韻、讀如鄰、古音也、漢韋元成戒子孫詩、始入僈

韵晉張華女史箴、始入蒸韵自毛詩以下竝見唐韵正由是巨巾一
反、僅見方言注、過秦論李注、廣韵十七眞、而他義則皆
入蒸韵、今音之大變於古也、矛柄之字、改而爲矜、云、古
作矜、他義字亦皆作矜、又古今字形之大變也、臧氏
用中拜經日記曰、唐沙門慧苑華嚴經音義卷上注云、
毛詩傳矜、憐也、說文字統矜、憐也、皆從矛令、若從今者、
音巨斤反、矛柄也、案玉篇二字皆從矛令、無矛今者也、
以上皆慧苑書庸案說文、矜、矛柄也、從矛今聲、廣韵云、矜本矛
柄也、字樣借爲矜憐字、二矜字竝當作矜、爾雅釋訓、矜
憐撫掩之也、矜憐爲疊韵、詩鴻鴈箋及矜人傳、矜憐也、

及說文字統訓矜爲憐、皆取聲韵相同也、據慧苑所引、知唐本說文矜下有憐也一訓、而今本無之、後世字書、韵學混淆、致改玉篇誤從今、唐以來字書、遂無有作矜者矣、幸慧苑書、引毛傳及說文字統玉篇皆從令、尚可藉以考正、而慧苑又分矜矜爲二、當由習見作矜、故强爲區別耳、宋板爾雅疏釋言矜苦也下、引小雅鴻鴈云爰及矜人、明道本國語晉語一商銘曰、不可以矜而祇取憂也、又晉語二、今矜敵之善、其志益廣、字竝從令、鈕匪石曰、婁氏漢隷字原二十八山矜字注、引唐君頌不侮矜寡、詩序至于矜寡、史記有矜在民閒曰虞舜、此采自碑板、知漢時故作矝字、汪文盛本後漢書史弼傳論曰、仁以矝物、義以退身、亦從令、毛詩令聲皆在眞韵、故矝爲哀憐、或借爲鰥寡字、聲亦相近、若今聲、則與眞部相去遠矣、 家大人曰、段臧說是也、矝字本從令聲、故古音在眞部、非在蒸部、亦非在侵部也、考隸釋所載、漢東海碑、矝閔吏□、梁相孔耽碑矝鳥獸兮放舍旃中常侍樊安碑矝矝戰戰、堂邑令費鳳別碑恤憂矝危、富春丞張君碑、矝矝寡字竝從令（今本矝譌作矜、據漢隸字原改）（則漢時矝字無作矜者）晉王獻之帖、尔時聖恩垂矝、道藏本淮南兵略篇伐棘棗而爲矝、字亦從令、又案詩之大例、凡句中用兩疊字者、上下皆不同音、如戰戰兢兢、戰與兢不同音、兢兢業業、業與兢亦不同音也、廣韵十六蒸、矜兢二字竝居陵切、則矜與兢同音矣、小雅無羊、何以有矜矜兢兢之文乎、連用兩疊字而上下同音者、詩中未嘗有此、然則矜兢之不同音、據無羊之一言、足以決之矣、矜從令聲、在眞部、兢在蒸部、二音各不相溷、故以矜矜兢兢連文、

矜從令聲

王念孫（王引之錄）

《説文》：「矜，矛柄也。從矛令聲。」今本作矜，從矛今聲。段氏若膺注曰：「矜本謂矛柄，故字從矛，引申爲戈戟柄，故〈過秦論〉『棘矜』，即戟柄。字從令聲，令聲古在真部，見《唐韻正》。故古假矜爲憐，《毛詩·鴻雁》傳曰：『矜，憐也。』言假借也。家大人曰：「〈多士〉『予惟率肆矜爾』，《論衡·雷虛篇》引作『予惟率夷憐爾』，又引《論語》『則哀憐而勿喜』。」〈釋言〉曰：『矜，苦也。』其義一也。若矜夸、矜持、矜式，〈無羊〉傳：『矜矜，以言堅彊。』〈苑柳〉傳：『矜，危也。』皆是同聲假借。各本篆作『矜』，解云今聲，今依〈漢石經論語〉、〈溧水校官碑〉、〈魏受禪表〉皆作『矜』正之。《毛詩》與天、臻、民、旬、塡等字韻，讀如鄰，古音也。漢韋元成〈戒子孫詩〉，始入侵韻，晉張華〈女史箴〉，始入蒸韻，自《毛詩》以下，並見《唐韻正》。由是巨巾一反，僅見《方言》注、〈過秦論〉李注、《廣韻》十七真，而他義則皆入蒸韻，今音之大變於古也。矛柄之字，改而爲『⿰矛堇』，云『古作矜』，他義字亦皆作『矜』，又古今字形之大變也。」

臧氏用中《拜經日記》曰：「唐沙門慧苑《華嚴經音義》卷上注云：『《毛詩》傳：「矜，憐也。」《説文字統》：「矜，憐也。」皆從矛令。若從今者，音巨斤反，矛柄也。案《玉篇》二字皆從「矛令」，無「矛今」者也。』以上皆慧苑書。庸案：《説文》：『矜，本矛柄也，字樣借爲矜憐字。』二矜字並當作矜。《爾雅·釋訓》：『矜憐，撫掩之也。』矜、憐爲疊韻。

《詩・鴻雁》：『爰及矝人』傳：『矝，憐也。』及《說文字統》訓矝爲憐，皆取聲韻相同也。據慧苑所引，知唐本《說文》『矝』下有『憐也』一訓，而今本無之。後世字書，韻學混淆，致改《玉篇》誤從『今』，唐以來字書，遂無有作矝者矣，幸慧苑書，引《毛傳》及《說文字統》、《玉篇》皆從『令』，尚可藉以考正，而慧苑又分矝、矜爲二，當由習見作『矜』，故強爲區別耳。宋板《爾雅疏・釋言》『矝，苦也』下，引〈小雅・鴻雁〉云『爰及矝人』，明道本《國語・晉語一》畱銘曰：『不可以矝，而祇取憂也』，又〈晉語二〉『今矝敵（狄）之善，其志益廣』，字並從『令』。鈕匪石曰：『婁氏《漢隸字原》二十八山「矝」字注，引〈唐君頌〉「不侮矝寡」、〈詩序〉「至于矝寡」、《史記》「有矝在民間曰虞舜」，此采自碑板，知漢時故作「矝」字。汪文盛本《後漢書・史弼傳》論曰：「仁以矝物，義以退身」，亦從令。《毛詩》令聲皆在真韻，故矝爲哀憐，或借爲鰥寡字，聲亦相近，若今聲，則與真部相去遠矣。』」（編按：此段錄自臧庸《拜經日記》，而有所刪略。臧氏原文見《皇清經解》卷一千一百七十四。）

家大人曰：「段、臧說是也。矝字本從令聲，故古音在真部，非在蒸部，亦非在侵部也。考《隸釋》所載，漢東海碑『矝閔吏□』、梁相孔耽碑『矝鳥獸兮放舍旃』、中常侍樊安碑『矝矝戰戰』、堂邑令費鳳別碑『恤憂矝危』、今本矝譌作矜，據《漢隸字原》改。富春丞張君碑『矝矝寡』，字並從令，則漢時矝字無作矜者。晉王獻之帖『爾時聖恩垂矝』、道藏本《淮南・兵略篇》『伐棘棗而爲矝』，字亦從令。又案《詩》之大例，凡句中用兩疊字者，上下皆不同音，如『戰戰兢兢』，戰與兢不同音，『兢兢業業』，業與兢亦不同音也。《廣韻・十六蒸》矜、兢二字並居陵切，則矜與兢同音矣。《小雅・無羊》何以有『矝矝兢兢』之文乎？連用兩疊字，而上下同音者，詩中未嘗有此，然則矝、兢之不同音，據〈無羊〉之一言，足以決之矣。矝從令聲，在真部，兢在蒸部，二音各不相溷，故以「矝矝兢兢」連文。

地從也聲

王念孫（王引之錄）

地

錢氏荅問曰問顧氏謂古音地如沱詩載寢之地與瓦韻不與裼韻且引易繫辭俯則觀法於地與宜韻以證之其說信否曰顧氏之說出於陳第第所據者惟楚辭橘頌亦未敢改詩音以從楚辭也經典讀地字大率與今音不異易明夷上六不明晦初登于天後入于地此以地韻晦也繫辭云廣大配天地變通配四時又云知崇禮卑崇效天卑法地一與時韻一與卑韻顧氏皆棄不取獨引仰觀俯察四句以證成己說愚謂此四句本非韻即以韻求之又烏知其不與物卦相協乎籀文地

作墜、从㒸不从也、墜之爲地、殆起於春秋以後、近取楚
辭以遠繩詩易、吾知其必不然也、許叔重說文雖以地
爲正字、仍兼取籒文、漢碑亦多用墜、元命包云地者易
也、釋名、地、底也、諦也、皆不取从也之音、秦始皇本紀琅
邪刻石文、以地與帝懈辟易韻、淮南原道訓、一之理施
四海、一之解、際天地、太史公自序、維昔黃帝、法天則地、
漢書丙吉傳西曹地忍之、亦讀地爲弟也、顧氏謂司馬
相如子虛賦始讀爲徒二反者誤、
家大人曰、顧說是錢說非也、凡字從也聲者、古皆在歌
部、故池馳他施地五字、見於詩者、讀皆如歌部之音、地

左氏春秋經定十年、宋公子地出奔陳、公羊地作池、古讀池如沱、而字與地通、則地之讀如沱明矣

亦猶是也、載寢之地、載衣之裼、載弄之瓦、三句連文而句法相同、不可分爲二韻、猶上章載寢之牀、載衣之裳、載弄之璋也、故上章以牀裳璋喤皇王爲韻、此章以地裼瓦儀議罹爲韻、（裼字合韻讀若他）裼音他計反、於古音屬支部、支歌二部之音最相近、故古或通用、若楚辭九歌、悲莫悲兮生別離、（離古讀若羅）樂莫樂兮新相知、大招、姱脩滂浩、麗以佳只、曾頰倚耳、曲眉規只、滂心綽態、姣麗施只、（施古讀若莎）小要秀頸、若鮮卑只、魂乎歸來、恩怨移只、（移古音弋多反）逸周書周祝篇、葉之美也、離其柯、柯之美也、離其枝、管子內業篇、彼道不離、民因以知、莊子馬蹄篇、同乎無

知、其德不離、韓子外儲說右篇引申子、愼而言也、人且知女、愼而行也、人且隨女、隨、古音徒禾反、皆以支歌通用、顧謂裼不與地韻、非也、而讀地如沱、則是也、若讀地如今音以與裼韻、而以瓦儀議羅別爲一韻、則旣失本章之句法、又與上章之例相左矣、易之繫辭、自古者包犧氏之王天下也以下、每多用韻之文、則觀象乎天四句、亦必有韻、何得以爲無韻乎、且地與空相隔不遠、自當以地空爲韻、空、古讀若儀、乃讀地如今音而不與空韻、且遠隔三句而與物卦韻、吾知其必不然也、錢氏誤讀詩易反謂顧氏近取楚辭以遠繩詩易、傎矣、錢又引明夷上六地與晦韻、繫辭地字、一與時韻、一與卑韻、以證今音之不誤、案地於古音屬歌部、晦時二字、於古音屬之部、之部之音、何能與歌部通、知崇禮卑三句、亦非用韻之文、錢既誤讀詩易又取易之不用韻者而強以爲韻、不亦誣乎、錢又引籀文地作墬、（案墬字說見下條、）及元命包釋名秦刻石文淮南內篇子虛賦史記漢書爲證、案讀地如今音實自秦刻石文始、而淮南以下皆沿其誤、（漢人因之、）然秦碑漢賦、不在詩易之前、柰何近取秦漢以遠繩詩易乎、且秦碑以地與帝懈辟易畫韻、淮南以地與解韻、（案原道篇、一之理施四海、一之解際天地、此以理海爲一韻、解地爲一韻、非以理海解地通爲一韻、）子虛賦以地與繫韻、史記以地與帝韻、元命包訓地爲易於古音皆屬支部、不屬脂部、支歌二部之音相近、脂則遠矣至漢書讀地如第釋名訓地爲底、第爲脂部之去聲底爲脂部之上聲、則地字始讀入脂部矣玉篇地題利切廣韻收入六至、皆是脂部之去聲、此誤之又誤也、而錢氏不能區別、概引爲證、且謂明夷地與晦韻繫辭地與時韻則歌部之音、竟與之部通矣、蓋錢於支脂之三部之界未能了了、故所引多謬也、且地之讀如沱、不獨詩易楚辭也禮運云命降於社之謂殽地、降於祖廟之謂仁義降於山川之謂興作降於五祀之謂制度、此聖人所以藏身之函也、地義爲韵、義、古讀若俄、作度函爲韵、廣韵作字音臧祚切又大戴禮五帝德篇、養財以任地、履時以象天、依鬼神以制義、治氣以教民、地義爲韵、天民爲韵、逸周書武寤篇、王赫奮烈、八方咸發、高城若地、商庶若化、烈發爲韵、地化爲韵、化、古讀貨平聲管子五行篇、故通乎陽氣、所以事天也、經緯日月、用之於民、通乎陰氣、所以事地也、經緯星厤、以視其離、天民爲韵、地離爲韵、離、古讀若羅地字皆讀如沱、楚辭天問、啟棘賓商、九辯九歌、何勤子屠母而死分竟地、地字亦讀如沱、又不獨橘頌一篇也、以上諸書、皆在秦碑之前、而錢皆不取者、有所嫌而諱之耳、又子虛賦雖讀地如今音、而上林賦云、其北則盛夏含凍裂地、涉冰揭河、其獸則麒麟角端、騊駼橐駝、蛩蛩驒騱、駃騠驢驘、則又讀地如沱、錢引子虛而不引上林、亦諱之耳、其漢人之讀地如沱者、尚不止此、唐韵正所載已詳、今不具錄、

案說文地字解云、從土也聲、墬字解云、籒文地從土𨸏彖聲、小徐本如是、大徐本作籒文从隊、非彖於古音屬元部、也於古音屬歌部、元歌二部之音相近、故諧聲亦相通、說文萑從雈聲而雈讀若和、閺從戈聲而讀若縣、戉從戈聲而讀若環、儺從難聲、譒播鄱磻並從番聲、𩴴從難省聲讀若受

福不儺，嬰從般聲，引詩市也嬰娑。今詩作婆娑。東門之枌。故原聲屬元部，而南方之原與差麻娑韻；難聲屬元部，而不戢不難與那韻，桑扈。其葉有難與阿何韻，隰桑。此皆元歌相通之證也。元歌相通，則隊之從彖聲，猶地之從也聲也。然則地之本在歌部明矣，何反引籀文彖聲之墬，以證徒二之音乎。古韻標準云：地，籀文作墬，是从隊聲也，大謬。又案說文全書之例，凡小篆與古文異者，則首列小篆而次列古文；其與古文同者，則但列小篆而不列古文，以小篆即古文也。若此者凡十之八九，其與古文異者不過十之一二而已。故說文天地二字，皆無古文，非無古文也，以小篆即古文也、惟籀文作墬、與古文不同、說文敘云、宣王大史籀箸大篆十五篇、與古文或異、故首列地字、而次列墬字、其作地者、卽小篆之同於古文者也、不然、豈孔壁古文、竟無天地二字乎、錢氏未達此旨、又以地從也聲、與己說不合、遂以墬爲古字、地爲今字、且云、墬之爲地、殆起於春秋以後、如其說、則必取六經中地字、盡改爲墬而後可、豈其然乎、

地（從也聲）

王念孫（王引之錄）

錢氏《答問》曰：「問：『顧氏謂古音地如沱，《詩》「載寢之地」，與「瓦」韻，不與「裼」韻；且引《易·繫辭》「俯則觀法於地」與「宜」韻以證之，其說信否？』曰：『顧氏之説，出於陳第，第所據者，惟《楚辭·橘頌》，亦未敢改《詩》音以從《楚辭》也。經典讀「地」字，大率與今音不異，《易·明夷·上六》「不明晦，初登于天，後入于地」，此以「地」韻「晦」也。〈繫辭〉云：「廣大配天地，變通配四時」，又云：「知崇禮卑，崇效天，卑法地」，一與「時」韻，一與「卑」韻，顧氏皆棄不取，獨引「仰觀俯察」四句以證成己說。愚謂此四句本非韻，即以韻求之，又烏知其不與物、卦相協乎？籀文地作墬，從隊不從也，墬之爲地，殆起於春秋以後，近取《楚辭》以遠繩《詩》、《易》，吾知其必不然也。許叔重《說文》雖以地爲正字，仍兼取籀文，漢碑亦多用墬，〈元命包〉云：「地者，易也。」《釋名》：「地，底也，諦也。」皆不取從也之音。〈秦始皇本紀〉琅邪刻石文，以「地」與帝、懈、辟、易韻，《淮南·原道訓》：「一之理，施四海；一之解，際天地」，〈大史公自序〉：「維昔黃帝，法天則地」，《漢書·丙吉傳》：「西曹地忍之」，亦讀「地」爲「弟」也。顧氏謂司馬相如〈子虛賦〉始讀爲徒二反者，誤。

家大人曰：「顧說是，錢說非也。凡字從也聲者，古皆在歌部，故池、馳、他、施、扡五字，見於《詩》者，讀皆如歌部之音，地亦猶是也。《左氏春秋經·定十年》：『宋公子地出奔陳』，《公羊》『地』作『池』，古讀池如沱，而字與地通，則地之讀如沱明矣。『載寢之地，載衣之裼，載弄之瓦』，三句連文而句法相同，不可分爲二韻，猶上章『載寢之床，載衣之裳，載弄之璋』也，故上章以床、裳、璋、喤、皇、王爲韻，此章以地、裼、瓦、儀、議、罹爲韻，裼字合韻，讀若他。裼音他計反，於古音屬支部，支、歌二部之音最相近，故古或通用，若《楚辭·九歌》：『悲莫悲兮生別離，離，古讀若羅。樂莫樂兮新相知』、〈大招〉：『姱脩滂浩，麗以佳只，曾頰倚耳，曲眉規只，滂心綽態，姣麗施只，施，古讀若莎。小要秀領，若鮮卑只，魂乎歸來，恩怨移只』、移，古音弋多反。《逸周書·周祝篇》：『葉之美也離（解）其柯，柯之美也離其枝』、《管子·內業篇》：『彼道不離，民因以知』、《莊子·馬蹄篇》：『同乎無知，其德不離』、《韓子·外儲說右篇》引《申子》：『愼而言也，人且知女；愼而行也，人且隨女』，隨古音徒禾反。皆以支、歌通用。顧謂裼不與地韻，非也，而讀地如沱，則是也。若讀地如今音以與裼韻，而以瓦、儀、議、罹別爲一韻，則既失本章之句法，又與上章之例相左矣。《易》之〈繫辭〉，自『古者包犧氏之王天下也』以下，每多用韻之文，則『觀象于天』四句，亦必有韻，何得以爲無韻乎？且地與宜相隔不遠，自當以地、宜爲韻，宜，古讀若俄。乃讀地如今音而不與宜韻，且遠隔三句而與物、卦韻，吾知其必不然也。錢氏誤讀《詩》、《易》，反謂顧氏近取《楚辭》以遠繩《詩》、《易》，傎矣。錢又引〈明夷·上六〉地與晦韻，〈繫辭〉地字，一與時韻，一與卑韻，以證今音之不誤。案：地於古音屬歌部，晦、時二字，於古音屬之部，之部之音，何能與歌部通？『知崇禮卑』三句，亦非用韻之文，錢既誤讀《詩》、《易》，又取《易》之不用韻者而強以爲韻，不亦誣乎！錢又引籀文地作墬，案：墬字說見下條。及〈元命包〉、《釋名》、秦刻石文、《淮南·內篇》、〈子虛賦〉、《史記》、《漢書》爲證。案讀地如今音，實自秦刻石文始，而漢人因之，然秦碑、漢賦，不在《詩》、《易》之前，奈何近取秦、漢以遠繩《詩》、《易》乎？且秦碑以地與帝、懈、辟、易、畫韻，《淮南》以地與解韻，案：原道篇：「一之理，施四海；一之解，際天地」，此以理、海為一韻，解、地為一韻，非以理、海、解、地通為一韻。〈子虛賦〉以地與繫韻，《史記》以地與帝韻，〈元命包〉訓地爲易，於古音皆屬支部，不屬脂部，支、歌二部之音相近，脂則遠矣。至《漢書》讀地如第，《釋名》訓地爲底，第爲脂部之去聲，底爲脂部之上聲，則地字始讀入脂部矣。《玉篇》：『地，題利切』，《廣韻》收入六至，皆是脂部之去聲，此誤之又誤也，而錢氏不能區別，概引爲證，且謂〈明夷〉地與晦韻，〈繫辭〉地與時韻，則歌部之音，竟與之部通矣。蓋錢於支、脂、之三部之界，未能了了，故所引多謬也。且地之讀如沱，不獨《詩》、《易》、《楚辭》也，〈禮運〉云：『命降於社之謂殽地，降於祖廟之謂仁義，降於山川之謂興作，降於五祀之謂制度，此聖人所以藏身之固也。』地、義爲韻，義，古讀若俄。作、度、固爲韻。《廣韻》作字又音臧祚切。《大戴禮·五帝德篇》：『養財（材）以任地，履時以象天，依鬼神以制義，治氣以教民。』地、義爲韻，天、民爲韻。《逸周書·武寤篇》：『王赫奮烈，八方咸發，高城若地，商庶若化。』烈、發爲韻，地、化爲韻。化，古讀貨平聲。《管子·五行篇》：『故通乎陽氣，所以事天也，經緯日月，用之於民，通乎陰氣，所以事地也，經緯星曆，以視其離。』天、民爲韻，地、離爲韻，離，古讀若羅。地字皆讀如沱。《楚辭·天問》：『啓棘賓商，九辯、九歌，何勤子屠母而死分竟地』，地字亦讀如沱，又不獨〈橘頌〉一篇也。以上諸書，皆在秦碑之前，而錢皆不取者，有所嫌而諱之耳。又〈子虛賦〉雖讀地如今音，而〈上林賦〉云：『其北則盛夏含凍裂地，涉冰揭河，其獸則麒麟角端，騊駼橐駝，蛩蛩驒騱，駃騠驢贏。』則又讀地如沱，錢引〈子虛〉而不引〈上林〉，亦諱之耳。其漢人之讀地如沱者，尙不止此，《唐韻正》所載已詳，今不具錄。」

案：《說文》地字解云：「從土也聲」，墬字解云：「籀文地，從土𨸏，彖聲」，小徐本如是，大徐本作「籀文從隊」，非。「彖」於古音屬元部，「也」於古音屬歌部，元、歌二部之音相近，故諧聲亦相通。《說文》萑從雈聲而雈讀若和，閺從戈聲而讀若縣，戌從戈聲而讀若環，儺從難聲，譒、播、鄱、磻並從番聲，䥫從難省聲，讀若受福不儺，𡟁從般聲，引《詩》「市也𡟁娑」，今《詩》作「婆娑」。〈東門之枌〉故原聲屬元部，而「南方之原」與差、麻、娑韻；難聲屬元部，而「不戢不難」與那韻；〈桑扈〉「其葉有難」與阿、何韻，〈隰桑〉此皆元、歌相通之證也。元、歌相通，則墬之從彖聲，猶地之從也聲也。然則地之本在歌部明矣，何反引彖聲之墬，以證徒二之音乎？《古韻標準》云：「地，籀文作墬。」是從隊聲也，大謬。又案：《說文》全書之例，凡小篆與古文異者，則首列小篆而次列古文，其與古文同者，則但列小篆而不列古文，以小篆即古文也，若此者凡十之八九，其與古文異者，不過十之一二而已。故《說文》天、地二字，皆無古文，非無古文也，以小篆即古文也。唯籀文作墬，與古文不同，《說文·敘》云：「宣王大史籀箸大篆十五篇，與古文或異。」故首列地字而次列墬字，其作「地」者，即小篆之同於古文者也。不然豈孔壁古文，竟無天、地二字乎？錢氏未達此旨，又以「地從也聲」與己說不合，遂以墬爲古字，地爲今字，且云「墬之爲地，殆起於春秋以後」，如其說，則必取六經中「地」字，盡改爲「墬」而後可，豈其然乎？

問詁堂文鈔　伯申氏手錄

問詁堂文鈔

王引之

（一）遊柏氏園記
（二）經籍纂詁序
（三）平定教匪總論鈔

遊柏氏園記

京師百里之內拔奇挺秀窈窕而雄麗者西山也十里之內窮幽極奧周通而閒曠者柏氏園也園處西南之維地號宗邨水以為會淙然而趨汩然而起者咸於是乎出入故廻背負方塘面臨大沼三步一杠五步一徛岸作洲連磯為島峙巖回環者四五里而游觀之勝乃稱絕於都下歲在癸丑季夏之吉知友兩三暨僕而往游焉時則暑雨新收曜波微漾烟將柳晴風作荷香於是水閣臨磴敷莞筵設肆桃簟酒壺數杯香茗一椀披襟屬快不扇恒凜跣而放扁舟溯清流杖槳而至枕艇而臥目不絕清

淪之狀可不絶瀠洄、敞豁可領俛仰極眺暢遠情者也噫是園之成
久矣登閣廿載以前王氏實營業之郡人士擬託古來日以荒廢復易他姓而
扃寂不通者數年自易姓而始復脩葺其亭榭花卉之美而於不見者若干年矣而
揭此園之晦而復顯也敬書其記以為此園幸

經籍纂詁序

訓詁之學發端於爾雅旁通於方言六經奧義五方殊語既略備於此矣嗣則叔重說文稚讓廣雅探賾索隱厥誼可傳下及玉篇廣韻集韻之類蒐羅遺訓而所擷之書或不可考且舊書雅記經史傳注未錄者猶多至於網羅前訓徵引群書考之~~史志~~著錄家罕見有也惟舊唐志載天聖太后字海一百卷諸葛穎桂苑珠叢一百卷新唐志載顏真卿韻海鏡源三百六十卷自古字書韻書未有若此之多者其詳載先儒訓釋皆以卷帙浩繁而惜乎其書之逸也曩者戴東原庶常朱笥河學士皆欲纂集傳注以示學者未

及成
編吾師阮芸臺先生復編修時欲與孫淵如觀察朱少河孝廉共成之而
未果及先生督學浙江乃手定體例逐韻廣收綴屬分纂類輯凡歷二年
之久編成一百六卷展一韻而衆字畢備檢一字而諸訓皆存尋一訓而原書可識所
謂握六藝之鈐鍵廓九流之潭奧者矣夫訓詁之指本於聲音揆厥所由罔不同條
共貫如周南關雎左右芼之傳訓芼為擇後人不從而不知芼苗聲近義同左右芼
之之芼傳以為擇猶田苗蒐狩之苗白虎通以為擇取爾雅芼搴也亦與擇取之義
相近也召南甘棠篇勿翦勿拜鄭訓拜為拔後人不從而不知拜與拔聲近而義同也邶
風柏舟篇不可選也傳訓選為數後人不從而不知選算古字通朱穆絕交論作不可算也鄭注

詁訓明見矣也以矣為敎正與古同義也新臺篇籧篨不鮮義訓鮮為善後人不從

而不知爾雅鮮有二字皆訓為善正是一證之據且下云籧篨不殄殄讀曰腆腆其義故

為善也小雅采綠篇六日不詹傳訓詹為至後人不從而不知詹之為至載於爾雅乃

古之方言是以方言亦云楚語謂至為詹也曲禮急繕其怒鄭讀繕為勁後人不從而不

知繕之為勁乃耕仙二韻之相轉據雅秩東作直作平秩平之左右亦作便蕃左右也學

記術有序鄭注之術當為遂敎之謀也後人不從而妄改為州而不知術遂古同聲故月

令審端經術注云術周禮作遂也蓋乃先儒細釋偶疏而後人不知改正者正多有之如易

屯六二女子貞不字陸績訓字為愛已覺未安至宋耿南仲謀讀女子許嫁笄而字之文遂以

字為許誤（鄭為字之文），更不可通。不如虞翻訓為烝烝善也。堯典克諧以孝烝烝乂不格姦，傳訓烝烝之乂為進進以善，自治，頗不辭。不如蔡邕九疑山碑讀以孝烝烝為句，且依廣雅烝烝孝也，乂訓為善也。皋陶謨萬邦作乂，史記夏本紀作以為字代作，以文義求之，不如用詩駉篇傳訓作為始，始善也。[illegible]昭，傳訓用功廿曰昭，乃望文生義，不如訓昭為治，治善也。康誥迪乃猷裕乃以民寧，傳讀猷字為句，而訓猷為謀，不如斷猷為句，而用方言訓猷道也，道訓為善也。詩鄘定之方中篇匪直也人，檜風匪風篇匪風發兮匪車偈兮，小雅小旻篇如匪行邁謀，箋訓匪為彼，不如用左傳杜注訓匪為彼，彼善也。王風中谷有蓷篇暵其濕矣，傳箋並解為水濕，與暵字之叢相及不如讀偃為䁥用通信文叛條曰䁥之善也魏風陟岵篇行役夙夜無寐傳以為寐寐之寐不如讀寐為沬而用楚辭注沬已也之訓為善也小雅南有嘉魚篇烝然罩罩烝然汕汕傳依爾雅云罩罩篧也汕汕樔也不如說文訓為魚游水貌之為善也菁菁者莪篇我心則休釋文云並以休為美不如國語韋注休喜也之訓為善也北山篇我從事獨賢箋以為賢才之賢不如毛傳訓賢為勞之善也菀柳篇無自暱焉傳訓暱為近則與無自瘵焉之文不類不如用廣雅暱病也之訓為善也都人士篇序衣服不貳從容有常鄭訓從容為休燕不如緇衣正義訓為舉動之善也大雅綿篇曰止曰時箋訓時為是與曰止異義不如訓時為止之善也卷阿篇有馮有翼傳云道可馮依以為輔翼不如訓為馮馮翼翼之詞盛貌為善也民勞篇無縱詭隨傳云詭人之善隨

人之意以是韻之字而上下異訓不如讀隨為譎而訓詭譎之善也云漢篇昊天上帝則不我虞箋訓
虞為度文義未允不如訓有訓助之善也月令養壯佼正義以佼為形容佼好與壯異義不如
訓佼為健之善也桓十一年左傳且日虞四邑之至也昭六年傳始吾有虞於子杜注並訓為度不如
訓為望之善也宣十二年傳董澤之蒲不可勝既杜訓既為盡不如讀既為墍用摽有梅詩傳
墍取也之訓之善也襄二十五年傳憑陵我敝邑不可億逞杜訓億為度逞為盡不如訓為盈
滿之善也後之覽是書者比之鑿空疑讀之病而猶於古取古人之傳注而得其聲音之理以知
其所以然而傳注之未安者又能博考前訓以正之庶可傳古聖賢著書本旨而不失先師之義
是書之意與

嚴方伯如熤手定陝西總督署云賊匪雖無遠略亦有小小詐智
心計取道未破州縣必盡擄裁而從其殘破地經由可以無阻其地
殘破地重被匪擾則附近未破之州縣必大為驚擾探其人民逃散
村落空虛者使兵間焚劫是賊以各為巢穴被害愈甚為
旅舍也

三省邊防十四卷之六十

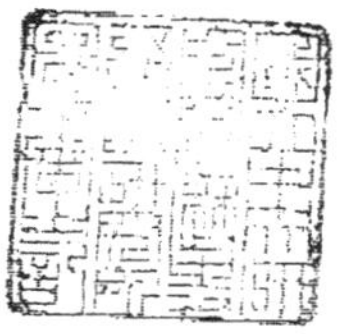

問詁堂文鈔

王引之

一、遊柏氏園記

京師百里之內，拔奇挺秀，窈窕而雄麗者，西山也。十里之內，窮幽極奧，周通而閒曠者，柏氏園也。園處西南之維，地號窊邪，水以爲會；淙然而趨，汩然而起者，咸於是乎出入。故迺背負方塘，匈膺大沼，三步一杠、五步一綺，岸作洲連、磯如島峙。蓋回環者四五里，而游觀之勝，乃稱絕於都下。歲在癸丑季夏之廿日，知友兩三整轡而往游焉，時則暑雨新收，曜波微漾，煙將柳暗，風作荷香，於是登水閣、臨石碕、敷莞莚、肆桃簟，濁酒數杯，香茗一椀，披襟屢快，不扇恒涼。既而放扁舟、激清浪，杖拏而立、枕舷而臥，目不絕清冷之狀，耳不絕潺湲之聲，斯可謂俛仰極樂，暢遂幽情者也。噫！是園之成久矣，吾聞廿載以前，王氏寔首業之，都人士棲託去來，日以益盛，後易他姓而絕，客不通者數年；再易姓而始復有游者。夫懷希世之美，而終不見知者夥矣，而獨斯園之晦而復顯也哉。書此記，以爲斯園幸。

二、經籍纂詁序

訓詁之學發端於《爾雅》，旁通於《方言》，六經奧義、五方殊語，既略備於此矣。嗣則叔重《說文》、稚讓《廣雅》，探賾索隱，厥誼可傳。下及《玉篇》、《廣韻》、《集韻》，亦頗蒐羅遺訓，而所據之書，或不可考，且舊書雅記，經史傳注未錄者猶多，至於網羅前訓，徵引群書，考之著錄家，罕見有此，惟〈舊唐志〉載天聖太后《字海》一百卷、諸葛穎《桂苑珠叢》一百卷，〈新唐志〉載顏真卿《韻海鏡源》三百六十卷，自古字書、韻書，未有若此之多者。意其詳載先儒訓釋，是以卷帙浩繁，而惜乎其書之已逸也。曩者戴東原庶常、朱笥河學士，皆欲纂集傳注，以示學者，未及成編。吾師阮芸臺先生官編修時，欲與孫淵如觀察、朱少河孝廉共成之，亦未果。及先生督學浙江，乃手定體例，逐韻廣收，總彙名流，分書類輯，凡歷二年之久，編成一百十六卷。展一韻而眾字畢備，檢一字而諸訓皆存，尋一訓而原書可識，所謂握六藝之鈐鍵，廓九流之潭奧者矣。夫訓詁之旨，本於聲音，揆厥所由，罔不同條共貫，如〈周南·關雎〉「左右芼之」傳，訓「芼」爲「擇」，後人不從，而不知「芼」、「苗」聲近義同，「左右芼之」之「芼」，傳以爲「擇」，猶「田苗蒐狩」之「苗」，《白虎通》以爲「擇取」。《爾雅》：「芼，搴也」，亦與擇取之義相近也。〈召南·甘棠篇〉「勿翦勿拜」，鄭訓「拜」爲「拔」，後人不從，而不知「拜」與「拔」聲近而義同也。〈邶風·柏舟篇〉「不可選也」，傳訓「選」爲「數」，後人不從，而不知「選」、「算」古字通。朱穆〈絕交論〉作「不可算也」，鄭注《論語》「何足算也」以「算」爲「數」，正與此同義也。〈新臺篇〉「籧篨不鮮」箋訓「鮮」爲「善」，後人不從，而不知《爾雅》「鮮」、「省」二字皆訓爲「善」，正是一聲之轉，且下云「籧篨不殄」，「殄」讀曰「腆」，其義亦爲「善」也。〈小雅·采綠篇〉「六日不詹」，傳訓「詹」爲「至」，後人不從，而不知「詹」之爲「至」，載於《爾雅》，乃古之方言，是以《方言》亦云「楚語謂至爲詹也」。〈曲禮〉「急繕其怒」，鄭讀「繕」爲「勁」，後人不從，而不知「繕」之爲「勁」，乃耕、仙二部之相轉，猶「辨秩東作」通作「平秩」，「平平左右」亦作「便蕃左右」也。〈學記〉「術有序」，鄭注云「『術』當爲『遂』，聲之誤也」，後人不從，而妄改爲「州」，而不知「術」、「遂」古同聲。故〈月令〉「審端徑術」注云「術，《周禮》作遂」也。若乃先儒訓釋偶疏，而後人不知改正者，亦多有之。如《易·屯·六二》「女子貞不字」，陸績訓「字」爲「愛」，已覺未安；至宋耿南仲誤讀「女子許嫁笄而字之」文，遂以「字」爲「許嫁」，更不可通，不如虞翻訓爲「妊娠」之善也。〈堯典〉「克諧以孝烝烝乂不格姦」，傳訓「烝烝乂」爲「進進以善自治」，頗不辭，不如蔡邕〈九疑山碑〉讀「以孝烝烝」爲句，且依《廣雅》「烝烝，孝也」之訓之善也。〈臯陶謨〉「萬邦作乂」、〈禹貢〉「萊夷作牧」、「雲夢土作乂」，《史記·夏本紀》皆以「爲」字代「作」字，文義未安，不如用《詩·駉篇》傳訓「作」爲「始」之善也。〈禹貢〉「嵎夷既略」，傳謂「用功少曰略」，乃望文生義，不如訓「略」爲「治」之善也。〈康誥〉「遠乃猷裕，乃以民寧」，傳讀「猷」字爲句，而訓「猷」爲「謀」，不如斷「裕猷」（猷裕）爲句，而用《方言》「猷裕，道也」之訓之善也。《詩·鄘風·定之方中篇》「匪直也人」、〈檜風·匪風篇〉「匪風發兮，匪車偈兮」、〈小雅·小旻篇〉「如匪行邁謀」，箋並訓「匪」爲「非」，不如用《左傳》杜注訓「匪」爲「彼」之善也。〈王風·中谷有蓷篇〉「暵其濕矣」，傳、箋並解爲「水濕」，與「暵」字之義相反，不如讀濕爲「㬤」，用《通俗文》「欲燥曰㬤」之善也。〈魏風·陟岵篇〉「行役夙夜無寐」，傳以爲「寤寐」之「寐」，不如讀「寐」爲「沬」，而用《楚辭》注「沬，已也」之訓之善也。〈小雅·南有嘉魚篇〉「烝然罩罩，烝然汕汕」，傳依《爾雅》云「罩罩，篧也；汕汕，樔也」，不如《說文》訓爲「魚游水貌」之善也。〈菁菁者莪篇〉「我心則休」，釋文、正義並以「休」爲「美」，不如《國語》韋注「休，喜也」之訓之善也。〈北山篇〉「我從事獨賢」，箋以爲「賢才」之「賢」，不如毛傳訓「賢」爲「勞」之善也。〈菀柳篇〉「無自暱焉」，傳訓「暱」爲「近」，則與「無自瘵焉」之文不類，不如用《廣雅》「暱，病也」之訓之善也。〈都人士篇〉序「衣服不貳，從容有常」，鄭訓「從容」爲「休燕」，不如〈緇衣〉正義訓爲「舉動」之善也。〈大雅·綿篇〉「曰止曰時」，箋訓「時」爲「是」，與「曰止」異義，不如訓「時」爲「止」之善也。〈卷阿篇〉「有馮有翼」，傳云「道可馮依，以爲輔翼」，不如訓爲「馮馮翼翼，滿盛篧貌」之善也。〈民勞篇〉「無縱詭隨」，傳云「詭人之善，隨人之惡」，以疊韻之字而上下異訓，不如讀「隨」爲「譎」，而訓「詭譎」之善也。〈雲漢篇〉「昊天上帝，則不我虞」，箋訓「虞」爲「度」，文義未允，不如訓「有」訓「助」之善也。〈月令〉「養壯佼」，正義以「佼」爲「形容佼好」，與「壯」異義，不如訓「佼」爲「健」之善也。桓十一年《左傳》「且日虞四邑之至也」、昭六年《傳》「始吾有虞於子」，杜注並訓爲「度」，不如訓爲「望」之善也。宣十二年《傳》「董澤之蒲，可勝既乎」，杜訓「既」爲「盡」，不如讀「既」爲「塈」，用〈摽有梅〉詩傳「塈，取也」之訓之善也。襄二十五年《傳》「馮陵我敝邑，不可億逞」，杜訓「億」爲「度」，「逞」爲「盡」，不如訓爲「盈滿」之善也。後之覽是書者，去鑿空妄談之病而稽於古，取古人之傳注，而得其聲音之理，以知其所以然。而傳注之未安者，又能博考前訓以正之，庶可傳古聖賢著書本旨，且不失吾師纂是書之意與。

三、平定教匪總論鈔

嚴方伯如熤〈平定教匪總論〉有云：「賊匪雖無遠略，亦有小小詐智，心計取道未破州縣，必遭攔截，而從既殘各地經由，可以遄行無阻。至既殘各地，重被匪害，則附近未破之州縣，必大爲【大爲】驚擾，探其人民逃散、村落空虛者，便乘間焚劫，是賊以（借）山谷爲巢穴，被害各地爲旅舍也。

《三省邊防》十四卷之六十（五十九）

古訓依聲

王引之

漢書外戚恩澤侯表絳侯作紅侯

紅絳也白色之似絳者也 釋名釋采帛

鴻讀子贛之贛 淮南精神篇注

為青汲甕之甕 西山經注

空孔也漢書張騫傳注李廣利傳注鮑宣傳注

以持共也禮運注

漢書古今人表東不訾韓子說疑作董不識

顏氏家訓書證古口中爲仲

同按此乃古訓依聲之說

東動也漢書律曆志上 廣雅釋詁一 東者動也續漢書五行志注引風俗通義 東方者動方也物之動也蓺文類聚歲時部上引書大傳 東方者動方也萬物始動生也白虎通義五行

桐痛也廣雅釋詁二 桐者痛也白虎通義喪服

通洞也言無所不貫洞也釋名釋言語

恫痛也爾雅釋言 詩思齊傳

儒行不充詘於富貴注充或為統

山大而高曰嵩嵩竦也亦高稱也釋名釋山

嵸猶衆也[illegible]年文三華侍注

古訓依聲

王引之

紅，絳也，白色之似絳者也。《釋名·釋采帛》

《漢書·外戚恩澤侯表》，「絳侯」作「紅侯」。

鴻讀子贛之贛。《淮南·精神篇》注

翁音汲甕之甕。〈西山經〉注

空，孔也。《漢書》〈張騫傳〉注、〈李廣利傳〉注、〈鮑宣傳〉注

公猶共也。〈禮運〉注

東，動也。《漢書·律麻志上》、《廣雅·釋詁一》　東者，動也。《續漢書·五行志》注引《風俗通義》　東方者，動方也；物之動也。《藝文類聚·歲時部上》引《書大傳》　東方者，動方也；萬物始動生也。《白虎通義·五行》

《漢書·古今人表》「東不訾」，《韓子·説疑》作「董不識」。

桐，痛也。《廣雅・釋詁二》

桐者，痛也。《釋名・釋言語》

《顏氏家訓・書證》：「古以中為仲。」

通，洞也，無所不貫洞也。《釋名・釋言語》

恫，痛也。《爾雅・釋言》、《詩・思齊》傳

同按：此乃古訓依聲之說

山大而高曰嵩，嵩，竦也，亦高稱也。《釋名・釋山》

〈儒行〉：「不充詘於富貴」注「充或為統」。

螽，猶眾也。《公羊》文三年傳注

試帖詩

王引之

圖版選印前後兩種不同筆蹟之第一張

賦得王道正則百川理得通字

道正坤靈助從知主極隆百川千里順四瀆一時通
巍蕩齊堯德平成邁禹功無偏無黨處或委或源中
詩咏河流比書陳漢滙東出旋歸曰汜小入大為潨
至治徵清晏澄波喜會同梯航皆入

貢薄海頌

仁風

脱一字

賦得草偃風從得風字

帝德吹噓廣民情感應同歸如星拱極偃似草從風向化
柔而順揚和大以公樹之聲正遠貢若象皆通葵比
隨陽近苗殊待雨豐八方神鼓舞萬彙慶昭融芣苢謳
歌日菁莪樂育中自
天施長養解愠協元功

賦得游思竹素園得陽字

竹素憑誰覽名篇咏景陽思原通祕指園若聚羣
芳古壁探筠簡輕縑貯縹囊藝林新涉獵書圃舊
翱翔天與精神富人詩卷軸藏興來詞作藪意到
墨爲莊
睿慮誠周徧陳編尚審詳
味餘埀寶笈文苑仰輝光

賦得玉水記方流 得方字

延年工取譬蓄寶象斯彰美玉初含潤寒流必記方體原符坎滿德恰肖坤剛碁局涵星影圭形漾月光載宜盂受水停合鑑爲塘曲曲常通霤棱棱早露芒一痕看細皺十珏想深藏矩矱昭謨訓羣言歎望洋

試帖詩

王引之

賦得王道正則百川理　得通字

道正坤靈助，從知主極隆。百川千里順，四瀆一時通。巍蕩齊堯德，平成邁禹功。無偏無黨處，或委或源中。詩詠河流北，書陳漢匯東。出旋歸曰汜，小入大爲潀。至治徵清晏，澄波喜會同。梯航皆入貢，薄海頌仁風。

賦得草偃風從　得風字

帝德吹噓廣，民情感應同。歸如星拱極，偃似草從風。向化柔而順，揚和大以公。樹之聲正遠，賁若象皆通。葵比隨陽近，苗殊待雨豐。八方神鼓舞，萬彙慶昭融。芣苡謳歌日，菁莪樂育中。自天施長養，解愠協元功。

賦得春日載陽　得風字

溫暾春已至，訢合氣相通。煦發王孫草，和生君子風。晴雲遲欲駐，旭日煖於烘。淺煗薰桃頰，微暄醉杏叢。土蒸千畝潤，冰泮一池空。歲月芳華裏，郊原瑞色中。時光流藹藹，物意樂融融。聖治符豳紀，群瞻化育功。

賦得桐葉知閏　得桐字

合朔惟朱草，知時是碧桐。自能符閏月，不獨報秋風。驗去三年協，占來五歲同。影添金井上，氣應玉衡中。兩兩圭如翦，雙雙翠作叢。奇零真可數，消息竟誰通。有象因時序，無心任化工。還如堯陛莢，紀日契宸衷。

賦得雷聲忽送千峰雨　得峰字

倏爾雷聲震，從知雨氣濃。飛來雲一片，送出嶂千重。連鼓形先動，翻盆勢已逢。淸淵初躍蜧，深谷驟鞭龍。砰磕音相激，滂沱澤自從。乍聽催霹靂，似欲濯芙蓉。殷殷來幽壑，填填度遠峰。會看膏澤布，優渥遍堯封。

賦得農乃登麥　得登字　辛酉年散館題

孟夏時方屆，康年瑞已逢。穀先登二麥，慶自洽三農。槐露朝觀穫，梅風午聽舂。秀分岐左右，收遍畝横縱。共取中田積，來充御廩供。金莖連一一，玉粒聚重重。饋食偕魚薦，嘗新以彘從。皇心勤稼政，秉穗頌如墉。

賦得龍鯉一角　得龍字

神物傳殊狀，昂然秀獨鍾。揚鬐原似鯉，戴角自稱龍。疊浪排千尺，中流聳一峰。挂來仙霧繞，觸去碧雲從。潛鹿形微肖，靈犀象若逢。有鱗雖六六，在額不重重。擊水超凡類，居陵顯異容。定知焦尾後，天路共追蹤。

賦得花爲雨來濃　得松字

碧瓦看花放，簾纖雨乍逢。葉齊新綠長，蕊碎濕雲封。濯處鱗千片，催來錦萬重。簷牙流甫駐，溝畔色全濃。潤帶琉璃影，開含翡翠容。垣苔同羃䍥，砌草共蔥蘢。疏密光相映，高低秀遍鍾。自天膏澤厚，群仰棟生松。

賦得夏雲多奇峰　得奇字

莫辨飛來處，岧嶢勢正奇。誰將雲靉靆，幻作嶂參差。螺髻隨風結，蓮花帶雨披。自分三嶠列，不假六鼇移。峰影高還下，嵐光合復離。馬頭徐拂後，人面乍迎時。出岫形仍肖，遮山望轉疑。重巒看不盡，三復凱之詩。

賦得反舌無聲　得時字

仲夏方占候，陰生一鳥知。誰令聲乍寂，應識氣潛移。百囀誇前日，三緘慎此時。願同君子訥，羞比躁人辭。院靜花空落，煙深柳自垂。不煩捫爾舌，似欲守其雌。恰與乘除協，端推語默宜。何爲鳴鶗鴂，應笑伯勞癡。

賦得政如農功　得思字

奏功時亹亹，圖政日孜孜。譬彼稽田者，從無越畔思。德馨皆黍稷，器利即鎡錤。肯播期能穫，爲畬戒不菑。力從三載課，樹以百年滋。望歲心原切，逢秋報豈遲。只當終厥畝，未敢服其私。洪範稱農用，欽惟庶績熙。

賦得量鼎得其象　得時字

量鼎崇遺軌，從知禮制垂。規模原可守，法象自無虧。足以三分立，唇從一寸基。衡材金與錫，卜卦巽兼離。奇耦陰陽協，方圓內外宜。黃鍾諧律本，玉鉉玩爻詞。累黍平升斗，陳牲辨鼐鼒。陶鎔歸帝力，礪節應清時。

賦得所樂在人和　得時字

太和敷正滿，至樂播咸宜。所在人皆洽，相看俗早移。無爭無怨處，不競不絿時。化日中天永，春風幾度吹。雝雝仍肅肅，皞皞更熙熙。愷悌中含矣，醇濃遍飲之。用諴堪作誥，解慍欲歌詩。仁壽無疆祝，衢謳正及期。

賦得秋草含綠滋　得滋字

霏靡春緣砌，芊眠夏滿池。卻逢秋色麗，猶帶綠痕滋。南浦今朝望，西風昨夜吹。誰將清露染，都似碧雲垂。
丹映楓千樹，黃攙菊一枝。柔茵舒冉冉，翠帶展遲遲。涼意侵書幌，濃陰到綺帷。入簾新得句，爲和景陽詩。

賦得子雲吐鳳　得思字

太元初結想，嘉夢兆何奇。才子雕龍日，文人吐鳳時。探喉旋已出，振羽即爲儀。欻處皆濃采，飛來盡妙思。
麟書呈瑞合，鳥篆寫形宜。戲海殊鴻陣，游天異鶴姿。揮毫毛尙麗，裁諾尾應垂。藹藹詞臣選，卷阿可詠詩。

賦得披沙揀金　得披字

莫辨藏金處，寒沙遍水涯。譬如糠粃在，先與簸揚之。朗朗星將出，紛紛霧盡披。鑪錘從此試，瓦礫自今辭。
塵洗恒河盡，珍探麗水宜。螢飛曾蘊寶，鏡照果稱奇。不爲施淘汰，安能耀陸離。惟賢堪作礪，盛代野無遺。

賦得龍見而雩　得時字

辨星初入夏，雩祭舉非遲。朱鳥方中日，蒼龍乍見時。保章先測象，太祝更陳辭。東陸移躔次，南郊肅禮儀。
百神宜遍祀，七宿已昭垂。瞻仰咸知候，祈求正及期。宸衷勤禱請，天澤立敷施。不待占離畢，滂沱萬物滋。

賦得清風來故人　得時字

爽籟披襟受，歡然若故知。新涼招甫到，舊約踐非遲。迎向花陰後，邀來水面時。伴予琴共響，和汝籜先吹。
入座通懷抱，開軒話別離。與俱誠不厭，肆好更堪思。聲氣求還易，寒溫敘最宜。感君噓拂意，莫詠谷風詩。

賦得香羅疊雪輕　得衣字

端午承隆澤，香羅捧賜衣。軟含風習習，輕疊雪霏霏。質豈從雲降，光寧帶日晞。倘逢回袖舞，定欲作花飛。

素色千層薄，橫紋幾縷稀。氤氳常散馥，皎潔乍凝輝。霧縠同裁剪，冰綃共織機。自天蒙寵錫，稽首拜恩歸。

賦得蟭螟巢蚊睫　得飛字

藐爾蚊之睫，秋毫詎足依。那知張目處，竟作故巢歸。枝比鷦鷯借，身隨蠛蠓飛。蜂窠形豈似，蝸角擬還非。

但覺雙棲穩，渾忘一瞬微。凝眸真可託，轉盼肯相違。有跡尋還杳，無聲聽愈希。麼蟲精取喻，禦寇早忘機。

賦得渴蜂窺硯水　得飛字

寶硯池中滿，游蜂几上飛。欲窺鄰講席，帶渴傍書幃。花採千枝馥，波覘一勺微。垂芒頻戀戀，望澤乍依依。

繞案思低吸，穿簾更遠睎。凝眸聲屢作，滿腹願寧違。鵠卵憑房納，蠅頭任筆揮。文章工體物，染翰久騰輝。

賦得水母目蝦　得依字

水母寧能視，蝦公幸可依。同心應有伴，比目更無違。石鏡開全面，沙虹繞四圍。魚鬚陪簇簇，蟹眼映微微。

一躍憑傳信，雙眸藉遠睎。撐蒲形宛似，璅蛣擬還非。假物原相濟，因人豈見譏。當如君子德，潛見獨知幾。

賦得如川之流　得如字

天威宣赫業，虎旅勢齊舒。山共巖巖爾，川同浩浩如。動疑泉出峽，止似海歸墟。鵝陣浮波久，魚麗躍浪徐。

濯征功莫禦，利涉象非虛。震卜雷霆合，師占地水初。武功櫜甲冑，文德集車書。盛世恩波廣，朝宗仰帝居。

賦得臣心如水　得如字

臣節應何似，言觀後漢書。只緣心不擾，遂與水相如。作鑑淵同靜，尋源谷本虚。定從知止後，淡在訂交初。上善端推爾，清流必助予。陂寧因撓濁，泉合傍廉居。俗垢人爭染，靈源我自疏。葵傾方向日，潔白志全攄。

賦得鑑空衡平　得如字

皇極開公正，群情仰化初。空惟金鑑似，平擬玉衡如。豁達真無礙，偏私總不居。月輪秋印水，斗柄夜懸車。離照虚中後，謙撝稱物餘。一奩披霧迥，萬點布星疏。握鏡光先澈，持權用久舒。聖心天浩蕩，德政不勝書。

賦得相馬以輿　得居字

相士懷高識，平心驗所居。譬如觀駿馬，可使駕輕輿。芝蓋隨風轉，桃花映日舒。兩驂齊舞處，六轡乍調初。品定鳴鑾後，才呈逐水餘。九方評始確，伯樂顧非虚。騏驥名堪副，驪黄辨尙疏。天衢驤首日，妙選中巾車。

賦得王良登車　得車字

善御無駑鈍，王良譽不虚。才原能相馬，術乃擅登車。振策馳驅際，鳴鑾磬控餘。兩驂皆舞若，六轡自琴如。行想交衢遠，旋看逐水徐。絕塵奔可擬，泛駕習先除。技比韓哀日，名齊造父初。萬方遵道路，聖化仰寬舒。

賦得斲雕爲樸　得初字

太素原無色，雕鎪竟爛如。何須丹雘染，應借斧斤除。豈以文爲貴，毋寧質有餘。八材留渾樸，五采謝紛挐。止與觚同破，誰言藻妄攄。陶匏誠並著，杞梓用先儲。郅治崇修古，淳風重復初。茅茨知不翦，儉德仰宸居。

賦得驊騮開道路　得衢字

駿馬驊騮重，呈才氣象殊。獨能開道路，誰與並馳驅。陟險同平地，升高似坦途。八方蹄下入，千里目中無。
跡遠塵應絕，身輕電與俱。朝騰從朔漠，暮浴向徐吾。願作追風騎，羞爲伏櫪駒。從茲攸往利，驤首躍天衢。

賦得清露滴荷珠　得珠字

湛湛清光點，田田翠色鋪。細看荷上露，卻似掌中珠。靈液千行滴，明璫百琲輸。走盤分更合，傾蓋有旋無。
宕漾驚風轉，團圞映月孤。誰令輝的皪，應識氣沾濡。倘使淩波採，還如待價沽。昆明魚戲處，報德若相符。

賦得記事珠　得珠字

往事從何記，尋源藉慧珠。因心原不隔，在手適相符。乍喜千端集，如穿九曲紆。星羅真可數，月印總無殊。
象罔求何易，牟尼照已輸。探疑明鏡徹，藏合智囊俱。寶氣觀原朗，圓光鑒不孤。燕公多碩畫，曠代仰訏謨。

賦得文昌氣似珠　得珠字

文教流風遍，文昌列象殊。瞻形如半月，望氣似連珠。歷歷光常耿，纍纍勢不孤。四圍皆的皪，一貫獨縈紆。
密本過東壁，高還傍右樞。遠資天女佩，近借斗車輸。經緯穿應聚，璿璣合若符。三台躋甚邇，聖代正崇儒。

賦得鹿鳴思野草　得呼字

草色芊眠處，伎伎鹿並趨。尋芳欣得便，在野喜相呼。露濕柔芽滿，風飄逸韻殊。分甘思鼷鼠，食藿羨場駒。
綠蕙知多少，仙芝問有無。九皋鳴鶴伴，三峽夜猿俱。踐豈同行葦，投應慕束芻。葭蓬歌盛世，麟趾協騶虞。

賦得三餘讀書 得腴字

名言傳董遇，績學重純儒。六籍文堪誦，三餘暇可圖。拈毫層凍啓，展卷一燈俱。雨氣侵窗外，書聲繞室隅。雪寒光可照，螢滿字頻摹。曲徑深依柳，疏音響碧梧。惜陰功正迫，愛日志寧渝。稽古欽文德，研經味道腴。

賦得制鐘無聲 得泥字

待叩鐘方設，摧堅劍獨提。不聞鳴中律，惟見砌如泥。有影生鐮鍔，無聲應鼓鼙。練吹三尺過，金截一痕齊。到處同分水，揮時勝斷犀。倏憑鋒出入，那待韻高低。寂爾音難覓，依然手自攜。會看藏匣寶，氣尙作虹蜺。

賦得既雨晴亦佳 得佳字

宿雨收初盡，晴光望轉佳。遠山清若沐，新水淨於揩。麥浪徐翻隴，苔痕乍上階。落花紅未掃，短筍綠初排。牧笛聲聲度，耕犁處處偕。斜陽三徑樹，芳草一池蛙。天轉韶華節，人舒淡蕩懷。捲簾看始罷，爽氣襲高齋。

賦得擲地金聲 得台字

何處金聲奏，端推作賦才。掞天方製就，擲地試聽來。恰與撞鐘叶，寧須擊鉢催。雲箋飛綺麗，玉律應遲回。聽以平心久，拋從脫手纔。凡音知盡洗，雅調喜初開。鼓吹原堪協，宮商信可該。聖朝文苑盛，麗藻邁天台。

賦得春寒花較遲 得開字

正值餘寒在，芳林幾處開。春光猶黯淡，花意總遲徊。未許瓊杯賞，還憑羯鼓催。曉妝如有待，風信更徐來。詎見香爭發，惟疑暖未回。萼攢初得雨，甲拆俟聞雷。佇想霞成塢，旋看錦作堆。太和敷正滿，物類荷栽培。

賦得驊騮開道路 得開字

蕩蕩康莊路，驊騮展駿才。誰言千里闊，直以四蹄開。乍覺風聲疾，還疑電影催。金鞍連月動，玉勒帶雲來。暮抵幽燕宿，朝從楚越回。一時傳驥足，自古説龍媒。飛兔寧多讓，晨鳧許共推。天衢交舞日，顧影重徘徊。

賦得所寶惟穀 得民字

誕降天心協，勤施帝德均。善哉知所寶，用以錫斯民。金且捐山麓，珠還棄水濱。厥惟農有穀，是曰國之珍。乍詠千倉積，如逢九府陳。其琛人欲獻，不愛地偏神。元日祈原早，三秋熟自頻。豐年真比玉，萬載樂皇仁。

賦得一日十瑞 得仁字

唐帝垂裳治，嘉祥應若神。天干占自協，地數驗還均。萐莆全枝展，堦蓂一葉新。烏翔靈木茂，鳳翽彩禽臻。甘露滋禾早，華星映沼蘋。錫疇應過九，入律不兼旬。執極中元正，披圖二五陳。十全符景運，億載頌堯仁。

賦得見山思靜 得仁字

萬象基於靜，觀山契妙因。思原安汝止，見乃謂之仁。目極千層碧，心無一點塵。始知谿可守，直以谷爲神。步到開門處，看來採菊人。望中呈九面，象外悟全身。默默堪微會，巖巖自有真。宸衷方立極，瞻仰遍臣民。

賦得春陰又到海棠時 得春字

憶昔花方吐，微雲護幾旬。忽看千朵馥，又報一年春。漠漠陰仍滿，霏霏氣更新。天時如有約，物候正相因。風雨催寧急，神仙望最真。賞心同舊日，彈指盡芳辰。翠袖圍初密，紅綃染漸勻。瓊林盈瑞靄，高晏折枝人。

賦得秋雲似羅　得雲字

輕羅何巧似，片片度秋雲。不染偏成色，非裁自有紋。雨垂驚縷斷，風捲訝絲棼。密若因縫合，稀如待剪分。素娥初展袖，仙子乍拖裙。爽氣連朝靄，淸光引夕曛。綺聯霞皎皎，縠映霧紛紛。糺縵歌方紀，彤墀麗錦雯。

賦得經訓乃菑畬　得文字

會得群經旨，方成絕妙文。菑畬如不墾，菽麥定難分。帶處鋤偏利，耕來筆轉勤。書倉原有種，藝圃好同耘。俶載誰爲耦，相將自樂群。勸農皆勸學，多稼即多聞。虎觀編裁竹，蘭臺冊啓芸。箐田從此闢，染翰意常殷。

賦得以玉抵鵲　得崑字

何方多美玉，抵鵲說西崑。磊落琛誰獻，啁啾語正喧。一雙纔遠擲，三匝乍高騫。豈與啣環類，聊同挾彈論。捐金心自合，抱璞意寧存。瑤圃何煩詠，藍田詎足言。直如拋瓦礫，不復寶璵璠。聖世無奇玩，惟敷輯瑞恩。

賦得辭尚體要　得尊字

修辭宜握要，得體乃知言。漫許三端利，何如片語尊。有綱皆舉網，無葉不歸根。但使吭能扼，奚憂舌莫捫。理常思窾導，說豈效瀾翻。返本方該末，窮流即溯源。簡明心可會，約略緒甯繁。綸綍宣丹詔，文章重體元。

賦得麥浪　得難字

渺渺復漫漫，高低萬頃瀾。麥苗方遍秀，桃浪忽同看。波湧連天遠，濤回接地寬。捲隨風力細，流帶雨聲寒。隴畔潮平岸，畦邊水上灘。疊來驚驟漲，逐去訝奔湍。曉蕩煙浮白，晴翻日漾丹。嘗新先薦廟，稼穡念艱難。

賦得秋蘭被長坂 得蘭字

迤邐過長坂，紛披見蕙蘭。層層花盡發，片片葉俱攢。翠屆三秋早，青連十里寬。色隨堤月淡，香帶岸風寒。覆處塵甯染，垂時露未乾。尋芳芝並採，應候菊同餐。幽谷甯多讓，當門莫共看。栽培承厚澤，傾吐寸心丹。

賦得陳言務去 得難字

妙義真堪闢，陳言詎足觀。閱來心未愜，刪去力應殫。語豈雷同襲，文惟雪亮看。揮毫無浪墨，換骨有仙丹。夕秀開何易，朝華謝不難。掃除牙後慧，翻起筆頭瀾。那許窠沼舊，還嗤唾拾殘。好將新壁壘，卓爾冠騷壇。

賦得豐年玉 得年字

至寶原無價，新畬正有年。寸珍方毓秀，萬斛敢爭先。瑴獻應推十，倉盈不數千。瑞雲浮紫陌，晴日煖藍田。嘉穀三時蔭，名城幾郡連。指囷何足重，抱璞自堪傳。始信黃金賤，群窺白璧全。圭璋崇盛世，百穫仰多賢。

賦得萬流仰鏡 得年字

庥聲崇釋奠，嘉詠憶延年。萬類符星拱，群流仰鏡懸。光惟天子近，心本至人全。俯照芸芸者，高瞻朗朗然。風同真若一，月印總踰千。仁壽躋寰內，空明契物先。囊如珠曜啓，燭有玉輝連。金鑑皇衷協，恩波被八埏。

賦得治國若張琴 得調字

郅治剛柔節，韓嬰取喻超。求言思鐸振，播政擬琴調。文武音方協，君臣律孔昭。安弦遵典則，膠柱陋科條。單父鳴閒宓，虞廷拊應韶。南風和已扇，北鄙氣全消。象德原符頌，陳詩更採謠。咸池宣大化，雅暢仰神堯。

賦得天香雲外飄　得飄字

仙桂何年種，婆娑望裡遙。月中看子落，雲外有香飄。馥郁孤輪滿，氤氳百和調。花原開上界，氣自繞層霄。皓魄秋方吐，清芳夜未消。霏微通碧漢，淡蕩轉涼飈。玉蕊芬常散，靈株影尚搖。一枝如許折，天路擬攀條。

賦得雪盡馬蹄輕　得消字

渭城馳駿馬，輕展四蹄驕。忽訝浮雲度，從知積雪消。銀花融水畔，玉帶解山腰。跡豈如鴻踏，身應似鹿超。並無痕點點，那計路迢迢。風入聲先急，星飛影頓遙。鳴鞭纔遠岸，縱轡已平橋。細柳營開處，何人正射鵰。

賦得四月秀葽　得葽字

節候逢初夏，郊原物色饒。綠雲欣啓秀，豐草合稱葽。香剪瓊爲葉，青抽玉作苗。嘉禾同擢穎，苦菜並舒翹。有實和煙結，無花帶雨飄。事偕王萯紀，名共蕀葂標。碎影攢偏密，清芬度轉遙。堯階蓂更茂，呈瑞慶熙朝。

賦得郊原浮麥氣　得郊字

瑞麥春來盛，芃芃遍遠郊。每逢新雨過，頓喜碧雲交。拾翠連蘭渚，分青到柳梢。雙歧苗正秀，十畝竹同苞。色掩晴山嶂，光圍綠水坳。離離莖並擢，密密葉相包。薦共魚爲俎，嘗偕彘作肴。明昭歌盛世，樂歲叶豐爻。

賦得春雨如膏　得膏字

濃雲流似墨，好雨降如膏。黛染青千疊，油添綠半篙。霏微迷遠樹，霢霂灑平皋。色潤文園杏，香滋小苑桃。膩原過美液，甘欲勝醇醪。淅瀝沾鶯羽，廉纖濕燕毛。遍施原野沃，暗助麥禾高。聖澤無涯處，恩波四海叨。

賦得潤物細無聲　得膏字

細雨當空降，霏霏任所遭。豈聞聲似注，惟見澤如膏。色潤文園杏，香滋小苑桃。輕宜霑柳絮，靜不雜松濤。未覺淆鶯管，祇應濕燕毛。暗隨煙霧散，潛助麥禾高。黛染嵐千疊，油添漲半篙。無言歸至治，恩溥萬方叨。

賦得山雜夏雲多　得多字

莫辨雲山色，奇峰認欲訛。輪囷千片合，突兀幾層多。氣擁森森笏，光浮點點螺。是嵐皆靉靆，無嶺不嵯峨。高下夕陽照，淡濃新雨過。帶煙迷遠岫，和樹補平坡。竹外蒼巒疊，窗中素練拖。翠微何所有，指點上陂陁。

賦得春風風人　得和字

膏雨三春布，祥風五日過。自然周眾物，奚止扇微和。草上民懷德，琴邊帝作歌。望知群類洽，動想四方多。鼓舞機如此，滋榮象若何。坐來當化日，吹處盡恩波。解慍先從近，聞聲遠在他。自南標聖瑞，嘉詠繼卷阿。

賦得池沼發荷英　得華字

曲池荷早發，望影正交加。已布田田葉，旋含灼灼華。凌波抽綺萼，濯浪吐仙葩。漸覺紅衣露，還憑翠扇遮。一泓初過雨，萬朵欲成霞。帶露生沙岸，和煙綻水涯。納涼應得便，解語會同誇。佇見清香滿，蘭橈好泛艖。

賦得八月載績　得麻字

授衣猶未詠，載績已堪誇。纖手如繅繭，芳池久漚麻。辟纑功並迫，編葦志同賒。月下千絲嫋，風前一縷斜。尋端添陸續，擘理互交加。桂徑拋龍杼，桐陰聽紡車。挑鐙曾夜夜，添線已家家。黼黻由來重，爲裳五色華。

賦得白露爲霜　得霜字

九月秋方暮，清風曉更涼。瀼瀼纔降露，皓皓漸成霜。有屑鋪鴛瓦，無珠入綵囊。液隨寒裏結，花自暗中揚。蔓草曾溥綠，深林忽變黃。五更凝夜氣，十里映晨光。砧杵聲初動，蒹葭路正長。伊人何所在，遙指水中央。

賦得秔香等炊玉　得香字

薿薿三秋稼，霏霏五里香。擲時珠作米，炊處玉爲糧。但許開鐺取，甯堪被褐藏。藍田原播種，丹竈已流芳。一飯恩如報，千金價必償。詎同餐石髓，絕勝飲瓊漿。味異雙弓薄，珍踰十玨良。荆臺休共比，盛世足倉箱。

賦得良田無晚歲　得成字

大有書何早，嘉禾萬畝盈。定知田不易，乃使穀先成。沃壤如膏潤，新畬似罫平。氣方溥玉露，穗已擢金莖。直訝穜爲稑，還疑稉化秔。白誇雲子熟，青見稻孫生。得地應多稼，逢年在力耕。降康歌聖世，長此協豐亨。

賦得澤尺生尺　得生字

昨夜甘霖降，膏含一尺盈。我苗真孔碩，厥數亦相迎。雨腳多時駐，禾頭幾處生。歧分雙作穗，寸積十爲莖。耕喜推犁滑，量驚布指贏。試將高下測，應識短長平。驛驛苞方達，芃芃秀已成。湛恩周萬類，動植盡滋榮。

賦得斂時五福　得成字

皇極原居五，群瞻景福并。是遒仍是總，來降亦來成。慶共明倫敘，祥隨輯瑞呈。封山符嶽數，敷土應方名。樂奏音偕集，文修禮並行。帝壇分受祉，緯曜共垂精。荷寵真優渥，依光盡蕩平。總由敷錫遍，大澤播群生。

賦得修竹不受暑　得清字

欲避炎蒸氣，應從竹徑行。萬竿高卻暑，千畝廣延凊。翠色參天淨，輕陰匝地盈。乍排雲百尺，不畏日三庚。碧葉參差合，疏風次第迎。每當留客處，時有暗涼生。荷沼同招爽，松林並送聲。願依君子德，相與布桃笙。

賦得破壁飛去　得騰字

故壘何堪守，雙瞳入望增。乍當銀翰點，已共素雲升。頰上毫同活，池中畜未能。古墻排百尺，碧漢去千層。本異懸梭化，寧同挂壁稱。雷霆驚擺簸，風雨助飛騰。阿堵神原聚，之而勢忽興。僧繇傳妙筆，奇事說金陵。

賦得農乃登麥　得登字

瑞卜三農慶，豐聞二麥登。大田猶未熟，高廩獨先升。玉粒垂芳陌，金莖壓繡塍。黃收雲片片，翠落浪層層。擔影晴郊路，春聲夏夜鐙。薦隨魚共煮，嘗與彘同蒸。保介咨原降，康年賜久膺。從茲書大有，納稼歲頻仍。

賦得律中夷則　得秋字

少皞司天日，伶倫正考求。律方歌九則，候已肇三秋。徵調筠篇歇，商聲玉琯流。數生元間始，氣感少陰柔。南呂聽猶寂，林鐘韻久收。一分音乍損，五寸度初修。白露零原早，涼風應未休。總章開右个，遺制問州鳩。

賦得七月流火　得流字

仲夏曾占火，躔移識孟秋。左旋還右入，東上忽西流。計日應除度，隨時不暫留。疾先黃道轉，明帶赤光浮。歷歷偕箕尾，迢迢謝女牛。勢同銀漢瀉，度向玉衡求。白露零何早，金風應未休。明堂原取象，實政布遐陬。

賦得恭則壽　得修字

恭己垂裳日，衣冠拜冕旒。萬斯年正祝，一曰壽先酬。肅若民之則，都哉帝用庥。德原端夙夜，時不計春秋。
恰與三多協，從知五事修。無疆方斂福，不息屢添籌。北極從今拱，南山亙古留。八徵欽耄念，億載茂皇猷。

賦得岐陽石鼓　得蒐字

稽古宣王世，岐陽紀大蒐。鑾旂從昔會，石鼓至今留。但有遺文列，原無逸響流。六書祇半識，二雅未全收。
蝌斗形初變，龍螭體正遒。鴻都經莫比，孔壁字堪儔。郤異碑傳禹，惟同鼎在周。皇恩敷頖璧，遺器憶西州。

賦得霤穿石　得柔字

物理誰能識，摧剛必以柔。始知山可鑿，端藉水頻流。雪浪千尋注，雲根一孔搜。懸河方界道，乳穴乍通幽。
風靜泉鳴夜，天驚雨逗秋。飛虹看影落，漏月喜光投。渾沌旋相失，瓏玲孰與儔。聖朝嘉介節，澡滌溯前修。

賦得江南江北青山多　得秋字

振策金山頂，山光入望收。看來南北岸，畫出淺深秋。翠夾屏千幅，寒搖荻一洲。黛痕分兩道，練影曳中流。
無數晴嵐映，相隨雪浪浮。蒼茫連海嶠，指點上漁舟。赤壁他年賦，高臺此日遊。何如蓬島峙，青滿鳳池頭。

賦得五星連珠　得今字

祥輝明五緯，羅列正森森。聚井占從昔，連珠測自今。木難青色耀，火齊赤光臨。近漢如藏水，非沙亦隱金。
迴環承土德，絡繹到天心。朱鳥銜方遍，蒼龍吐可尋。種榆交紺碧，合璧映球琳。璣鏡知全握，辰居默運深。

賦得飛鴻響遠音　得音字

征雁何嘹唳，飛鳴度碧岑。天高難見影，夜靜但聞音。歷歷經蘆岸，依依過水潯。風疏聲欲斷，煙重響逾沈。
遠渚凝柔櫓，荒城雜暮砧。五更清夢覺，萬里白雲深。天外聽彌永，江邊跡莫尋。有人方滅燭，餘韻寫瑤琴。

賦得形端表正　得心字　乙卯鄉試題

聖德昭彝訓，群情效法深。形惟端乃善，表以正堪欽。繩直斯裁木，型全早范金。義同盂載水，象類筆從心。
杓指星芒列，圭懸日影臨。蕩平開自昔，偏黨化從今。錫極皆遵路，依光久獻忱。一人隆軌物，模楷協良箴。

賦得蒲盧縈繳　得禽字

巧技誰稱首，蒲盧善獲禽。調弦驚脫手，縈繳妙因心。纏比綸垂繭，飛殊鏃鑄金。砮形同楛貫，弓體類絲沈。
雁豈銜蘆避，蝯如擁樹吟。修磻凌碧漢，弱羽墜青林。解網崇三敕，彎弧快七擒。會除妖鳥盡，食葚喜懷音。

賦得野含時雨潤　得含字

歲序清和候，芳郊雨意酣。一時膏乍布，四野潤皆含。鴨綠浮新漲，螺青滴遠嵐。生機方養麥，和氣最宜蠶。
沃衍區分九，滋培壤遍三。人情欣既渥，物意樂相涵。覆處雲猶濕，零時露並甘。黍苗爭獻頌，聖澤萬方覃。

賦得薰風自南來　得南字

何處薰風動，飄飄正自南。噓雲生海岸，颭水過江潭。恰與離方協，宜從巽卦參。西山涼並送，北牖爽初含。
細引荷香發，輕蒸麥雨酣。松聲聽謖謖，柳影弄毿毿。歌自調弦五，吹還竟伏三。欣逢平秩後，解慍聖恩覃。

賦得先中中　得南字

命中斯能中，憑將妙理探。猨號威早立，蝨貫技先諳。蹲甲心何壯，彎弧興久酣。星知千里度，月想一輪涵。犯小穿應五，狐雄獲必三。拂雲雕可落，射石虎曾談。勢以凝神定，機從省括參。澤宮膺上選，盛世軼淮南。

賦得心醉六經　得酣字

典籍饒佳趣，醇濃信可耽。乍觀經有六，勝飲爵之三。詎待澆書渥，偏同酌醴甘。手披青簡富，心擬白波涵。倘以奇文問，真如載酒談。麴生甯見訪，學士已全酣。尚友清爲聖，薰陶樂且湛。莫將糟粕比，至味在瑤函。

賦得哈密瓜　得甘字　七言十二韻

敦煌古擅瓜州號，此日奇珍快遠探。植傍伊吾光漾碧，來從哈密味流甘。月支引蔓添膏渥，星海浮波助澤涵。播種時過張掖郡，傳芳直到李陵龕。寒分沙磧千重雪，綠染天山一片嵐。絕塞也應知戊日，中田幾度課丁男。濃咀玉液疑藏蜜，輕試銀刀勝剖柑。馬首香盈浮碧盌，駝峰裝解瀉筠籃。榮依沃土還超五，瑞軼靈芝不數三。素蕊全如冰谷淨，仙漿半帶酒泉酣。名齊蒟醬來關外，價敵蒲桃獻漠南。正似厥苞蒙錫貢，絺巾典禮舊曾諳。

賦得爐煙添柳重　得添字

宮柳依瓊殿，鑪煙出寶簾。只緣輕易度，還訝重如添。馥郁升金鼎，聯綿過綺檐。拂枝欣得便，繞葉更無嫌。聚豈因風散，低應似雨霑。但看飛裊裊，那復舞纖纖。羃歷香常合，霏微綠更兼。春旂輝映處，綵仗仰莊嚴。

賦得溫風至 得炎字

大雨時方降，溫風候已占。飄從雲靄靄，吹帶日炎炎。煖律調金管，香煙引玉簾。拂來涼自散，扇去暑應添。淡蕩過朱檻，薰蒸入畫檐。氣隨天長養，化助物熙恬。詎比秋飈爽，還成火令嚴。皇心勤解阜，膏澤被閭閻。

賦得金花帖 得銜字

小錄傳唐代，登科記不凡。金疑威鳳曜，花自彩鸞銜。芍藥圍翻帶，芙蓉鏡啓緘。杏林光滿樹，桂嶺色輝巖。雲繞香千瓣，泥封信一函。探時披玉軸，報處脫青衫。枝喜含葩麗，書看結字嚴。曲江承詔日，拜賜仰旒縿。

賦得游思竹素園 得陽字

竹素憑誰覽，名篇詠景陽。思原通祕指，園若聚群芳。古壁探筠簡，輕縑貯縹囊。藝林新涉獵，書圃舊翱翔。天與精神富，人誇卷軸藏。興來詞作藪，意到墨爲莊。睿慮誠周遍，陳編尚審詳。味餘垂寶笈，文苑仰輝光。

賦得玉水記方流 得方字

延年工取譬，蓄寶象斯彰。美玉初含潤，寒流必記方。體原符坎滿，德恰肖坤剛。碁局涵星影，圭形漾月光。載宜盂受水，停合鑑爲塘。曲曲常通溜，棱棱早露芒。一痕看細皺，十玨想深藏。矩矱昭謨訓，群言歎望洋。

賦得田鼠化爲鴽 得飛字

八月鴽爲鼠，春來轉化機。昔時看晝伏，此日羡雄飛。占鳥星初應，迎貓事已非。頓從原上鬥，不向穴中歸。唧唧尋聲杳，奔奔賦質微。爾庭懸恰好，我黍食應稀。紫陌仍重過，青疇可共依。何如彰聖瑞，麟鳳遍郊畿。

賦得龍見而雩　得雩字

左氏稽前典，靈壇祀重雩。翼中光乍吐，龍見曜全輸。東陸移躔早，南郊報禮殊。渾儀窺太史，翌舞詔神巫。辰角占應似，天田祭恰符。七星瞻燦爛，百穀慶霑濡。經緯縱横測，琮璜左右趨。痳徵時雨若，聖德已濳孚。

賦得成允成功　得成字

陳謨欽勵翼，治水著精誠。衆允昭其信，神功告厥成。出茲徵踐履，時乃洽聲名。志卜中孚吉，勳占習坎亨。釐工同即敘，熙績比惟明。恭讓真能繼，勞謙莫與爭。壤三欣賦定，韶九助風行。春自宣防合，恩綸播帝京。

賦得山光淨麥隴　得光字

瑞麥垂輕穗，青山送遠光。翠痕添隴上，淨色滿畦旁。雨洗千崖綠，雲連十畝黄。分輝來草樹，助潔到池塘。清徹田歌寫，澄鮮畫幛張。風揺層浪軟，同照數峰涼。嵐氣終朝朗，耞聲是處忙。神功超禹甸，原隰慶豐穰。

賦得蘭池清夏氣　得清字

帳殿如雲矗，蘭池似鑑明。逢春光漾綠，入夏氣涵清。濃翠分湘芷，餘芳雜楚蘅。灑隄梅雨潤，催棹柳風輕。暑到波心斂，秋從水面生。碧沈煙一抹，涼浸月三更。荷沼添朝爽，蘋洲蕩午晴。樂游何足數，佳景羨蓬瀛。

賦得麥隴多秀色　得求字

楊園初入夏，麥隴已逢秋。風軟清香發，雲濃秀色流。光連隄草碧，影接陌桑柔。無限蒼煙染，相看翠浪浮。□知皆熟矣，摘問可餐不。暗藹空中映，輕勻畫裏收。窺□晨雊雉，啄穗午啼鳩。多稼占豐稔，千倉盛世求。

賦得分秧及初夏　得初字

江村纔入夏，臺笠滿菑畬。登麥新晴後，分秧細雨初。撥雲青繞足，插水白翻車。風葉抽何早，煙苗立欲疏。正當春事畢，毋使歲功虚。甲拆田名甫，辛勤月紀余。香泥爭躍馬，吉夢快占魚。稼穡廑咨訪，群欽睿藻抒。

賦得新晴錦繡文　得山字

晴光何處滿，秀色繞巫山。錦繡奇難測，文章巧莫攀。煙輕收冪𠪨，岫碧露孱顔。黄日鋪綿麗，紅霞散綺殷。濯來春雨裏，織向曉雲間。錯綵花千朵，迴紋水一灣。是誰工點綴，乃爾映斕斑。黼黻承隆化，摛華侍從班。

賦得杏花菖葉　得耕字

王融傳制策，農政首春耕。杏已瞻花放，菖還記葉生。紅開千樹曉，綠照一川晴。帶露牆頭出，和煙石上榮。牧童鞭乍指，仙客藥初成。香外攜鉏過，青邊叱犢行。自然符物候，即此見民情。稼穡皇心重，遺文陋永明。

賦得從善如流　得功字

晉卿能聽納，薄伐奏膚功。好善從偏易，如流應不窮。盈科機莫禦，受責量原同。籌策探來正，江河決後通。溯洄徵雅意，涵詠本虛衷。浩浩心常洽，淵淵度益洪。眾情真在面，成見已全空。察邇推虞帝，群欽執厥中。

賦得蠶月得紡績　得成字

擬陶新得句，蠶月最關情。紡績須從事，桑麻早告成。攜筐晨露溼，煮繭暮煙輕。綵線床頭影，繅車屋角聲。深閨千縷淨，同□一燈明。好把衣裳獻，無煩絡緯鳴。文章勞組織，機杼妙經營。會詠豳風什，謳歌樂太平。

賦得春日繁魚鳥　得亭字

泛舟何處好，春日上湖亭。曲沼魚方躍，芳洲鳥正停。戲來新水綠，飛入遠天青。浪影吹花動，歌聲隔樹聽。何人臨鉤渚，有客補禽經。雲倣織鱗樣，沙留古篆形。洋洋池可富，鶴鶴囿稱靈。贊化昭咸若，群欣庶物甯。

賦得如登春臺　得春字

聖治參元化，歡心合兆民。如登臺百尺，正值月三春。就日中天近，書雲萬象新。太和情共洽，無上境同臻。瑞紀台階正，恩沾雨露勻。八方躋壽域，一氣轉洪鈞。皥皥風原古，熙熙俗早淳。昇平多樂事，愷悌頌皇仁。

賦得詩書義之府　得敦字

將帥元勳重，詩書夙好敦。德輿先作則，義府更探原。堅定長城似，多同武庫論。居如仁作宅，開借禮爲門。會萃文章藪，搜羅竹素園。說郛詞灝灝，理窟性存存。妙蘊該前典，遺編重雅言。經筵欽講授，閫奧眾咸尊。

賦得人心如面　得同字

鄭僑誠善譬，近取義旁通。見說心難一，真如面不同。命之曾示事，啓乃必由衷。肺腑深微處，鬚眉想像中。草宜占易象，秉可詠詩風。未識神先契，相知跡早融。斷金推友誼，比鐵勵臣忠。灼見欽明聖，毋從誡百工。

賦得樹德莫如滋　得滋字

正論稽盲左，遙符泰誓詞。德原期盛大，樹必務蕃滋。長養仁風助，敷榮化雨施。蒲盧資地道，麰麥協天時。邁種群生遍，興賢百穫宜。英華培盛業，根柢植初基。有穀歌貽厥，良苗詠膏之。菁莪承樂育，覆載本無私。

賦得春風語流鶯 得時字

風影臨池動，鶯聲隔樹知。飛飛當此日，語語恰於時。金縷聽來好，銅烏轉處遲。泠然何善也，嗚矣自嚶其。乍扇徵和氣，徐調絶妙辭。喚晴紅杏墅，話雨綠楊陂。雅韻連番送，柔颸幾度吹。上林多淑景，不數謫仙詩。

賦得亦在車下 得山字

刁斗中宵警，征夫片刻閑。輕車停外野，殘夢入東山。蝶化知何處，雞棲笑此閒。鸞聲風屢送，輪影月初彎。銜轡今安枕，轘轅昨度關。倚看牛角穩，臥聽馬群班。轍跡勞人事，星霜壯士顔。肅清知不日，齊唱凱歌還。破斧征原久，行枚役未還。將軍猶帳下，戰士亦車間。有棧行蹤息，無訛睡味間。曉寒龍盾護，夜暖虎茵環。齁笑他人寢，轅疑此日攀。雷霆終夜靜，風雨一肱彎。閫外餘氛埽，天邊勁旅般。便循歸轍去，緩轡到岐山。甲士三年別，寅車一夜間。問誰轅下宿，新月陝東還。戰壘宵傳鐸，軍門暮掩關。伴人惟暢轂，臥轍到前山。藁鞂重重□，梁輈面面環。鄉心孤枕上，睡味兩輪間。好把衣裳獻，無須介胄擐。策勳先錫命，輿服自天頒。

賦得王良登車 得車字

化民猶御馬，爲政比登車。不遇郵無恤，誰能綽有餘。奮衣身踴躍，攬轡意舒徐。駕必乘其產，馳還相以輿。風聲千里外，電影一鞭初。技本韓哀並，才原造父如。良工名不愧，列宿象非虛。玉輅時巡處，淳風遍里閭。

賦得明德惟馨 得馨字

聖德孚蒼昊，居歆儼在庭。齋明欽匪懈，孝享頌惟馨。嘉栗同芳潔，君蒿格杳冥。吉蠲原有本，芬苾總無形。天胙神庥溥，予懷帝謂靈。亶時通肸蠁，合莫感清甯。傳紀虞臣論，書徵伏氏經。升聞推至治，抱蜀仰儀型。

賦得春風扇微和　得陶字

和氣三春滿，微吟句憶陶。恰當風乍動，宛若扇方操。影漾含煙柳，香霏帶露桃。細飄雲擘絮，徐送雨流膏。曉度餳簫遠，晴翻酒旆高。悠揚舒草夢，淡蕩入松濤。直使群生遂，非關萬物撓。南薰聞雅奏，覆育遍神皋。

賦得風泉滿清聽　得清字

野樹連山暗，流泉徹夜鳴。隨風纔送響，入聽最怡情。院静松生籟，崖高月有聲。愛他寒吹滿，助我道心清。瀌瀌波常注，泠泠耳乍盈。嫩涼無限好，幽夢幾回驚。曲折來層嶂，潺湲到五更。西園邀睿賞，珠玉瀉昆明。拂座涼先到，披衣聽更明。月依丹嶂出，風與碧泉鳴。爽入千崖滿，音傳萬壑清。每當傾耳處，都是躍波聲。應識池添漲，渾忘漏轉更。半山流水曲，一夜小樓情。玉笛吟還似，瑤琴寫未成。南薰聞雅奏，佳氣繞蓬瀛。

賦得春草碧色　得春字

畫出江郎賦，原頭十里春。幾叢黄漸脱，一抹碧初匀。遠岸環如帶，平疇展似茵。全憑煙作骨，半借水爲神。麥隴分光近，場園接影頻。山連濃翠遠，天映蔚藍新。冉冉迷芳徑，微微護軟塵。晚風吹浦急，何處别離人。

賦得密雨如散絲　得斜字

乍望疑非雨，輕絲萬縷賒。灑來偏陸續，垂處更交加。蹙水俱如練，縈窗恰似紗。線添千樹柳，錦染一林花。織恐鶯梭澀，裁宜燕剪斜。縠開應帶霧，綺散不關霞。淡淡籠漁舍，霏霏入酒家。景陽工體物，秀句最堪誇。

賦得柳塘春水漫　得平字

好雨連番足，芳塘幾處盈。柳輕隨浪動，水漫與隄平。綬拂橋邊溼，絲垂鏡裏明。舊痕連艸沒，新綠帶煙生。漠漠和飛鷺，咬咬聽囀鶯。船如天上坐，人在畫中行。倒漾吹花影，徐添瀉碧聲。鳳池春樹滿，漱玉到蓬瀛。

賦得雨息雲猶漬　得游字

山外雲光滿，天邊雨氣收。廉纖聽已息，漸漬潤還留。屐齒聲初歇，簷牙靜不流。低空猶淰淰，臨水共浮浮。帶溼濃于墨，含滋碧似油。晚虹方飲澗，晴樹共遮樓。詩奧推希範，風先詠樂遊。何如膏澤布，干呂迓天庥。

賦得不貪爲寶　得廉字

漫說懷中璧，奇珍十穀添。豈知求貴寶，只在守清廉。自有珪璋望，甯須肉好兼。握瑜思共守，求玉笑無厭。太璞完非易，微瑕去必嚴。席珍誠不愧，被褐又何嫌。聖主躬先飭，純臣德可覘。嘉言思子罕，聊以代鍼砭。

賦得平秩南訛　得南字

毖祀壇居北，疇咨地宅南。調元逢日至，贊化與天參。清露荷珠點，薰風柳線含。榴邊霞影燦，蒲外雨聲酣。繡陌晴登黍，芳畦曉灌藍。羞桃懸甲令，曬麥課丁男。豆實方陳四，蘭湯已浴三。人時隆敬致，薄海荷恩覃。

賦得律中蕤賓　得賓字

聖主聲爲律，調陽重撫辰。序方臨仲夏，韻已叶蕤賓。鍾益三分滿，筩裁六寸勻。獻酬昭燕享，繼養助鴻鈞。蒲外風吹晚，榴邊雨潤晨。旋宮開大呂，緹室問泠倫。時燠天休溥，長嬴物候新。北郊陳廣樂，和奏靖神人。

賦得平靜如水　得平字

尙義欽皇度，無私協物情。恩波欣浩蕩，德水驗公平。湛若淵之靜，沖然坎不盈。性逾君子澹，源自聖人淸。
止止中流定，安安上善成。泳涵機順協，澄敘鑑空明。漸被民風正，朝宗帝治亨。臣心思則效，修潔共輸誠。

賦得平疇夏遠風　得陶字

解慍欽虞陛，薰風五日遭。翠痕添麥隴，涼意滿蘭皋。玉鐸傳聲遠，錫簫度響高。前村搖柳浪，隔岸聽松濤。
影颭花千朵，紋皴水半篙。吹雲晴擘絮，送雨夏流膏。佳氣浮應遍，豐年瑞已叨。良苗欣有獲，名句共徵陶。

賦得金人示戒　得言字

立誠垂示切，愼勿效多言。得奉金人戒，方知玉汝恩。義因緘口著，道以服膺存。圭玷心常凜，冰兢舌早捫。
埽將詞有葉，杜此說無根。妙與銘盤類，休同捧劍論。提撕衷可牖，敬愼福之門。拜獻楓宸近，龍光戴至尊。

賦得罩雲飄遠岫　得飄字

遠岫將興雨，浮雲幾片饒。峰頭纔罩罩，洞口又飄飄。嵐氣隨陰暗，松風帶影搖。遮來濃似霧，籠去碧連霄。
蓋已崖前駐，珠應水上跳。氤氳從澗底，醞釀到山腰。嶺上飛何早，窗中望轉遙。祈求承昊貺，滂沛喜崇朝。

觀其自養齋燼餘錄

王壽同

同人之先

同人彖傳同人之先以中直也　案先蓋笑之誤笑隸書咲字也經云同人先號咷而後笑故傳約其詞曰同人之笑以中直也笑与先相似又因經文先字而誤為先耳

大誥閔天之命肩有辭

家大人曰閔天之命四字疑衍當作大誥肩有辭即大誥

洪有辭有也

訝帥之自下門入

聘禮訝帥之自下門入　案下門疑是闑東聘時賓當自闑西還入公請覿則不敢自居於賓而自闑東入也闑之東西皆謂之門士冠禮布席于門中闑西閾外是以西爲上東爲下闑西爲上門闑東爲下門

乃畢山川之祀及帝之大臣天之神祇

月令乃畢山川之祀及帝之大臣天之神祇注天之神祇司

須查

中司命風師雨師　案呂氏春秋天下有地字是也天

曰神地曰祇故曰天地之神祇鄭云司中司命風師雨師也

此矣神言之誤遂切地祇矣其蓋所見本已脫地字

我惟時其戰要囚之
多士我惟時其戰要囚之　案戰讀為憚謂憚要囚之也
憚要囚之此謂不忍大罰殛之也不忍大罰殛之故教告
之也

此義訖而殺之也

孟子公孫丑篇我義訖義而殺之也　墨義乃我之譌以益義

我古同聲上下文又有義字因誤爲義墨子天志上篇此

我所以知天欲義而惡不義也我字今亦誤作義

穹窒熏鼠自叙

詩豳風七月穹窒熏鼠之義 穹窒者塞之孔穴熏鼠令出 熏鼠乃穴名 謂平日熏鼠之孔穴也平時熏鼠之孔穴此時閉塞之 墨子備梯篇行城之法為之竅穴煇鼠施苓艾外煇火熏同鼠與鼠 東山篇洒埽穹窒義亦穹窒鼠也

司商協名姓

周語司商協名姓　案名字後人所加路當從宋明道本作民注內吹律合之定其姓名名字亦後人所加吾聞吹律定姓矣未聞嘗吹律定名也

夫六中之邑也

周語夫六中之邑也　案六疑當作黄昭十二年左傳黄中

之邑也

司徒老祁慮癸僞廢疾

昭十四年左傳司徒老祁慮癸僞廢疾　案廢當讀爲發　謂僞託舊疾發動也　下文云廢疾杜注不同　下文云臣願受盟而疾興　興與發同義　下文又曰請待間而盟　杜注間差也　謂待疾差而盟也　若是廢疾則無復差之理　以是知廢爲發疾也　古字發與廢通　漢書外戚傳孝平王后因廢疾不肯起　廢亦發之假借　宋祁曰廢乃發之誤　案廢發古字通　古字發廢同聲　故發通作廢　后南騷廢蓋亦發五祀小足定廢之詞以延蓋數年發功徐遲

並讀如廢墨子非命中篇發而爲刑政上篇發作廢列子
仲尼篇發無知何能情發不能何能爲釋文發一本作廢
莊子列禦寇篇先生既來曾不發藥乎釋文發司馬本
作廢齊策王何不廢將而擊之廢將即發將史記平原
君傳十九人相與目笑之而未發也索隱本發作廢

紀之以三

周語紀之以三　案三疑當作五謂五聲也禮運五聲六律十二管還相爲宮也故下文遂平之以六成於十二也紀綂文之六律綂於五聲故曰綂之以五

鄉師而哭　原書誤圈

家大人曰：左傳鄉師而哭，師當作帥，謂向三帥而哭也。下文云三子，即指三帥而言。

罔有馨香德刑發聞惟腥

甫刑罔有馨香德刑發聞惟腥　案刑即形之借字形

見也罔有馨香德形發作一句讀

三敗及韓

左傳僖十五年三敗及韓。案三敗二字因上文而誤及韓謂秦師至韓也晉語曰秦歲定帥師侵晉至於韓是也顧君不悟而曲爲之說非是

越庶國飲惟祀德將無醉

酒誥越庶國飲惟祀德將無醉　案嘗以惟祀德將

爲句德即得之借字惟祀得將此飲但不至於醉

耳

童子之節也

玉藻童子之節也　富大人曰節當作飾　案士冠禮將冠者采衣紒引作飾賈疏同　丙學記廿七之十三月

朝夕曰祀茲酒　弗惟德馨香祀登聞于天
酒誥朝夕曰祀茲酒案祀疑當讀以以用也以茲酒
乃逸下文之詞之用此語也何事乎惟元祀可證
曰以茲酒惟土天降命肇我民惟元祀誥弗惟
惟德馨香祀登聞于天祀疑亦當讀以以下弗以馨香之德
登聞于天也

之間也 謂

皋定之間也 皋之嘗為時之借字時者代之間也更迭之稱

也本篇下文間代也荀子禮論篇時舉而代御時猶代也

方言蒔更也更亦代也蒔與時通莊子徐无鬼篇是時為

帝者也淮南齊俗篇作代為帝者古字之與時通史記

張丞相傳草土德之曆制度律書作草土德時曆

制度 呂覽首時篇今本首譌作音 事在當之之時時也

帝光天之下至于海隅蒼生萬邦黎獻共惟帝臣

皋陶謨帝光天之下至于海隅蒼生萬邦黎獻共惟帝臣　案蒼生疑即萬邦之稱、萬文萬與蒼相似耶寫左傳作𦍒亦與生相似也傳刻蒼生為蒼誤生草木之類文義未安遍考史記兩漢書無言蒼生者蓋伏生今文不作蒼生

乃會萬民之卒伍而用之云云

周禮小司徒乃會萬民之卒伍而用之云云以起軍旅以作田役以比追胥以令貢賦　案此謂令萬民之卒伍與貢賦無涉下文經土田而井牧其田野云云以任地事而令貢賦不當於此複云以令貢賦四字（自乃會萬民之卒伍云云以起軍旅似皆衍文）疑因（周民之卒伍而不及其田賦故）遂人而衍遂人凡治野云云以歲時稽其夫家之衆寡及其六畜車輦以頒職作事以令貢賦以令師田以起政役又與此相似故衍也鄭注貢謂嬪婦百工之物賦九賦也則所見本已譌

大當率由行

詩蕩篇大當率由行疑（案）是倒文由當讀為猶言猶然

行此羣亂之事於人上必傳解為舊上是矣解由為用

則未安箋意誤

兄弟致美

左傳文十五年傳兄弟致美救乏賀善弔災祭敬喪哀情雖不同毋絶其愛親之道也杜注致美曰各盡其美義乃終　案美疑當作義義與之相對為文義故有餘之去不足也　論語富有曰苟美矣美亦嘗為義證之有餘也　王財有餘則致之於人蓋內則之有餘則歸之宗不足則資之宗

孔魄閒也

隗

爾雅孔魄閒也 案𡿺隙字之誤隸書皀字作皀与白

相似𡿺與鬼又相似因誤而為魄矣郭注云孔魄皆

有閒隙 則所見本已誤為魄

楊枹薊

爾雅釋草楊枹薊又赤枹薊　案楊枹之字當連讀古人謂赤爲楊（見廣雅鍚鑾也下）楊枹即赤枹也枹者蔽[illegible]之名

直哉惟清

堯典直哉惟清◎○案清絜古靜字也直當也哉讀爲載、

事也言當事惟有絜靜也

黽勉畏去

大雅雲漢篇黽勉畏去　案去疑當讀爲怯史記勇者畏若怯乎寡旅爲韻則古讀怯爲去故借去爲怯也

廩於藉东南鍾而藏之

周語廩於藉东南鍾而藏之　案鍾疑當讀爲種種謂擇五穀之種也詩大田曰既種既戒箋擇其種是擇種謂之種也下文而時布之於農即布此種也若鍾爲聚則所聚者何物乎韋注未晰

夫婦皆齊而宗敬焉

内則若富則具二牲獻其賢者於宗子夫婦皆齊而宗敬焉注當助祭於宗子之家正義小宗夫婦皆齊戒以助祭於大宗加敬焉謂大宗之祭　案此鄭注所云則經當云夫婦皆齊助祭於大宗而加敬焉文義乃明不得經省其文而云宗敬也竊謂宗當讀為崇古字假借耳崇敬謂崇其敬於助祭備也漢書刑法志制禮以崇敬是墨子非儒篇宗喪循哀不可使慈民宗即崇之借字史記孔子世家孔叢子詰墨篇皆作崇

魴鱮烝雛燒雉薌無蓼

內則魴鱮烝雛燒雉薌無蓼注薌蘇荏之屬也正義雉者文在烝燒之下或烝或燒可為羹實用無定故直云雉句薌無蓼者言魴鱮烝及雛燒并雉等三者調和唯以蘇荏之屬無用蓼也　謹案上文所言用蔥用芥用韭用薤之屬皆舉其所用之物若果用蘇荏之屬則當云用蘇若荏無蓼其義乃明豈得隱其物之名而空謂之薌乎古者亯煮之亯亯通之亯享禮之享皆作亯亦讀如烹墨子非儒篇子路爲亯子豚即亯豚也在亯煮之亯蓋亦讀許兩切竊謂薌當讀為亯煮之亯古亯煮之亯與元亨利貞之亨同字皆以雉薌連讀

若川然有原以卭蒲然後大

胥謂若川然有原以卭蒲然後大　渠蒲匿也水邊無水之處

興川之大(小)無涉蒲疑當作流字形相似而誤言有原之水會(谿)水之

流而乃大也未注不訓蒲爲匿則所見本作流可知舊音卭蒲

牛嫁反孔本作仰牛彘反言川仰浦而大人仰教而成按兩浦字

亦當作流川之仰流猶人之仰教也舊音不爲浦字作之音焉則

作流可知新序雜事篇江出汶山其原若甕口其至楚

國其廣十里無他故其下流多也人而好學受規諫宜號其

言

影也

俊民甸四方

多士乃命尔先祖成湯革夏俊民甸四方是某俊民顯峻命之稱蕭曰

儀監于殷峻命不易下文曰殷革夏命是也

天棐忱辭其考我民

天棐忱辭其考我民

案辭當讀爲殆，殆其考我民也。字爲句。秦誓俾君子易辭，公羊傳引作易怠，是其例也。顧命今天降疾殆，弗興弗悟，是尚書亦用殆字[illegible]

我有大事子有胝膂之疾其歸若已後若有事吾與子圖之
吳語我有大事子有胝膂之疾其歸若已後若有事吾與子圖
之注若，汝也。已，止也。　案其歸當絕句若已趣下之辭，若，汝也。已，疾
愈也。言有疾不可以從我，其歸而養疾乎。汝疾愈則可以從我，
故云若已後若有事吾與子圖之也。上文子歸歿而父母之世
後若有事吾與子圖之，亦當以子歸絕句，謂歸而養
親也。歿而父母之世，言其父母已沒也。父母沒則無養親之事
可以從我，故曰歿而父母之世後若有事吾與子圖之也

惟我下民秉爲

多士惟我下民秉爲传

孝子不服闇不登危懼辱親也

曲禮孝子不服闇不登危懼辱親也　案服當讀為伏謂隱藏

於闇昧之地若私議人之類

上帝引逸有夏不適逸

多士上帝引逸有夏不適逸　案引若引繩批根之引

謂正其過失也不適逸適逸也不助語詞適之也適逸者

心之所之在逸樂之事也惟上帝欲長以逸樂有節

而致不逸樂也

引為刊為引繩批根之引適當讀為謫適謂之適之之意

疑當作上帝不適逸有夏引逸則惟帝降格於上帝不

蓋此逸樂之人有夏之君長此逸樂則上帝降之災也

矧今民罔迪不適不迪則罔政在厥邦

康誥矧今民罔迪不適不適迪則罔政在厥邦　案迪道也

適善也見廣雅言今民無人道之則不善苟為上者有

以道之則四方有善政矣若不以道之則無善政在

厥邦

天王崩告喪曰天王登假注

曲禮天王崩告喪曰天王登假注登上也假已也上已者若

僊去云耳　案假亦登也見爾雅注　高注之

納女於天子曰備百姓見逸周
也禮納女於天子曰備百姓注姓之言生也天子皇后以下
百二十人廣子姓也正義姓生也言致此女備王之后妃以下
百二十人以生廣子孫故云百姓也案備百二十人之數
以廣子姓是爲百子姓猶二妃百二十人所以廣子姓不
得即謂之百姓竊謂姓即百二十人之姓百二十人皆異姓
之女則媵非一姓矣故謂之百姓吳語請一介嫡女執箕
帚以晐姓於王宮韋注曰姓庶姓也引禮納女於天子曰備
百姓

必擬以君之南面若不得則正方不擬以君
士相見禮必擬以君之南面若不得則正方不擬以君　按宋說
嘗以必擬以君之南面若不作一向不正君寧也得君
之說向則已說正之方不得與君相擬如君向南則已不得復
向南也

樂正子春下堂而傷其足數月不出猶有憂色

祭義樂正子春下堂而傷其足數月不出猶有憂色

案數月上脫傷瘳二字當據大戴禮曾子大孝

篇補呂氏春秋孝行覽亦云樂正子春下堂而傷

足瘳而數月不出猶有憂色

遒人

左傳襄十四年遒人說文作迺人疑遒當作䢋卤古文其字与丌同故䢋与遒相似學者多見遒少見䢋遂誤為遒矣蓋許氏所據左傳本作䢋人其別本有作䢋者而許氏未及收入後人不復遂誤為遒矣

時人斯其辜

洪範時斯人其辜　案古辜字當讀如枯苦之苦萬春秋繁露竹林

蕩卹罷弊危亡之從身枯古辜枯古辜即枯苦也

急儳其然

曲禮拾掻在上急儳其然　案儳當讀建大偉然之偉

以力惡食　後九黎之惡

曾子本孝篇庶人之孝也以力惡食　案惡字義不可通
疑當作悳悳古德字與得通言竭力耕田以養親也請白
王享麃監不勝蘇秦稷文母何食楚語其後三苗復
九黎之德書堯典正義引作後九黎之惡宋板十行閩本俱作惡今改
古閩本作德是此國語改
是德通作悳遂譌作惡也

百世以俟聖人而不惑

中庸百世以俟聖人而不惑 案後世聖人要爲前人所惑之理哉則不可謂之聖矣惑疑當作惑惑者甚也古世之後有聖人其在天下之道與此相合要亦若謂也即吾子曰聖人復起不易吾言與上文考諸三王而不謬矣之意同相似後謂合於前世之聖人此謂合於後世之聖人也鄭注云聖人則之百世同道彼此不相違則所見本作或可知彼此不相悖謂故曰同也自唐初始誤作惑故正義以不有疑惑解之

古千乘之國以友士何如

孟子曰古千乘之國以友士何如　古字因上文而衍

取於異姓所以附遠厚別也

郊特牲取於異姓所以附遠厚別也正義曰取異姓者所以依附相疏遠之道厚重分別之義不欲相褻故不取同姓也

案蓋謂遠謂異姓之異姓疏遠於同姓故謂之遠附猶親也故取於異姓是與疏遠者相親也故謂之附遠皆蒙所謂合二姓之好也陳注曰附猶託也託於遠嫌之義也異遠嫌不得但謂之遠陳說非

乃俾我有夏

立政帝欽罰之乃俾我有夏式商受命

上文迪惟有夏而謀式法〔如謂〕法商命也

案夏疑當作周涉

父母怒不悅而撻之流血

內則父母怒不悅而撻之流血　案不悅二字疑因上文而衍

然則不止於不悅矣不得已言怒又言不悅　上文言不悅此則言

怒非但不悅而已也

夫之適長殤車三乘公之庶子殤車一乘
檀弓君之適長殤車三乘公之庶子殤車一乘注庶子言
公卑遠之正義曰是對臣之名大夫以上皆有君號公則五等
之上又同之公之尊今庶子言公就其尊號是卑遠
於庶子也　案君即公也不得上下異詞疑君即公之誤
下文公之喪亦稱公豈有所卑遠而言公乎蓋涉大
夫於世有殤車而誤

云若能孝敬富倍季氏可也

襄二十三年左傳云若能孝敬富倍季氏可也姦回不軌禍倍下民可也注疏之則可富　案注據下文公鉏氏富言之也此實富與禍相對爲文富即福之借字也上文云禍福無門唯人所召故此云福倍季氏禍倍下民也下文公鉏氏富及出爲公左宰皆致福之事不得專據舍飲酒之既一事作解也

文王卑服即康功田功

無逸文王卑服即康功田功注文王節儉卑其衣服以就

其安人之功以知稼穡之艱難 案知稼穡艱難即是安

人之事不得於康功外别言田功也田當讀爲甸之治也甸

功治人之事也多士曰乃命爾先祖成湯革夏夏俊民甸

四方之政曰奄甸萬姓康功不便之[illegible]因田功不便之[illegible]

又案衣服當稱惡不當稱卑宮室當稱卑[illegible]當錄年

孔叢一篇蒙一篇數也卑馬本作俾使[illegible]果稱俾〡

也服事事也言文王無敢逸豫惟以從事於國政也

予亦念天即于殷大戾肆不正

多士予亦念天即于殷大戾肆不正傳我亦念天就於殷大罪而

誅其故以御不能正身念法　桀即當讀爲壁壁疾也言天疾

殷之大（罪）罪也肆故也念也未詳肆或讀爲而不正之也于殷

民有大罪故令正其風俗也故今大正其風俗也

加柶覆之面葉　加角柶面葉

士冠禮加柶覆之面葉注葉柶柶大端古文葉作擖士昏禮加角柶面葉注古文葉作擖　案擖當作𢷾玉篇木部𢷾力葉叱涉二切柶木端也廣韻𢷾柶端木也與涉切又力葉切葢本儀禮古文今本作擖者隸書𢷾字作巤與曷相似左畔之木又與才相似而誤擖因𢷾之𢷾誤為擖也顏氏家訓曰𢷾化為擖

執箕膺揲　案：揲

少儀執箕膺揲，注：揲，舌也。釋文：揲，以涉反，舌也，徐音葉。

亦當作擸。弟子職作執箕膺揲，又曰以葉適己，揲即葉也，箕葉

之通作擸。韓詩外傳：定公揭席而起。揭即擸之譌，擸者躐之借

字。執席非事，正作躐席而起。

比事臣我宗多遜

多士比事臣我宗多遜傳以宗爲宗周非也宗周不得但謂之宗

今案宗衆也言殷遺多士比事臣服於我衆人遜順也

晉語秦伯見公子曰寡人之適此為才子圉之辱備嬪嬙焉欲
以成婚而懼離其惡名非此則無故不敢以禮致之懽之故也
讀我此則無故為句云非有此則無定故　案故字當屬下讀
言欲不以協義與於嬪嬙之內則他人又無懽於此而故曰
非此則無以上寡人之適此為才而辱命言以此為子圉妻之
猶而今此又無故遂故致之而不敢以禮致之

雖微秦國天下孰不患

晉語恥大國之士於中原又殺其君以重之子思報父之仇臣思報君之讎雖微秦國天下孰不患注微無也雖無秦國天下諸侯有害人君父者誰不患疾之也　案微非也遠詞患人報讎也言晉之臣子思報君父之讎乃秦國之患凡若此者天下同患之非獨秦國而已

晋語黄帝之子二十五人其同姓者二人而已唯青陽與夷鼓皆為己姓又凡黄帝之子二十五宗其得姓者十四人為十二姓姬酉祁己滕葴任荀僖姞儇依是也唯青陽與蒼林氏同于黄帝故皆為姬姓史記五帝紀黄帝二十五子其得姓者十四人索隱曰舊解破四為三言得姓者十三人耳案舊解是也青陽已為己姓不得又為姬姓唯青陽與蒼林氏同于黄帝當作唯蒼林氏同于黄帝其青陽與夷鼓則同上文唯青陽與夷鼓而衍也十二姓中

惟青陽與夷鼓二人皆爲己姓其餘則每一人爲一姓合計
之實十三人也上言皆爲己姓謂青陽與夷鼓也下言皆
爲姬姓皆黃帝之子有兩青陽
一爲己姓一爲姬姓案十二姓中惟青陽與夷鼓同爲己姓
孔氏大戴故云其同姓者二人而已其別有青陽與倉林同爲姬姓則
禮補注同姓氏不必二人何得云二人而已乎戴說非也史記索隱不
梁氏於謂黃帝二十五子其得姓者十四人爲十二姓之
人表考祖青陽與倉林之衍上三字乃云青陽黃爲黃帝之子五帝紀
所爲據
國語所云元囂是爲青陽青陽當人則元囂與青陽爲一人何得分
載也未注表同
云○○○則
所見本已衍青陽爲二字乎又案古四字積畫與三相似故三誤爲四
其三字異

魯語天子作師公帥之以征不德元侯作師卿帥之以承天子
諸侯有卿無軍帥教衛以贊元侯自伯子男有大夫無卿帥
賦以從諸侯韋注上師字之師謂六軍之衆也注下師
字之師王軍之衆也　案下云諸侯有卿無軍諸侯卑
於元侯而無軍則元侯有軍明矣正文元侯旅軍作
師々蓋軍字之誤也為之元侯作師則與天子無別矣
其等以差也天子有師元侯有軍諸侯有卿教衛伯子男
有賦制既不同名亦有異　下云若為元侯之所以
然大國又云遂作中軍正謂以元侯之作軍也師
大而軍小與二千五百人之師不同

魯語若無貳心而敢設服以見諸侯之大夫乎將不入矣注若不見討必為纂不復入為大夫也　案不入謂死於外不復入也下文云若楚公子不為君必死不會諸侯之大夫是其證

大戴礼曾子立事莫疾於過而勿補也又曰補則不改矣

案補當讀為輔曾子大匡篇臣聞有土之君不動

於兵不忘於後不輔其過則社稷安動於兵忘於後輔

其過則社稷危

周語二十四年秦師將襲鄭過周北門韋注襄王二十四年魯僖之三十三年也 按史記十二諸侯年表襄王二十五年當魯僖之三十三年 是年為秦穆公三十三年 表云襲鄭晉敗我殽 則秦師襲鄭在襄王二十五年 四乃五之譌也 襄王以魯僖八年定位 即為元年 至魯僖之三十三年 則為襄王二十六年 四乃六之譌也

△拜不稽首誣其王也

周語拜不稽首誣其王也 注誣罔也誣民之名將誣之 案誣字義不可通拜不稽首乃欺罔之謂也

晉語叔向云聞之德不純而福祿並至謂之幸夫幸非福非德
不當雍雍不為幸吾是以懼 韋注 當猶任也雍飫也
唯有德者任以福祿為飫樂也 飫樂則不為幸 案雍
當讀為擁言福祿之基在德非有德者不當擁此福祿
也非德而擁福祿則禍隨之此所謂之幸也故下文
遂曰吾是以懼

職方氏乃辨九州之國使同貫利注貫事也　案貫疑當讀爲患司馬法仁本篇曰同患同利以合諸侯

繫辭傳易簡而天下之理得矣天下之理得而成位乎其中矣王注天下之理莫不由於易簡而各得順其分位也正義曰此則贊明聖人能行天地易簡之化則天下萬事之理並得其宜矣　案天下當作天地理者道也廣雅曰理道也言作易者能易知而簡能則天地之道得矣天地之道得而易成位乎天地之中所謂與天地參也其字正指天地而言若作天下則文義不相承矣後人轉寫之誤　王引之

本已然

周語中是則聖人知民之不可加也故王天下者必先諸民然後庇焉則能長利　注先諸民先求民志也庇猶廕也言王者先安民然後能以自庇廕也　案庇讀為比比之言從也謂推之使先而已從之老子所謂不敢為天下先也

餐

尔雅釋言粲餐也釋文餐作飧云謝素昆反說文云餔也字林云水澆飯也本又作餐旋七丹反字林作飡云吞食　案粲即餐之借字說文餐吞也飧餔也粲字不得訓為飧蓋尔雅一本作餐即餐之字譌也一本作飧又餐之省也謝本飧誤作飧遂音素昆反則是誤以為飧餐之飧失之矣當依字林作飡陸書玉篇傳為設飧粥師古曰飧古飡字音千安反如飡即餐之別體而說云飧古飡字是餐字隸或作飧也古飡與飧字體既異音義迥別後人混之久矣列子說符篇下壺餐以餔之釋文餐音孫未完澆飯也並作飧

原書

漢書韓信傳令其裨將傳餐師古曰餐古湌字音千安反此注文盛本監本作餐漢書古言后紀列傳得賜餐以奉呈之履餘同餐與食同師古曰餐謂同一…迥別後人混之久之一

大戴禮千乘篇古者殷書爲成男成女名屬升于公門盧注殷眾也殷書猶戶籍之名　案殷當版之譌周禮司民所謂自生齒以上皆書於版也

孝經制節謹度滿而不溢注費用約儉謂之制節疏制之節限　案制當讀爲折戰國策武安君曰王折節以下其臣管子霸形篇中國得之也以制節其央之也以雖彊史記張儀傳言齊王大怒折節而下秦是也古字制與折同故折通作制

論語季氏篇樂節禮樂注動得禮樂之節　案得禮樂之節
則當云得禮樂之節其義始明不得經有其文而云節禮樂也
今案節當讀為即即就也從也正也言以身就禮樂
禮樂不可斯須去身故必就之原敢離焉節即從即
聲故即通作節節古讀若即古字多假借後人失其讀
矣即與離相反即禮樂者不離禮樂之謂也

顧命牖間南嚮　案牖下當有戶字傳寫者脫去耳
爾雅曰牖戶之間謂之扆一室南但有一牖不得稱
間凡物有兩而後有間

頃接
頃諭

顧命一人冕執銳鄭注曰銳矛屬 案銳爲矛屬書傳無徵竊疑銳爲棁之借字說文棁木杖也棁徐鍇音他活切又之說切淮南說山篇揭棁而呼狗字亦作掇玉篇銳徒會切矛也

大戴記子張問入官篇故枉而直之使自得之盧注民有邪枉教之使自得也曾子曰匡之直之使自得之案據下文優而柔之揆而度之優與柔同義揆與度同義則枉而直之當作匡而直之匡與直亦同義也今本作枉蓋後人所改自盧氏作注時已誤

誣其祖矣

隱八年左傳是不為夫婦誣其祖矣　案誣書讀

為無言蔑視其禮以周詩抑篇首誣其王也

僖十一年左傳正義引作云云謂周中之是

王也

觀其自養齋燼餘錄　卷三

王壽同

同人之先

〈同人・象傳〉：「同人之先，以中直也。」　案：「先」蓋「关」之譌，「关」隸書「笑」字也。《經》云：「同人先號咷而後笑」，故傳約其詞曰：「同人之笑，以中直也。」「关」與「先」相似，又因經文「先」字而誤爲「先」耳。

大淫圖天之命屑有辭

家大人曰：「圖天之命」四字疑衍，當作「大淫屑有辭」，即「大淫泆有辭【有】也」。

訝帥之自下門入

〈聘禮〉「訝帥之自下門入。」　案：「下門」疑是「闑東」，聘時客當自闑西入，今請觀則不敢自居於客而自闑東入也。闑之東西皆謂之門。〈士冠禮〉「布席于門中闑西閾外」是也。西爲上，東爲下。闑西爲上門，闑東爲下門。

乃畢山川之祀及帝之大臣、天之神祇

〈月令〉「乃畢山川之祀及帝之大臣、天之神祇」注：「天之神祇：司中、司命、風師、雨師」。案：《呂氏春秋》「天」下有「地」字是也。天曰神、地曰祇，故曰「天地之神祇」。鄭云「司中、司命、風師、雨師」，止以「天神」言之，遺卻「地祇」矣，蓋所見本已脫「地」字。

我惟時其戰要囚之

〈多士（方）〉「我惟時其戰要囚之。」　案：「戰」讀爲「憚」，謂「憚要囚之」也。「憚要囚之」者，謂不忍大罰殛之也。不忍大罰殛之，故教告之也。

非義襲而取之也

《孟子·公孫丑篇》：「非義襲而取之也。」　案：「義」乃「我」之譌。蓋「義」、「我」古同聲，上下文又有「義」字，因誤爲「義」。《墨子·天志上篇》「此我所以知天欲義而惡不義也」，「我」字今亦誤作「義」。

「穹窒熏鼠」《正義》

《詩·豳風·七月》：「穹窒熏鼠。」正義：「穹塞其室之孔穴，熏鼠令出。」　案：熏鼠乃穴名，謂平日熏鼠之孔穴也。平時熏鼠之孔穴，此時閉塞之。《墨子·備梯篇》「行城之法，〔……〕爲爵穴煇鼠，施荅其外」，「煇」與「熏」同，「鼠」與「鼠」合。〈東山篇〉「洒埽穹室（窒）」，箋云「穹室（窒）鼠〔穴〕也」。

司商協名姓

〈周語〉：「司商協名姓。」　案：「名」字後人所改，當從宋明道本作「民」，注內「吹律合之，定其姓名」，「名」字亦後人所加，吾聞吹律定姓矣，未嘗吹律定名也。

夫六，中之色也

〈周語〉：「夫六，中之色也。」　案：「六」疑當作「黄」，昭十二年《左傳》「黄，中之色也。」

司徒老祁慮癸偽廢疾

昭十四年《左傳》：「司徒老祁、慮癸僞廢疾。」　案：「廢」當讀爲「發」，謂僞託舊疾發動也，與他書言廢疾者不同。下文云：「臣願受盟而疾興」，「興」與「發」同義。下文又曰：「請待間而盟」，杜注：「間，差也。」謂待疾差而盟也。若是廢疾，明無復差之理，以是知其爲發疾也。古字「發」與「廢」通，《續列女傳》：「漢孝平王后因廢疾不肯起」，「廢」亦「發」之假借。梁處素曰：「廢乃發之誤。」案：「廢」、「發」古字通，古字「發」、「廢」同聲，故「發」通作「廢」，〈召南・騶虞篇〉「壹發五豝」，〈小雅・賓之初筵篇〉「獻爾發功」，徐邈並讀如「廢」。《墨子・非命中篇》「發而爲刑政」，上篇「發」作「廢」。《列子・仲尼篇》「發無知，何能情？發不能，何能爲？」釋文「發，一本作廢。」《莊子・列御寇篇》：「先生既來，曾不發藥乎？」釋文：「發，司馬本作廢。」〈齊策〉：「王何不廢將而擊之」，「廢將」即「發將」。《史記・平原君傳》：「十九人相與目笑之而未發也」，《索隱》本「發」作「廢」。

紀之以三

〈周語〉：「紀之以三。」　案：「三」疑當作「五」，謂五聲也。〈禮運〉：「五聲、六律、十二管，還相爲宮也。」故下文遂云：「平之以六，成於十二」也。紀，統也，六律統於五聲，故曰「統之以五」。

鄉師而哭 須查述聞

家大人曰：左傳「鄉師而哭」，師當作帥，謂向三帥而哭也。下文「二三子」即指三帥而言。（編案：《述聞》「不替孟明孤之過也」條下引作「鄉師而哭」而無説。）

罔有馨香德刑發聞惟腥

〈甫刑〉：「罔有馨香德刑發聞惟腥。」　案：「刑」即「形」之借字。形，見也。「罔有馨香德形」，當作一句讀。

三敗及韓

《左傳》僖十五年：「三敗及韓。」　案：「三敗」二字因上文而衍。「及韓」謂秦師至韓也。〈晉語〉曰：「秦歲定，帥師侵晉，至於韓」是也，解者不悟而曲爲之説，非是。

越庶國飲惟祀德將無醉

〈酒誥〉：「越庶國飲惟祀德將無醉。」　案：當以「惟祀德將」爲句，「德」即「得」之借字，惟祀得將此飲，但不至於醉耳。

童子之節也

〈玉藻〉：「童子之節也。」　家大人曰：「節當作餙」　案：〈士冠禮〉：「將冠者采衣紒」引作「餙」，賈疏同。《初學記》廿七之十三同。

朝夕曰祀茲酒　弗惟德馨香祀登聞于天

〈酒誥〉：「朝夕曰祀茲酒。」　案：「祀」疑當讀「以」。以，用也，「以茲酒」乃起下文之詞，言用此酒者何事乎？惟元祀耳。故曰：「以茲酒，惟天降命肇我民，惟元祀。」「弗惟【惟】德馨香祀登聞于天。」案：「祀」疑亦當讀「以」，言弗以馨香之德登聞于天也。

之，間也

《爾雅》：「之，間也。」　案：「之」當爲「時」之借字。時者代之間也，更迭之謂也。本篇下文：「間，代也」。《荀子·禮論篇》：「時舉而代御」，時猶代也。《方言》：「蒔，更也」，更亦代也。蒔與時通。《莊子·徐〔无〕鬼篇》：「是時爲帝者也」，《淮南·齊俗篇》：「是代爲帝者也」。古字「之」與「時」通。《史記·張丞相傳》：「草土德之歷制度」，《漢書》作「草立土德時歷制度」。《呂覽·胥時篇》今本「胥」譌作「首」。「事在當之」，「之」即「時」字。

帝光天之下至于海隅蒼生，萬邦黎獻共惟帝臣

〈皋陶謨〉：「帝光天之下，至于海隅蒼生，萬邦黎獻共惟帝臣。」　案：「蒼生」疑即「萬邦」之譌。篆文「萬」與「蒼」相似，「邦」字《左傳》作「𡴀」，亦與「生」相似也。傳訓「蒼生」爲「蒼蒼然生草木」之處，文義未安，遍攷《史記》、《兩漢書》，無言「蒼生」者，蓋伏生今文不作「蒼生」。

乃會萬民之卒伍而用之云云

《周禮・小司徒》：「乃會萬民之卒伍而用之云云，以起軍旅，以作田役，以比追胥，以令貢賦。」　案此謂令萬民之卒伍，與貢賦無涉。下文「經土田（地）而井牧其田野」，《方言》：「以任地事而令貢賦」，不當於此預言之也。自「乃令（會）萬民之卒伍」至「大故致餘子」皆言用民之事，而不及井田賦稅。「以令貢賦」四字疑因〈遂人〉而衍，〈遂人〉：「凡治野云云，以歲時登其夫家之衆寡及其六畜車輦，（……）以頒職作事，以令貢賦，以令師田，以起政役。」文與此相似故衍也。鄭注：「貢，嬪婦百工之物；賦，九賦也。」則所見本已誤。

人尚乎由行

《詩・蕩篇》：「人尚乎由行。」　案：疑是倒文，「由」當讀爲「猶」，言猶然行此暴亂之事於人上也。傳解「尚」爲「上」是矣，解「由」爲「用」則未安，箋愈誤。

兄弟致美

《左傳》文十五年傳：「兄弟致美。救乏、賀善、弔災、祭敬、喪哀，情雖不同，無（毋）絕其愛，親之道也。」杜注「致美」曰：「各盡其美，義乃終。」　案：「美」疑當作「羨」，「羨」與「乏」相對爲文，羨者有餘，乏者不足也。《論語》「富有曰苟美矣」，「美」亦當爲「羨」，言有餘也。王財有餘則致之於人，若〈內則〉之「有餘則歸之宗，不足則資之宗」。（**編按：此句出《儀禮·喪服》。**）

孔、魄，間也

《爾雅》：「孔、魄，間也。」　案：「魄」疑「隙」字之誤。隸書「𠂤」字作「𠂤」，與「白」相似，「𡿺」與「鬼」又相似，因誤而爲「魄」矣。郭注云：「孔魄皆有間隙。」則所見本已誤爲「魄」。

楊枹薊

《爾雅·釋草》「楊枹薊」又「赤枹薊」　案：「楊枹」二字當連讀，古人謂赤爲楊，見《廣雅》：「鰑，鱲也」下。楊枹即赤枹也。枹，叢生之名。

直哉惟清

〈堯典〉：「直哉惟淸。」　案：淸，絜古靜字也。直，當也。哉讀爲載，載，事也。言當事惟有絜靜也。

黽勉畏去

〈大雅・雲漢篇〉：「黽勉畏去。」　案「去」疑當讀爲「怯」。〈樂記〉：「勇者苦怯」，與寡、所爲韻，則古讀「怯」爲「去」，故借「去」爲「怯」也。

廩於藉東南，鍾而藏之

〈周語〉：「廩於藉東南，鍾而藏之。」　案：「鍾」疑當讀爲「種」。種謂擇五穀之種也。《詩・大田》曰：「既種既戒。」箋：「擇其種。」是擇種謂之種也。下文「而時布之於農」，即布此種也。數鍾爲聚，則所聚者爲何物乎？韋注未明。

夫婦皆齊而宗敬焉

〈內則〉：「若富則見二牲，獻其賢者於宗子，夫婦皆齊而宗敬焉。」注：「當助祭於宗子之家。」正義：「小宗夫婦皆齊戒以助祭於大宗，以加敬焉，謂〔敬事〕大宗之祭。」　案：如鄭注所云，則《經》當云「夫婦皆齊助祭於大宗而加敬焉」，文義乃明，不得徑省其文而云「宗敬」也。竊謂「宗」當讀爲

「崇」，古字假借耳。崇敬謂崇其敬於助祭時也。《漢書·刑法志》：「制禮以崇敬」，《墨子·非儒篇》：「宗喪循哀不可使慈民」，「宗」即「崇」之借字。《史記·孔子世家》、《孔叢子·詰墨篇》皆作「崇」。

魴鱮（鱮）烝雛燒雉薌無蓼

〈內則〉：「魴鱮烝雛雉薌無蓼。」注：「薌，蘇荏之屬也。」正義：「雉者文在烝燒之下，或烝或燒，或可為羹，其用無定，故直云雉句。薌無蓼者，〔……〕言魴鱮烝及雛燒，并雉等三者調和，唯以蘇荏之屬，無用蓼也。」　謹案：上文所言用蔥、用芥、用韮（韭）、用薤之屬，皆實舉其所用之物，若果用蘇荏之屬，則當云「用蘇若荏無蓼」，其義乃明。豈得隱其物之名，而空謂之薌乎？古亨煮之亨、亨通之言（亨）、享禮之享皆作亯，而讀如香。《墨子·非儒篇》：「子路為亨豚」，即亨豚也。古亨煮之亨，蓋亦讀許兩切。竊謂「薌」當讀為亨煮之「亨」，古亨煮之「亨」，與元亨利貞之「亨」同字，當以「雉薌」連讀。

若川然，有原以卬浦然後大

〈晉語〉：「若川然，有原以卬浦然後大。」　案：浦，厓也，水邊無水之處，與川之小大無涉。「浦」疑當作「流」，字形相似而誤，言有原之水，會眾水之流而乃大也。韋注不訓浦為厓，則所見本作流可知。舊音卬浦牛嫁反，孔本作仰，牛亮反。言川仰浦而大，人仰教而成。按兩「浦」字亦當作「流」，川之仰流，猶人之仰教也。舊音不爲「浦」字作音，則作「流」可知。《新序‧雜事篇》：「江出汶山，其源若甕口；至楚國，其廣十里，無他故，其下流多也。人而好學受規諫，宜哉其意言（立）也。」

俊民奠（甸）四方

〈多士〉：「乃命爾先祖成湯革夏，俊民奠（甸）四方。」　案：「俊民」疑「峻命」之譌。〈蕩（文王）〉曰：「儀監（宜鑒）于殷，峻（駿）命不易。」下文曰：「殷革夏命」是也。

天棐忱辭，其考我民

天棐忱辭，其考我民。（編按：見〈大誥〉。）　案：「辭」當讀爲「殆」，「殆其考我民」五字爲句。〈秦誓〉「俾君子易辭」，《公羊傳》引作「易怠」，是其例也。〈顧命〉：「今天降疾，殆弗興弗寤（悟）」，是《尚書》有用「殆」字。

我有大事，子有眩瞀之疾，其歸若已。後若有事，吾與子圖之

〈吳語〉：「我有大事，子有眩瞀之疾，其歸若已。後若有事，吾與子圖之。」註：「若，汝也；已，止也。」　案：「其歸」當絕句。「若已」起下之辭。若，如也；已，疾愈也。言有疾不可以從戎，其歸而養疾乎。如疾愈，則可以從戎。故云「若已後若有事，吾與子圖之」也。上文「子歸歿而父母之世，後若

有事，吾與子圖之」，亦當以「子歸」絕句，謂歸而養親也。「歿而父母之世」，言其父母已沒也，父母沒則無養親之事，可以從戎，故曰「歿而父母之世，後若有事，無與子圖之」也。

惟我下民秉為

〈多士〉：「惟我下民秉爲。」傳

孝子不服闇，不登危，懼辱親也

〈曲禮〉：「孝子不服闇，不登危，懼辱親也。」　案：「服」當讀爲「伏」，謂潛藏於闇昧之地，若私聽人言之類。

上帝引逸，有夏不適逸

〈多士〉：「上帝引逸，有夏不適逸。」　案：引若「引繩批報」之引，謂正其過失也。不適逸，適逸也。不，助語詞，適之也。適逸者，心之所之在逸樂之事也。傳云：「上帝欲民長逸樂，有夏桀爲政不〔之〕逸樂【也】」。

引當訓爲「引繩批報」之引，適當讀爲「吾誰適從」之適，適，主也。疑當作「上帝不適逸，有夏引逸，則惟帝降格。」言上帝不善此逸樂之人，有夏之君，長此逸樂，則上帝降之災也。

矧今民罔迪不適，不迪則罔政在厥邦

〈康誥〉：「矧今民罔迪不適，不迪則罔政在厥邦。」　案：迪，道也。適，善也。見《廣雅》。今民無人道之則不善，苟爲上者有以道之，則四方有善政矣。若不道之，則無善政在厥邦。

天王崩，〔……〕告喪曰「天王登假」注

〈曲禮〉：「天王崩〔……〕告喪曰「天王登假」」。注：「登，上也；假，已也。上已者，若僊去云耳。」　案：假亦登也，見《爾雅》注，當從之。

納女於天子曰「備百姓」見《述聞》

〈曲禮〉：「納女於天子曰備百姓。」注：「姓之言生也。天子皇后以下百二十人，廣子姓也。」正義：「姓，生也。言致此女，備王之后妃以下百二十人，以生廣子孫，故云百姓也。」　案：「備百二十人之數，以廣子姓，是分百與姓爲二也。百二十人可以廣子姓，不得即謂之百姓。竊謂姓即百二十人之姓，百二十人皆異姓之女，則非一姓矣，故謂之百姓。〈吳語〉：「請〔盟〕，一介嫡女，執箕帚（箒）以晐姓

於王宮。」韋注曰：「姓，庶姓也。」引禮「納女於天子曰備百姓。」

必辯君之南面，若不得，則正方不擬（疑）君

〈士相見禮〉：「必辯君之南面，若不得，則正方不擬（疑）君。」　案：疑當以「必辯君之南面若不」作一句，「不」者「丕」字也。得君之所向，則己所正之方，不得與君相擬，如君向南，則己不得復向南也。

樂正子春下堂而傷其足，數月不出，猶有憂色

〈祭義〉：「樂正子春下堂而傷其足，數月不出，猶有憂色。」　案：「數月」上脫「傷瘳」二字，當據《大戴禮・曾子大孝篇》補。《呂氏春秋・孝行覽》亦云：「樂正子春下堂而傷足，瘳而數月不出，猶有憂色。」

遒人

《左傳》襄十四年「遒人」，說文作「迈人」，疑「遒」當作「⿺辶𠀠」；「𠀠」，古文「其」字，與「丌」同聲。「⿺辶𠀠」與「遒」相似，學者多見「遒」，少見「⿺辶𠀠」，遂誤爲「遒」矣。蓋許氏所據《左傳》本作「䢋人」，其別本有作「⿺辶𠀠」者，而許氏未及收入，後人不識，遂誤爲「遒」矣。

時人斯其辜

〈洪範〉：「時人斯其辜。」　案：「辜」當讀如愁苦之「苦」。《春秋繁露・竹林篇》：「鄭罷弊危亡，終身愁辜。」愁辜即愁苦也。

急繕其怒

〈曲禮〉：「招搖在上，急繕其怒。」　案：「繕」當讀「逢天僤怒」之「僤」。

以力惡食　復九黎之惡

〈曾子本孝篇〉：「庶人之孝也，以力惡食。」　案：「惡」字義不可通，疑當作「悳」，「悳」，古德字，與「得」通，言竭力耕田以養親也。《詩》曰：「王事靡盬，不能蓺黍稷，父母何食。」〈楚語〉：「其後三苗復九黎之德」，《書・堯典》正義引作「復九黎之惡」。宋板、十行閩本俱作「惡」，今汲古閣本作「德」，蓋照《國語》改。蓋「德」通作「悳」，遂譌作「惡」也。

百世以俟聖人而不惑

〈中庸〉：「百世以俟聖人而不惑。」　案：後世聖人，無爲前人所惑之理，惑則不可謂之聖矣。「惑」

疑當作「忒」。忒者，差也。百世之後有聖人，其王天下之道與此相合，無少差謬也。即孟子曰：「聖人復起不易吾言矣」意同。與上文「考諸三王而不謬」相似。彼謂合於前世之聖人，此謂合於後世之聖人也。鄭注云：「聖人則之，百世同道」，則所見本作「忒」可知。彼此不相差謬，故曰同也。自唐初始誤作「惑」，故正義以「不有疑惑」解之。

古千乘之國以友士何如

《孟子》曰：「古千乘之國以友士何如。」　「古」字因上文而衍。

取於異姓，所以附遠厚別也

〈郊特牲〉：「取於異姓，所以附遠厚別也。」正義曰：「取異姓者，所以依附相疏遠之道，厚重分別之義，不欲相褻，故不取同姓也。」　案：遠謂異姓也，異姓疏遠於同姓，故謂之遠；附猶親也。取於異姓，是與疏遠者相親也，故謂之附遠，〈昏義〉所謂「合二姓之好」也。陳皓曰：「附猶託也，託於遠嫌之義也。」案：遠嫌不得但謂之遠，陳說非。

乃伻我有夏

〈立政〉：「帝欽罰之，乃伻我有夏，式商受命。」　案：「夏」疑當作「周」，涉上文「迪維有夏」而譌。式，法也。謂法商受命也。

父母怒，不説而撻之流血

〈內則〉：「父母怒，不説而撻之流血。」　案：「不説」二字疑因上文而衍。怒則不止於不説矣，不得已言怒，又言不説，上文言不説，此則言怒，非但不説而已也。

君之適長，殤車三乘，公之庶子（長），殤車一乘

〈檀弓〉：「君之適長，殤車三乘；公之庶子（長），殤車一乘。」注：「庶子言公卑遠之。」正義：「君是對臣之名，〔……〕大夫以〔上〕皆有君號，公則五等之上，又同三公之尊，今庶子言公，就其尊號，是卑遠於庶子也。」　案：「君」即「公」也，不得上下異詞，疑「君」即「公」之譌。下文「公之喪」亦稱公，豈有所卑遠而言公乎？蓋涉上文「君於士有賜帟」而誤。

若能孝敬，富倍季氏可也

襄二十三年《左傳》：「若能孝敬，富倍季氏可也。姦回不軌，禍倍下民可也。」注：「父寵之則可富。」　案：注據下文「公鉏氏富」言之也。其實「富」與「禍」相對爲文，「富」即「福」之借字也。上文云「禍福無門，唯人所召」，故此云「福倍季氏」、「禍倍下民」。下文「公鉏氏富，及（又）出爲公左宰」，皆致福之事，不得專據「舍飲海（酒）之具」一事作解也。

文王卑服，即康功田功

〈無逸〉：「文王卑服，即康功田功。」注：「文王節儉，卑其衣服，以就其安人之功，以知稼穡之艱難。」　案：知稼穡艱難，即是安人之事，不得於康功外，別言田功也。「田」當讀爲「甸」。甸，治也。甸功，治人之事也。〈多士〉曰：「乃命爾先祖成湯革夏，俊民甸四方。」〈立政〉曰：「奄甸萬姓。」康功不使之危困，田功不使之淫亂，蓋一爲養，一爲教也。又案：衣服當稱惡，不當稱卑。宮室始當稱卑。卑馬本作俾，使也。《爾雅》：「俾，從也。」服事，事也。言文王無敢逸豫，唯從事於國政也。

予亦念天即于殷大戾肆不正

〈多士〉：「予亦念天即于殷大戾肆不正。」傳：「我亦念天就於殷大罪而加誅者，故以紂不能正身念法。」　案：「即」當讀爲「堲」。堲，疾也。言天疾惡殷之大罪也。肆，故也，今也。不，語辭。或讀爲丕。不正，正也。言殷民有大罪，故今正其風俗也，故今大正其風俗也。

加柶覆之面葉　加角柶面葉

〈士冠禮〉：「加柶覆之面葉」注：「葉柶大端，（……）古文葉作（爲）擖。」〈士昏禮〉：「加角柶面葉」注：「古文葉作擖。」　案：「擖」當作「櫼」。《玉篇·木部》：「櫼，力葉、弋涉二切。柶木端也。」《廣韻》：「櫼，柶端木也。與涉切，又力葉切」。蓋本《儀禮》古文。今本作「擖」者，隸書「巤」字作「曷」，與「葛」相似，左畔之「木」又與「才」相似而誤。猶田獵之「獵」誤爲「獦」也。《顏氏家訓》曰：「獵化爲獦」。

執箕膺擖

〈少儀〉：「執箕膺擖」，注：「擖，舌也。」，釋文：「擖，以涉反，舌也。徐音葉。」　案：「擖」亦當作「擸」。〈弟子職〉作「執箕膺揲」，又曰：「以葉適己」。「揲」即「葉」也。箕葉之通作「擸」。《韓詩外傳》「定公揭席而起」，「揭」即「擸」之譌。「擸」者「躐」之借字，《新序·雜事》正作「躐席而起」。

比事臣我宗多遜

〈多士〉：「比事臣我宗多遜」，傳以「宗」爲「宗周」，非也。宗周不得但謂之宗。今案：宗，眾也。

言殷遺多士比事臣服於我衆人多從順也。

〈晉語〉：「秦伯見公子曰：『寡人之適，此爲才。子圉之辱，備嬪嬙焉。欲以成婚，而懼離其惡名。非此，則無故。不敢以禮致之，懽之故也。』」韋讀「非此則無故」爲句，云「非有此則無它故。」　案：「故」字當屬下讀，言欲不以懷嬴與於所歸女之內，則他人又無勝於此女者，故曰「非此則無」，承上「寡人之適，此爲才」而言也，言此女有爲子圉妻之嫌，而舍此又無可遣，故致之而不敢以禮也。

雖微秦國，天下孰不（弗）患

〈晉語〉：「耻大國之士於中原，又殺其君以重之，子思報父之仇，臣思報君之讎，雖微秦國，天下孰不（弗）患。」注：「微，無也。雖無秦國，天下諸侯有害人君父者，誰不患疾〔也〕。」　案：微，非也。患謂患人報讎也。言晉之臣子思報君父之讎，乃秦國之患，凡若此者，天下同患之，非獨秦國而已。

〈晉語〉：「黄帝之子二十五人，其同姓者二人而已。唯青陽與夷鼓皆爲己姓。」又：「凡黄帝之子二十五宗，其得姓者十四人，爲十二姓，姬、酉、祁、己、滕、箴、任、荀（荀）、僖、姞、儇、依是也。唯青陽與倉（蒼）林氏同于黄帝，故皆〔爲〕姬姓。」《史記·五帝紀》：「黄帝二十五子，其得姓者十四人。」《索隱》曰：「舊解破四爲三，言得姓【者】十三人耳。」　案：舊解是也。青陽已爲己姓，不得又爲姬姓，「唯青陽與倉（蒼）林氏同於黄帝」當作「唯倉（蒼）林氏同于黄帝」，其「青陽與」三字則因上文「唯青陽與夷鼓」而衍也。十二姓中惟青陽與夷鼓二人皆爲己姓，其餘則每一人爲一姓，合計之實十三人也。上言「皆爲己姓」，皆青陽與夷鼓也。下言「皆爲姬姓」，皆黃帝與倉（蒼）林氏也。或記黃帝之子有兩青陽，一爲己姓，一爲姬姓。案：十二姓中惟青陽與夷鼓同爲己姓，故云「其同姓者二人而已」，若別有青陽與倉（蒼）林同爲姬姓，則同姓者不止二人，何得云「二人而已」乎？或說非也。《史記索隱》不知「青陽與倉（蒼）林」之衍上三字，孔氏《大戴禮補注》、梁氏〈古今人表攷〉謂黃帝之子有兩青陽，則爲誤本《國語》所惑也。韋注云○○○，則所見本已衍「青陽與」三字矣。乃云「青陽當爲元囂」，非也。〈五帝紀〉云「元囂是爲青陽，〈古今人表〉同則元囂與青陽爲一人，何得分以爲二乎？又案古四字積畫與三相似，故「三」誤爲「四」。

〈魯語〉：「天子作師，公帥之以征不德；元侯作師，卿帥之以承天子。諸侯有卿無軍，帥教衛以贊元侯。自伯、子、男，有大夫無卿，帥賦以從諸侯。」韋註上「師」字云：「師謂六軍之衆也。」註下「師」字云：「師三軍之衆也。」　案：下云「諸侯有卿無軍」，諸侯卑於元侯而無軍，則元侯有軍明矣。正文「元侯作師」，「師」蓋「軍」字之誤。若云「元侯作師」，則與天子無別，非其等差也。天子有師，元侯有軍，諸侯有教衛，伯、子、男有賦，制既不同，名亦有異。下云「若爲元侯之所以怒大國」，又云「遂作中軍」，正謂如元侯之作軍也。師大而軍小，與二千五百人之師不同。

〈魯語〉：「若無其心，而敢設服以見諸侯之大夫乎？將不入矣。」註：「若不見討，必爲篡，不復入爲大夫也。」　案：不入謂死於外，不復入也。下文云「若楚公子不爲君，必死，不會（合）諸侯矣」是其證。

《大戴禮・曾子立事篇》：「疾其過而勿補也。」又曰：「補則不改矣。」　案：「補」當讀爲「輔」。《管子・大匡篇》「臣聞有土之君，不動（勤）於兵，不忘於辱，不輔其過，則社稷安；動（勤）於兵，忘於辱，輔其過，則社稷危。」

〈周語〉：「二十四年，秦師將襲鄭，過周北門。」韋註：「襄王二十四年，魯僖之三十三年也。」　按《史記・十二諸侯年表》，襄王二十五年，當魯僖之三十三年，是年爲秦穆公三十三年，表云「襲鄭，晉敗我崤」，則秦師襲鄭在襄王二十五年，四乃五之譌也。襄王以魯僖八年定位，即爲元年，至魯僖三十三年，則爲襄王二十六年，四乃六之譌也。

拜不稽首，誣其王也

〈周語〉：「拜不稽首，誣其王也。」注：「誣，罔也。誣民，民亦將誣之。」　案：「誣」字義不可通，「拜不稽首」非欺罔之謂也。

〈晉語〉昭公：「吾聞之，德不純而福祿並至，謂之幸，夫幸非福，非德不當雍，雍不爲幸，吾是以懼。」韋註：「當猶任也；雍，龢也。言唯有德者任以福祿爲龢樂也。能龢樂則不爲幸。」　案：「雍」當讀爲「擁」，言福祿之基在德，非有德者不當擁此福祿也，非德而擁此福祿，則禍隨之，並不可謂之幸也，故下又遂曰「吾是以懼」。

〈職方氏〉：「乃辨九州之國，使同貫利。」注：「貫，事也。」　案：「貫」疑當讀爲「患」。《司馬法・仁本篇》曰：「同患同利以合諸侯」。

〈繫辭傳〉：「易簡而天下之理得矣，天下之理得而成位乎其中矣。」王註（編按：應是韓康伯註）：「天下之理莫不由於易簡，而各得順其分位也。」正義曰：「此則贊明聖人能行天地易簡之化，則天下萬事之理並得其宜矣。」　案：「天下」當作「天地」，理者，道也。《廣雅》曰：「理，道也。」言作易者體易，知與簡能，則天地之道得矣。天地之道得而易成位乎天地之中，所謂與天地參也。「其」字正指天地而言，若作「天下」，則又義不相承，疑後人轉寫之誤。王弼本已然。

〈周語・中〉：「是則聖人知民之不可加也，故王天下者必先諸民然後庇焉，則能長利。」注：「先諸民，先求民志也。庇護廕也。言王者先安民然後自庇廕也。」　案：「庇」讀爲「比」；比，從也，謂推之使先而己從之，老子所謂「不敢爲天下先也」。

《爾雅・釋言》：「粲，餐也。」釋文「餐」作「飧」，云：「謝素昆友。說文云：餔也，字林云：水澆飯也。本又作餐，施七丹反，字林作飱，云吞食。」　案：「粲」即「餐」之借字。說文：「餐，吞也。」「飧，餔也。」「粲」字不得訓爲「飧」。蓋《爾雅》一本作「餐」，即「餐」之變體也；一本作「飱」，又「餐」之省也。謝本「飱」誤作「飧」（編按：北京圖書館藏宋刻本作「飱」）。抱經堂本作「飧」），遂音素昆反，則是誤以爲飧饔之「飧」，失之矣。當依《字林》作「飱」。《漢書・王莽傳》：「爲設飱粥」，師古曰：「飱古湌字，音千安反。」滄（湌）即餐之別體，而云「飱古湌字」，是

「餐」字隸或作「飱」也。古「飧」與「飱」字體既異，音義迥別，後人亂之久矣。《列子·祝（說）符篇》：「壺餐以餔之」，釋文「餐音孫，水澆飯也」，並書作「飧」。須查。

《漢書·韓信傳》：「令其裨將傳餐」，師古曰：「餐古湌字，音千安反。」此汪文盛本、監本作「餐」。《漢書·高后紀》：「列侯幸得賜餐錢奉邑」，應劭曰：「餐與湌同。」師古曰：「餐湌同一字耳，音千安反。」

《大戴禮·千乘篇》：「古者殷書爲成男成女名屬，升于公門。」孔注：「殷，眾也。殷書蓋戶籍之名。」　案：「殷」蓋「版」之譌，《周禮·司民》所謂「自生齒以上，皆書於版」也。

《孝經》：「制節謹度，滿而不溢。」注：「費用約儉謂之制節」，疏：「制立節限。」　案：「制」當讀爲「折」，《戰國策》武安君曰：「主折節以下其臣」。《管子·霸形（言）篇》：「小國得之也以制節，其失之也以離彊」，《史記·張儀傳》言「王大怒折節而下秦」是也。古聲「制」與「折」同，故「折」通作「制」。

《論語·季氏篇》：「樂節禮樂」注：「動得禮樂之節。」　案：「得禮樂之節」則當云「得禮樂節」其義始明，不得徑省其文而云「節禮樂」也。今案：「節」當讀爲「即」；即，就也，從也，近也。言以身就禮樂也。禮樂不可斯須去身，故必就之而不敢離焉，節從即聲，故即通作節。節古讀若即。古字多假借，後人失其讀耳。即與離相反，即禮樂者，不離禮樂之謂也。

〈顧命〉：「牖間南鄉。」　案：「牖」下當有「戶」字，傳寫者脫去耳。《爾雅》曰：「牖戶之間謂之扆」，室南但有牖，不得稱間，凡物有兩而後有間。

〈顧命〉：「一人冕執銳。」鄭注曰：「銳，矛屬。」　案：銳爲矛屬，書傳無徵，竊疑銳爲棁之借字。《說文》：「棁，木杖也。」徐鉉音他活切，又之說切。《淮南·說山篇》：「揮棁而呼狗」。字亦作掇。玉篇：「銳，徒會切，矛也。」（下略）

須對須酌

《大戴禮·子張問入官篇》：「故枉而直之，使自得之。」盧注：「民有邪枉，教之使自得也。孟子曰：『匡之直之，使自得之』。」　案：據下文「優而柔之，揆而度之」，優與柔同義，揆與度同義，則「枉而直之」當作「匡而直之」，匡與直亦同義也。今本作「枉」，蓋後人所改，自盧氏作註時已然。

誣其祖矣

隱八年《左傳》：「是不爲夫婦誣其祖矣。」　案：「誣」當讀爲「無」，言蔑視其祖也。〈周語〉：「拜不稽首，誣其王也」，僖十一年《左傳》正義引作「無」，謂目中無其王也。

隨州巡哨復稟稿

王壽同

附：北京大學藏本圖版

敬稟者：職道自黃州起程後，適值陰雨，道途泥濘，山路崎嶇，[illegible]日行抵隨州

廿八日自隨州山林店出，晴，由陽河光鄭道至[illegible]，已乘楚境[illegible]職道[illegible]各處

地方均各安靜，沿途所經黃岡之諸城、松陽鋪、馬家隴、茅霧店

新洲栽麥蔬收成歉薄，濱江茅霧沙壓各段，田畝入境經由之地隆[illegible]

家[illegible]爲被水之區，近此患旱荒年，經由各處[illegible]

舉[illegible]店子埠團總程名迎謁，見所議各嚴行緝捕濱江漁船

詢知店子埠、武湖及陽邏、蒲潭均已編查，其團總陽邏編查未畢

訪聞各鎮店之平林市、黃土等處，知縣訪有匪夫伏[illegible]賊竊

當將安陸縣令順道[illegible]到該，已先此遞，昇[illegible]已經拆毀

又該縣與隨州接界之馬平港及安城之長江埠、雲夢之[illegible]陸、蒲潭皆

瀆臨府河，多有賊匪，已分別飭令各該縣令嚴[illegible]查拿，至隨州

地界自平林市、小林店、綿長三百餘里，[illegible]山峻嶺，民住山田

其西北近[illegible]界河南各集鎮，如小林店、祝林、總管[illegible]

村落

[illegible]

坿近河口萃處村鎮皆有民團按戶出人各備器械大守

望尚稱嚴密是以大股逆匪不敢年來入境滋擾惟地多崇山峻嶺

山坳居民田少村莽零落各鎮團練守望有難長莫及之勢全在文

武汛員嚴緊巡查方可藉使賊匪[illegible]其莫作之也

沿邊有所風聞亦已嚴飭諄飭往查察現在邊地邊境均為靜謐至

臣

臣查自沿途經過地方於各牧令謁見時均諄飭嚴密查訪有情

形牧令均殊有覺丁役四路查訪尚知認真巡緝除遵例將

行抵由廣城長江揮水路入者面陳

飭諭先此將沿途巡查情形馳奏以慰

宸懷恭請

皇上聖安伏惟

垂鑒下謹奏

隨州巡哨復稟稿

敬稟者職遵自黃州起程後適值陰雨道途泥濘
山路崎嶇程廿六行抵隨州南關大鄭店於廿六
已未楚境隨道於廿八日至小林店會晴各處地方均
各安靜沿途所經黃岡之諸城柏陽鋪馬家驛等
處新洲栽種蕎麥收成歉薄羅子仁善處沙壓
無收入黃陂境經由三陸地惟陸家嘴為極邊之區
過此來隨高埠經由各處提督賀諭見時諒今麻城
縣捕役仁演照詢知俞子埠武湖及隔蒲潭均已
編查其團風陽邏一編查未畢沿途舊措[illegible]

隨州巡哨復稟稿

王壽同

敬稟者：職道自黃州起程後，適值陰雨，道途泥淖，山路崎嶇，於廿六日行抵隨州。南陽汝光鄭道於廿六日已來楚境，職道廿八日始至小林店巡哨，各處地方均各安靜。沿途所經，黃岡之堵城、松陽鋪、馬家隴等處新涸，栽種蕎蔬，收成歉薄；灌子口等處，沙壓無收。入黃陂境，經由之地，惟陸家嘴爲被水之區，過此悉皆高阜。【倉子埠團風】於各巡撫經由各處，於各員謁見時，諄令嚴行緝捕。濱江漁船詢知，倉子埠、武湖及隔蒲潭均已編查其團風，陽邏編查未畢，沿途訪問各鎮，應山之平林市爲三縣交界，訪有更夫皮幺窩賊肆竊，當督飭安陸張令順道往拏，至則該犯已先逃避，更棚已經坼毀。又該縣與隨州接界之馬平港及應城之長江埠，雲夢之隔蒲潭，皆濱臨府河，聞多有賊匪，已分札飭各該令嚴行查拏究辦。至隨州地界，自平林市起至小林店，綿長三百餘里，山迴嶺複；其西北近界河南各集鎮，如小林店、祝林總、唐縣、高城，淮河口、殷家集、天河口、合河等處，村鎮皆有民團，按戶出人，各備器械相爲守望，尚稱嚴密，是以大股捻匪年來不敢入境滋擾肆搶。惟地多崇山峻嶺，山坳居民田少村單之處，雖有集鎮鄉團守望，亦有鞭長莫及之勢，全在該州文武汛員巡查嚴緊，職方可使匪徒絕跡，聞風遠避。其荒僻之處，最恐藏姦，職道沿途有所風聞，亦已督飭該州親往密查，現在各邊境均尚靜謐。至會匪張天佐黨羽沿途經過地方，於各牧令謁見時，均諄飭嚴密查拏，牧令均有丁役四路查訪，尚知認真巡緝。職道因陰雨難行，現由

應城之長江埠水路入省，面聆　鈞誨，先此將巡哨情形馳稟，以慰　憲懷，恭請　崇安，伏惟　垂鑒，不一。職道壽同謹稟

王菉友說文句讀十籤

菉猗室夜窗題

少范父

王菉友說文句讀十籤

范父

附錄一

說文句讀十籤

王筠

飯 食也

字林同。然食字諸書兼動靜二義，本部自饙以上皆靜字，說解中飯字四見，食字五見，皆靜字。然饙下食是動字，自饑、饘之、餟，皆動字，則饎、餉、餱、饋、饛、餉下飯，今以字皆靜，飼則動也。本篆在靜字將盡之地，自當兼二以上下文。

從食反聲。符萬切，書兼扶晚切，六朝諱言反，故改為𩚳，非。

襲既久，能以陸氏之語通，乃分飯為靜字，飯為動字，猶其以疏言蔬也。今𩚳同飯字也，作汴不作汳矣。此皆習俗，勝是不足深辨。

飪

爾雅曰餀謂之喙

釋器文喙作餯李巡云餀餯皆穢臭也案喙者古文假借字餯者後作之專字也喙可以解爲穢臭者釋詁呬息也說文呬下引緜詩犬夷呬矣毛詩作喙傳曰喙困也廣韻引詩作𤸃曰困極也晉語郤獻子傷曰余病喙韋注喙短氣皃蒼喙者口也口能息故釋詁謂之息困極則促息故韋氏謂之短氣然則餀謂之喙即由氣息之義引申之而得氣臭之義即得惡臭之義矣喙穢又是疊韻可以通此由說文所以不收餯及𤸃也

㐭 穀所振入。地官廩人掌九穀之數以待國之匪頒賙賜稍食。中庸注曰：振猶收也。以言從入，故云振入。案本句弟言廩之用，不專主齍盛。宗廟粢盛，倉黃㐭而取之，故謂之㐭。漢書作齍盛。㐭亮謹懔之意。說文無懔字，懍字當廩之，即懍之廩。故㐭之或從广，故囷㐭也。本文三句，又云而以名㐭之意。藏穀曰倉，藏米曰廩。倉部云：倉黃取而藏之，故謂之倉。此與相對立文，二職有聯，以廩人疏曰：春秋經十四年八月御廩災，穀梁云：廩則米常藏粢之廩。此不云御廩，以廩中所以盛之米。詩云：亦有高廩。

廩注云廩所以藏粢盛之穗以其萬億及秭
數多非藏米之數故以藏穗言之與常廩御廩
又異案孔疏以常廩御廩爲廩三項諸侯之廩人
爲廩即藉田之廩也廩人職曰大祭祀則共其接盛
鄭注大祭祀之穀藉田之收藏於神倉者也不以給小用
是也許說㐭以倉黃說㐭不曰謹㐭者啚部云來
麥㐭而藏之乃用啚下說㐭受也之說嗇章東嗇部
之說以說之亦是以見之說之矣從入回

沛國有酇縣從廣韻虘酇皆作何切之嵳若
異音集韻尚收此三字於八戈諸紅說文又亦酇加
切內但收酇字云地名沛豈漢時已有家麻韻邪或
者許君讀入差坐筆本不與虘同音耶則廣韻十三
佳十四皆兩韻之差字曳諸亦收差聲槎皆鉏佳切劃
差之初佳切差聲槎讀初皆切

𦣝
顄也 轉 注 象形 今刊郭𦣝頤乎口角者也楚詞大招曰
輔 淮南子靨輔在頰則好在顙則醜高注云
靨輔頰上窐也𦣝之外象頤中一筆象窐乃孔運孔疏曰頤謂
頤下之毛莊子曰驪龍頷下其意皆與今語頷頦同者蓋頤也
兩骨鼻以上一骨口以下一骨頦以頷頦統曰其骨也與之切

掔 手掔也 士喪礼設決麗于掔注掔手後節中也古文掔作捥許君不收捥從今文也抑此掔字惟黄氏叢書所翻宋槧儀礼不誤他本皆譌爲下文掔固也之掔左傳涉佗捘衛侯之手及捥則用古文

揚雄曰掔握也

曰〻娧好也說苑指武篇美武德乎姚〻者乎桂氏曰詩佻〻公子韓詩作嬥〻則佻〻當作姚〻通作窕荀子禮論篇其立文飾也不至于窕冶注云窕讀為姚〻冶妖美也史篇以為姚易也桂氏曰易當為偒偍野也

集韻春秋傳楚師輕窕或作姚

嫖

所言者言也禮記易則易于則于孔疏曰易是以簡易于言迂廣

大之義以簡案晉語有董安于竊謂安于即安舒也以簡易之

徑直安舒者多迂迴故有廣大之義安即舒字之義

蹋切韻踊云遲東偶字說文無

偶字義蹏以偶之輕舉蓋與高舉同義

漢書王吉傳嗜踰外譁揭之知諸本不作偈

此非葉友手蹟蓋出鈔胥以與舊籤一束因附之次丁巳閏月二十有九日葉騰宣記於汶

筠案孟子滕文公上捆屨孫氏音義云許叔重云捆織也不知所

引者說文邪抑淮南注邪

說文句讀十籤

王筠

，**食也。**《字林》同，飯、食皆當兼動、靜二義。本部自「飤」篆以上皆靜字，說解中「飯」字四見，「食」字五見，皆靜字，惟「饕」下食是動字，自「饡」篆至「餀」皆動字，則饡、餬、餘、餀、餀、饑、饐、餲下，飯食字皆靜，餘則動也。本篆在靜字將盡之地，自當兼之以筦上下文。**從食，反聲。**符萬切，當兼扶晚切，六朝諱言「反」，故改爲「飰」，沿襲既久，雖以陸氏之淹通，亦分「飰」爲靜字，「飯」爲動字，猶其以「踈」音「疏」也。今無用「飰」字者，而作「汴」不作「汳」矣，此皆習非勝是，不足深辨。（**編按：見《說文句讀》「飯」下。**）（下略）

爾雅曰：「餀謂之喙」〈釋器〉文，「喙」作「餘」。李巡云：「餀、餘皆穢臭也。」案：「喙」者古文假借字，「餘」者後作之專字也。「喙」可以解爲穢臭者，〈釋詁〉：「呬，息也」；《說文》呬下引〈緜〉詩「犬夷呬矣」，《毛詩》作「喙」，傳曰：「喙，困也」（**編按：《毛詩》作「混夷駾矣，維其喙矣」，《說文》「合二句為一句」。**），《廣韻》引《詩》作「㖢」，曰：「困極也」；〈晉語〉：郤獻子傷，曰：「余病喙」，韋注：「喙，短氣皃」。蓋喙者口也，口能息，故〈釋詁〉謂之息；困極則促息，故韋氏謂之短氣。然則「餀」謂之「喙」，即由氣之義引申之。而得氣臭之義，即得惡

臭之義矣。喙、穢又是疊韻，可以通借，《說文》所以不收「餯」及「瘃」也。（編按：見《說文句讀》「飲」下。）

亩，穀所振入〈地官〉：「廩人掌九穀之數，以待國之匪頒，賙賜稍食」，〈中庸〉注曰：「振猶收也」，以字從入，故云振入。案：本句泛言廩之用，不專主齍盛。**宗廟粢盛，倉黃亩而取之，故謂之亩**「粢」當作「齍」，「亩」者，謹懍之意，《說文》無懍字，《漢書》「廩廩」即「懍懍」，「廩」者「亩」之或體，故用「亩」也。本文三句，又言所以名亩之意。藏穀曰「倉」，藏米曰「廩」，倉部云「倉黃取而藏之，故謂之倉」，此與相對立文，二職有聯也。〈廩人〉疏曰：「春秋桓十四年八月御廩災，單云廩，則平常藏米之廩，此不言御廩，則廩中可以兼之矣。《詩》云『亦有高廩』，注云：『廩所以藏粢盛之穗』，以其萬億及秭數多，非藏米之數，故以藏穗言之，與常廩、御廩又異。」案：孔疏以常廩、御廩、高廩三項，皆屬之廩人。高廩即神倉，〈廩人職〉曰：「大祭祀則共其接盛」，鄭注：「大祭祀之穀，藉田之收，藏于神倉者也，不以給小用」是也。許說「倉」以「倉黃」，說「亩」不曰「謹亩」者，牽連倉部之說以說之，亦足以見意矣。**從入回**（下略）（編按：見《說文句讀》「亩」下。）

沛國有鄌縣，然《唐韻》「虘」、「鄌」皆「昨何切」，與「䕎」無異音。《集韻》尚收此三字於八戈，皆引《說文》；九麻「鋤加切」內，但收「鄌」字云「地名」。豈漢時已有家、麻韻邪？或者許君讀「䕎」如「蓶」，本不與「虘」同音邪？則《廣（集）韻》十三佳、十四皆，並有「差」字，其從之者，則「䓭」、「槎」皆「鉏佳切」，「㿽」、「䑖」、「艖」皆「初佳切」（編按：以上十三佳。），「䓭」、「搓」皆「初皆切」（編按：十四皆。）。（編按：見《說文句讀》「𦍋」下。）

，**頤也。象形。**金刻作「」，《楚詞·大招》謂之「靨輔」，《淮南子》：「靨輔在頰則好，在顙則醜」，高注：「靨輔，頰上窐也。」之外象顒，中一筆象窐，乃〈禮運〉孔疏曰：「鬚謂頤下之毛」，《莊子》曰：「驪龍頷下」，其意皆與今語「頷頦」同者，蓋面上兩骨，鼻以上一骨，口以下一骨，故以「頷頦」統目其骨也。與之切。（編按：見《說文句讀》「」下。）

，**手掔也。**〈士喪禮〉「設決麗于掔」注：「掔，手後節中也。古文掔作捥。」許君不收「捥」，從今文也。抑此「掔」字，惟黃氏叢書所翻宋槧《儀禮》不誤，他本皆譌爲下文「掔，固也」之「掔」，《左傳》「涉佗捘衛侯之手及捥」，則用古文。**揚雄曰：「掔，握也。」**（下略）（編按：見《說文句讀》「掔」下。）

姚娧，好也。《說苑·指武篇》「美哉德乎，姚姚者乎」，桂氏曰：「《詩》『佻佻公子』，《韓詩》作『嬥嬥』，則『佻佻』當作『姚姚』，通作『窕』。《荀子·禮論》『故其立文飾也，不至于窕冶』，注云：『窕讀爲姚，姚冶，妖美也。』」**史篇以為：姚，易也。**桂氏曰：「易當爲傷，傷，輕也。《集韻》、《春秋傳》『楚師輕窕』或作『姚』。」（編按：見《說文句讀》「姚」下。）（下略）

所言者莒也。〈檀弓〉「易則易，于則于」，孔疏曰：「易是簡易，于音近迂，廣大之義。」筠案：〈晉語〉有董安于，竊謂安于即安舒也。簡易者多徑直，安舒者多迂迴，故有廣大之義。是即舒亏之義。（編按：見《說文句讀》「亏」下。）

去例切，又基竭切。《詩・匪風》云「匪車偈兮」，《說文》無「偈」字，《詩》疏曰：「偈偈，輕舉之皃」，是與高舉同義也。《漢書・王吉傳》、《韓詩外傳》皆作「揭揭」，知《詩》本不作「偈」。（編按：見《說文句讀》「揭」下。）

筠案：《孟子・滕文公上》「捆屨」，孫氏《音義》云：「許叔重云：『捆，織也。』」不知所引者《說文》邪？抑《淮南》注邪？

此非菉友手蹟，蓋出鈔胥。以與舊籤一束，因附之末。丁巳閏月二十有九日，菉猗室記。茳父。

附錄二

竹簍源流考略

嚴烺

圖版選印其第一頁

予自少壯即從事河干耳目心思之所寄寢食
於是者四十餘年雖賦性愚鈍而閱歷則已久
矣今奉
恩命會辦浙江海塘桑梓之鄉聞見本熟抵杭後詢
知原辦石塘多有坍卸固由南潮為患而應辦
坦水因塘脚水深不能簽樁致工員於領款後

一年之久尚未著手以異常之潮而衝根脚空虛之石塘在在坍卸蓋由坦水不能辨而不早變計故也惟時司道詳請坦水不能復辨改用柴塘予與趙菊言少寇富海颿中丞亦不敢漫然應也恭閲

高宗純皇帝諭旨有即以柴塘爲石塘坦水即以竹簍

竹簍源流考略 并序

嚴烺

予自少壯即從事河干，耳目心思之所寄，寢食於是者四十餘年，雖賦性愚鈍，而閱歷則已久矣。今奉 恩命，會辦浙江海塘，桑梓之鄉聞見本熟。抵杭後詢知原辦石塘，多有坍卸，固由南潮爲患，而應辦坦水，因塘脚水深，不能簽椿（樁），致工員於領款後一年之久，尚未著手。以異常之潮而衝根脚空虛之石塘，在在坍卸，蓋由坦水不能辦而不早變計故也。惟時司道詳請坦水不能復辦，改用柴塘，予與趙菊言少寇、富海颿中丞，亦不敢漫然應也。恭閱 高宗純皇帝諭旨，有「即以柴塘爲石塘坦水，即以竹簍爲柴塘坦水」之語，是柴塘、石簍均可以代坦水。復經勘查西塘一帶歷辦柴塘石工至今未坍，是以公同定議，以海寧念里亭極險之處，改鑲柴埽，其鎮海等汛次險之處，改用竹簍塊石。奏入仰蒙 俞允。論者有謂：竹簍久未試辦，利不百不變法，何若仍辦坦水？且坦水保固四年，竹簍保固二年，似乎竹簍不如坦水節省。不知現在情形，因坦水委辦一年之久，不能簽椿，並未一段完工，是以改辦竹簍，所謂窮則變，變則通，利之什百不暇計也。至坦水保固雖有四年，屆期則須重辦；竹簍保固雖僅二年，既辦之後，只須歲拋塊石，便可長遠擁護。彼此相較，孰爲節省？凡事若無成效，原不敢創行新意，夫浙塘之用竹簍，歷代相沿，而我 朝尤爲層見疊出，非變法也。即如尖塔兩山之間，係海潮江溜交衝之所，自乾隆五年用竹簍堆爲石壩，乾隆二十六年賠（培）修一次，二十七年、三十年屢經重臣勘驗，淤沙日增，至今壩工屹然，舊日竹簍猶存。夫以潮溜交衝之地，竹簍歷久無恙，況僅是沿塘堆護，而又歲歲補塡塊石，其爲較有把握，更可理斷。論者又謂：竹簍用之河干，黄水挾沙泥而來，易於膠護。江水清激，易地非宜。殆因浙塘近年未辦竹簍，又未詳考新舊海塘志，探索尖山壩工底裏之故。夫河海水雖不同，遇物挂淤，其理則一，如浙塘必不可用竹簍，何以尖塔兩山之間，向爲洪流出入者，經以竹簍爲壩，遂皆沙塗淤積，歷百年之久？況南岸蕭山西江塘頂衝之所，現今猶用竹簍障蔽乎？查新海塘志所載，歷用竹簍，稱爲簍坦，班班可考，爰爲摘錄一册，以釋衆疑。庶在事人員，洞悉源委，無所顧忌，實心實力，共成要工。上酬　聖明委任之心，下副蒼生保障之望云爾。道光十四年十月　日前東河使者嚴烺謹略

竹簍源流考略　俱由《海塘新志》摘錄，並未雜引他書。

漢武帝塞瓠子河，伐竹爲楗，塡實木石，繚絙以板，用以止水，後世竹略之制，大約師其意而稍變其法。梁開平中，錢武肅王始射潮築塘，遂造竹絡積巨石，隄岸既成，凡今之平陸，皆昔時江也。宋以後多沿用之。

宋大中祥符五年，潮逼州城，發運使李溥復用錢氏舊法，實石於竹籠，倚疊爲岸，固以椿本，工成而鉤末壁立以捍潮勢，雖湍湧數丈，不能爲害。

元泰定四年，潮勢洶湧，造本（木）櫃石囤，以塞其要處。石囤疑即竹簍之類。

致和元年，作竹籧篨，內實以石，鱗次壘疊以禦潮勢。造石囤於其壞處，疊之以救目前之急。

明成化十三年，海寧海決，乃斲本（木）爲大櫃，編竹爲長絡，引石下之，汎濫乃定。

國朝雍正十二年，總理海塘副都統隆昇　奏請於尖山腳下，用竹簍盛石，挨砌施工，堵塞水口，築一百二十丈，工未完。十三年，大學士嵇曾筠因修建鱗塘，　奏將前工暫停。乾隆四年，巡撫盧焯題請續行接築，次年二月開工，六月告成。按此係　本朝築做竹簍之始。

乾隆七年，總督那蘇圖請於老鹽倉最險之處，間段排築石簍，共五段，長二百七十九丈，外捍潮汐，內固塘基。按此係因尖山竹簍著有成效，是以於老鹽倉續請築辦。

乾隆十三年，巡撫方觀承請於三里橋外潮溝口門扼要，設立竹簍碎石滾壩一道，長四十丈，以禦汛水沖刷。又輟轉廟潮溝口門，就其地勢岔起處，築竹簍碎石滾壩一道，以禦內灌之水。按：此係因尖山老鹽倉竹簍著有成效，是以於三里橋輟轉廟續請築辦。

乾隆二十五年，巡撫莊有恭疏稱：查壩爲全塘關鍵，急須設法防護，該處樁本（木）難施，惟有造用寬長竹簍，填貯石塊，用篾纜聯絡，順貼塘身，攩浪護塘，無善於此。按此與現在坦水不能簽樁（樁），改建竹簍，由司道議詳會奏辦理相合。

乾隆二十六年，尖山壩工矬陷一百十丈，照前仍用竹簍裝石疊砌，緊貼壩身，高出水面，簍後修砌邊石。按尖山竹簍自乾隆五年至二十六年，歷二十二之久，始有矬陷，培修竹簍之得力可知。而自乾隆二十六年至今，又歷八十年之久，僅此培修一次，猶然完好。以尖塔兩山之間，海潮江溜日夕衝擊，而乃淤沙日積，竹簍之可以受淤，化險為平，又可概見矣。

乾隆二十七年，巡撫莊有恭　奏稱查勘塔山壩外漲沙，原標記第一竹簍，自福隆安、努三續勘，除增漲外露一尺一寸五分者，今復增漲六寸五分，僅露出竹簍五寸。第二竹簍續勘，除增漲外露高一尺三寸五分者，今復增漲一寸五分，尚露出竹簍一尺二寸，其臨水之第六十九簍，仍然照前尺寸，未有增漲。又　奏老鹽倉柴塘，若修條石坦水，關椿（樁）難施，自當遵照　諭旨，即以竹簍爲坦水，或二層、三四層，務使塘根不至浮矬，應安設護塘竹簍九百四十五個。按坦水改做竹簍，此其明証。

乾隆二十八年，江蘇巡撫莊有恭、浙江巡撫熊學鵬會　奏：寧塘簍工，前此所築九百四十五丈，緊靠塘身，故塘脚安穩。今此續修之四百丈，自應一律照辦。按坦水改築竹簍，塘身、塘脚均臻安穩，此其明証。

乾隆三十年，嚮道大臣努三　奏稱：塔山建立標記事，新定第一標記仍立方竹簍，計四層，共高【高】八尺，漲沙高九尺，沙護一尺。第二標記長竹簍，第四十三箇，計三層，共高一丈二尺，漲沙高一丈一尺七寸，簍露三寸。第三標記長竹簍，第八十箇，計三層，高一丈二尺，漲沙高一丈一尺二寸，簍露八寸。第四標記長竹簍，第一百二十箇，計三層，共高一丈二尺，漲沙高一丈一尺二寸，簍露八寸。按：竹簍工程遞年增淤，此其明証。

乾隆三十一年，老鹽倉迤西，間段修換竹簍工，長三百二十四丈，底面竹簍一千二百九十六箇。按：老鹽倉竹簍自乾隆二十七年安設，今始有修換者，計逾五年矣。

乾隆四十一年巡撫三寶　奏請自曹殿迤西至華家衖止，於柴塘外接築竹簍七百五丈，是年總督富勒渾奏：范家埠柴工衝刷矬陷之處，水深三丈有餘，迴溜湍激，加添之竹簍本櫃亦被衝去，赶緊下埽搶築，已屬平穩。按范家埠柴工衝刷，並將加添之竹簍木櫃亦被衝去，自係埽外接築竹簍，並非舊有竹簍可知。蓋辦理工程必須因地制宜，水深則用埽工，潮緩則用竹簍。是以前奏於首險之三千四百四十四丈改鑲柴埽，於次險之三千八百三十一丈五尺估築竹簍。亦於昔年辦理，章程若合符節，若以此案竹簍被衝，即指為斷不可辦之明證，獨不思坦水之屢衝屢辦，更甚於竹簍，否則前人何為以竹簍易坦水耶？總之，形勢雖時有變遷，工程應相度辦理，但得辦之時，事事認真，平時實力防守，遵前人之成法，毋惜歲修之小費，毋任工員之偷減，雖千百年尚可安然，又豈獨數十年而已也。

參考書目

高郵王氏遺書　羅振玉輯　民國十四年（一九二五年）

段王學五種　劉盼遂輯　北平來薰閣百鶴樓叢書　民國二十五年（一九三六年）

高郵王氏父子論音韻文稿　史語所藏清稿本

經義述聞　王引之　家刻本不分卷　嘉慶二年

經義述聞　王引之　盧宣旬刻本十五卷　嘉慶二十二年

經義述聞　王引之　壽藤書屋刻本三十二卷　道光七年

讀書雜志　王念孫　洪氏出版社　一九七六年（民國六十五年）九月

稿本叢書　陳秉才　張玉範編　天津古籍出版社　一九九六年

四庫全書總目提要　紀昀等　臺灣商務印書館影印武英殿本　一九八三年（民國七十二年）十月

續修四庫全書　上海古籍出版社　一九九五年

經籍籑詁　阮元　北京中華書局影印琅嬛仙館刻本　一九八二年四月

十三經注疏　藝文印書館影印南昌府學刊本　一九七九年（民國六十八年）三月

大戴禮記	戴德	上海書店影印四部叢刊	一九八九年
龤聲部分篇	丁履恆	史語所藏稿本（有王念孫批註夾籤）	
形聲類篇	丁履恆	大亭山館叢書本（五卷）	光緒十五年
形聲類篇	丁履恆	佞漢齋叢書本（二卷）	光緒二十二年
說文解字注	段玉裁	藝文印書館影印經韻樓本	一九八九年（民國七十八年）二月
說文句讀	王筠	上海古籍書店	一九八三年
稷香館叢書	吳甌		民國二十四年（一九三五年）
廣韻	陳彭年	藝文印書館	一九八一年（民國七十年）三月
集韻	丁度	北京中華書局影印宋本	一九八九年五月
大廣益會玉篇	顧野王	北京中華書局	一九八七年七月
釋名	劉熙	上海書店影印四部叢刊	一九八九年
清代古音學	王力	北京中華書局	一九九二年八月
經傳攷證	朱彬	遊道堂刊本	道光二年
史記	司馬遷	藝文印書館影印武英殿本	
漢書補注	王先謙	藝文印書館影印長沙虛受堂刻本	
戰國策	高誘註	藝文印書館	一九七四年（民國六十三年）三月

逸周書彙校集注　黄懷信　上海古籍出版社　一九九五年十二月
清史稿　趙爾巽　北京中華書局　一九七七年八月
呂氏春秋集釋　許維遹　鼎文書局　一九八四年（民國七十三年）
太玄經　揚雄　臺灣中華書局四部備要　一九八一年（民國七十年）
易林　焦延壽　臺灣中華書局四部備要　一九八一年（民國七十年）
荀子集解　王先謙　藝文印書館　一九七三年（民國六十二年）九月
管子　房玄齡註　上海書店影印四部叢刊　一九八九年
韓非子集解　王先慎　藝文印書館　一九七四年（民國六十三年）三月
淮南子　高誘註　藝文印書館　一九七四年（民國六十三年）三月
新法算書　徐光啓　臺灣商務印書館影印四庫全書　一九八一年（民國七十年）三月
考古圖　呂大臨　北京中華書局　一九八七年二月
群書治要　魏徵　上海書店影印四部叢刊　一九八九年
文選註　李善　尤袤刻本　南宋淳熙八年
文選註　李善　胡克家重刻本　嘉慶十四年
文選六臣註　李善等　上海書店影印四部叢刊　一九八九年
楚辭補註　洪興祖　藝文印書館　一九七四年（民國六十三年）三月

拜經日記　臧庸　復興書局影印皇清經解　一九七二年（民國六十一年）

三省邊防　嚴如熤　來鹿堂刊本　道光十年

古籍版本學概論　嚴佐之　華東師範大學出版社　一九八九年

高郵王氏紀念館　蕭維琪　高郵市文物管理委員會　一九九一年三月

高郵王懷祖先生訓詁音韻書稿序錄　王國維　北京大學國學季刊第一卷第三號　民國十二年（一九二三年）七月

後記

中央研究院歷史語言研究所庋藏甚富，藏品的整理、研究爲無可旁貸之責。杜正勝所長遂倡議「珍藏史料暨典籍系列」之出版，其所詳爲解說之《番社采風圖》爲該系列發軔之作；而以《高郵王氏父子手稿》董理之役囑余。今董理既畢，以之爲系列之二，其後當更有作者。

本書寫作過程中，曾得到：黃彰健、龍宇純、莊申慶、裘錫圭、何大安、葉國良、蕭璠、周鳳五、林素清、陳鴻森、劉錚雲、祝平一諸先生及審查人的幫助或指正，謹此致謝。自屬稿伊始，至於殺青，凡資料的提供查察，以及相關問題的商略析疑，多承傅斯年圖書館湯蔓媛小姐相助，於此併致謝忱。

西元一九九九年十二月卅一日李宗焜謹記於中研院史語所

图书在版编目（CIP）数据

景印解說高郵王氏父子手稿 / 李宗焜編撰. -- 北京：北京聯合出版公司, 2023.12
ISBN 978-7-5596-3601-0

Ⅰ. ①景… Ⅱ. ①李… Ⅲ. ①王念孫（1744-1832）—文字學—手稿 ② 王引之（1766-1834）—文字學—手稿 Ⅳ. ①H12

中國版本圖書館CIP數據核字（2019）第195342號

本書原由中研院歷史語言研究所出版，現由該所授權本公司印行大陸版。

景印解說高郵王氏父子手稿

李宗焜　編撰

出 品 人：趙紅仕
出版監制：劉　凱　趙鑫瑋
選題策劃：聯合低音
責任編輯：王月梅
封面設計：即刻設計
內文排版：聯合書莊

關注聯合低音

北京聯合出版公司出版
（北京市西城區德外大街83號樓9層　100088）
北京聯合天暢文化傳播公司發行
北京華聯印刷有限公司印刷　新華書店經銷
字數150千字　787毫米×1092毫米　1/16　33.5印張
2023年12月第1版　2023年12月第1次印刷
ISBN 978-7-5596-3601-0
定價：198.00元